「探險與旅行經典文庫」

019

Travel Classics Library

西藏旅行記（下）

河口慧海◎著
吳繼文◎譯

詹宏志
策畫／選書／導讀

#【上冊目錄】

編輯前言……I
導讀 詹宏志……VII

第一部 出發

1 決心入藏緣由……2
2 出發前的功德……8
3 走向探險的人生之路……12
4 語學的研究……19
5 尊者的往生……23
6 入藏的路途……27

第二部 借道尼伯爾

7 奇遇……32
8 研究入藏路徑……42
9 喜馬拉雅山中之旅（一）……46
10 喜馬拉雅山中之旅（二）……52
11 山地村落中的修行……57
12 山地村落中的修行（續）……62
13 北方雪山夏秋兩季素描……67
14 再度規畫入藏路徑……72
15 生意人的流言……76
16 雪峰高處的險坡……81
17 進入西藏境內……85

第三部 赴聖湖馬旁雍錯巡禮

18 雪中旅行……94
19 入藏途中……97
20 白巖窟中的尊者……102
21 山中的艱難……108
22 月下的坐禪……114
23 美人的真面目……119
24 一妻多夫與一夫多妻……123
25 渡過大河……128
26 缺水和狂風沙之難……132

27 冰河中溺水……136
28 山中大雪之難……139
29 山中大雪之難（續）……143
30 趨近有人的聚落……147
31 阿耨達池神話（一）……151
32 阿耨達池神話（二）……158
33 山中的集市……162
34 女性的誘惑……166
35 從女性的糾纏脫身……170
36 繞行天然曼陀羅（一）……175
37 繞行天然曼陀羅（二）……179
38 繞行天然曼陀羅（三）……184
39 兄弟鬩牆……189
40 辭別兄弟等人……192

第四部　直驅西薩首府

41 剽盜之難（一）……198
42 剽盜之難（二）……202
43 眼病之難……208
44 白巖窟再訪……213
45 走上官道……218
46 終於走上官道……223
47 官道上的旅程……228
48 路上的苦心……232
49 同伴的質問……236
50 險惡之路……240
51 初見麥田……245
52 經過第三大城拉孜……249
53 薩迦大寺……253
54 抵達西藏第二大城日喀則……256
55 大喇嘛與語言學者……263
56 異國的元旦……269
57 整整兩個月的誦經……273
58 不乾淨的怪習慣……278
59 春節習俗……280
60 防雹怪招……284
61 修行者的罰則……288
62 遙望拉薩……293
63 抵達法王宮殿下……297

第五部　拉薩府見聞（一）

64 自稱西藏人……302
65 雜役僧……309
66 北京的騷動……316
67 取得色拉大學學籍……321
68 教義問答的修習……325
69 法王召見……330
70 謁見達賴喇嘛……335

【下冊目錄】

第五部 拉薩府見聞（一）續

71 御醫的禮遇……342
72 僧侶的生活百態……347
73 下等的學問僧……351
74 天和堂與老尼僧……355
75 前財政大臣與最高階僧侶……360
76 拉薩的日本貨……366
77 祕密洩漏的危機……369
78 藏人的誓言……371
79 僧侶的目標……375
80 藏族的婚姻（一）……378
81 藏族的婚姻（二）……382
82 送嫁奇俗……386
83 一妻多夫……389
84 罪犯的公開示眾與拷問……394
85 刑罰的種類……398
86 令人驚訝的葬儀……402
87 奇怪的妙藥……407
88 西藏探險者……410
89 鎖國的原因……416
90 不潔之都……420
91 舊教與新教……423
92 達賴喇嘛的選定……427
93 轉世靈童的擇定……431
94 教育與種族……435
95 古豪族和下等階級……438
96 教育的獎勵法……442
97 西藏的物產……444
98 輸出入品與買賣……449
99 貨幣與刻版……456

第六部 拉薩府見聞（二）

100 宗喀巴入滅紀念祀典……462
101 噶廈……467
102 婦女的風俗……473
103 婦人與嬰兒……477
104 兒女與病人……482
105 迷信與園遊……486
106 舞蹈……491
107 西藏與俄羅斯……498
108 西藏與英屬印度……507
109 輿論……511
110 清廷與西藏……516
111 尼泊爾的外交……519
112 西藏外交的將來……523
113 默朗木祈願法會（一）……526
114 默朗木祈願法會（二）……530
115 默朗木祈願法會（三）……535

116 投秘劍會……541
117 西藏的財政……544
118 西藏的兵制……549
119 西藏宗教的未來（一）……554
120 西藏宗教的未來（二）……558

第七部　身分曝光

121 祕密開始曝光……564
122 商隊長洩漏祕密……569
123 決意離開西藏……575
124 恩人的義烈……580
125 出發的準備……585
126 出發準備完畢……590

第八部　離開西藏

127 辭別拉薩……596
128 剛巴拉的絕頂……601
129 從山路進入第三大城……606
130 逐漸接近關哨……611
131 五層關卡……616
132 第一道關卡……621
133 通過第一道關卡……628
134 途中的絕景和軍營城市……632
135 順利通過第四道關卡……636
136 抵達第五座關卡……641
137 終於通過第五重關卡……646
138 告別西藏……652
139 因托運行李遲到在中途滯留……658
140 與老師重逢大吉嶺……663
141 冤獄事件……668
142 營救受難者的計畫……672
143 大谷、井上、藤井三師的勸阻……676
144 到軍營拜訪奧中將……682
145 日本軍營的應對……687
146 謁見尼泊爾國王……690
147 衛士的腕力……695
148 走向加德滿都……700
149 會見代理國王……704
150 懷獄中友人……709
151 國王的詰問……712
152 再度到宮殿請願……717
153 總算達到目的……721
154 龍樹菩薩坐禪的巖窟……725

第九部　大團圓．回歸故里……729

附錄一　關於河口慧海……734
附錄二　河口慧海旅行概要……736
附錄三　河口慧海著作一覽表……741
附錄四　河口慧海西藏之行示意圖……744
附錄五　一九〇四年的拉薩略圖……746

【第五部】
拉薩府見聞（一）續

71・御醫的禮遇

後來我寄寓前財政大臣家裡時，聽他說了許多前代法王令人傷心悲痛的故事。近臣中不忠的大罪大逆太多了，偶爾也出現幾個忠心之士，不過多半受到壓抑，而讓小丑跳梁。這些富於奸智的近臣工於心計，結黨營私，到最後根本難以剷除，到處都是他們的勢力範圍；照顧我許多的前財政大臣就是被那些人排擠掉的。不過那些不忠的人表面上對法王的恭敬甚至超過忠臣，一副忠貞不貳、義薄雲天的模樣，因為如果讓人看出他們的不忠與私心，他們的地位無疑不保。

這樣的人如今還很多，平常他們巧妙掩飾自己的罪行，一旦有事情發生，將危害自身利益時，他們就找來朋黨裡應外合，以維護、包庇不當的利益。不只如此，他們還會講一些不實的話陷害忠良，很多學者、平民因此遭受不白之冤；眞是陰險至極。這些口蜜腹劍的人一旦取得法王的信賴，就能夠環繞法王身邊，因此不得不特加防範，注意法王的飲食有沒有被下毒之類瑣碎的事。想到歷代法王都置身如此險惡的局面，我不禁熱淚盈眶。

不過當今法王是一位非常有主見的人，因此聽說這些惡魔大為恐慌；雖然好幾次想毒殺法王，卻沒有成功，有好幾個陰謀者被處死，氣燄大減。即使如此法王仍舊處於惡魔環伺中，但他的作為令人感佩，年紀輕輕卻很懂得體察民情，如果知道地方官吏欺壓老百姓，他一定站在百姓這邊，懲罰爲虐的官吏，沒收他們的財產，或是把他們送進監獄，導致不少官吏極爲嫌惡法王。反之地方上的老百姓都覺得當今法王是個大好人，他們尊崇他就和尊崇佛菩薩一樣。

謁見法王之後不久，我住到前財政大臣家裡去，因此被允許參觀離宮的內殿。內殿融合了西藏、中國和印度三種建築風格，非常精彩。庭院內像中國花園般有假山、小橋流水，庭院外圍則是寬闊的草坪，中間點綴各式花草，散發印度風味，很適合運動。宮殿建築群有著西藏式屋頂，也有中國廡殿、重檐、歇山式屋頂；另外也有完全印度平台式的屋頂。

庭院中有各種石頭與樹木，樹以柳、檜、桃、榆爲主，也有一些西藏特有的植物。花大多在夏天盛放，冬季幾乎看不到花；花有菊、罌粟、度母之花、小木蓮、鬱金香等，多種在花盆裡。內殿的三合土中庭以寶石砌成花朵的圖案，兩側的壁上則有西藏最高明的畫師所作壁畫；正面擺了一座中國式兩層高臺（法王御座），旁邊放著厚厚的西藏坐墊，兩者上面都鋪著中國製繡花羊毛織物。高臺前方有一張唐木打造的高几，非常結實。

地板雖然沒有鋪榻榻米，卻有一張茶几，正面牆上掛著宗喀巴的金泥畫像。這樣的房間有好幾間，另外還有一些房間仍舊不得其門而入。我問裡面有什麼，才知道法王就住在裡面；即使進不去，從外頭看仍可以知道其豪華非凡。我後來常常接受德康御醫的邀請，去到他的住處，這時我就向他請教很多我所不知道的醫學問題。由於當時爲需要所迫，惡補了大量中國醫學上的知識，所以才可以和他就醫學方面的話題交換意見。

德康御醫非常禮遇我，更希望推舉我成爲達賴喇嘛的御醫；他說他會去找人做些必要的活動，建議我最好也稍稍向其他的廈貝（宰相）或大臣下些工夫。我說：「我在西藏不能久待，我是個佛教修行者，還計畫去印度學梵文，早晚要離開這裡。」德康御醫聽了說：「這可不行，像你這樣的人如果去了別的國家，我們這裡就沒有好醫師了；你不留下來眞的很傷腦筋。」我說：「我並不是要以醫師身分度過一生的人，何況我的專業也不是醫學，我的本分是佛法上的精進，一直以醫師的身分留在西藏事實上不可能。」德康御醫又說：「佛道修行的究竟目的不就是濟度眾生嗎？從事醫療，拯救病苦，然後再將他們導向佛教的眞理，這也是濟度眾生的一種方式，而且濟度眾生不限什麼地方，所以留下來不是很好嗎？」講的似乎很有道理。

最後我只好回答他說：「做一個醫師救人，所能濟度的只是這一世的苦厄，何況也救不了全部的人；當定業已滿死期來到，即使耆婆、扁鵲❶也救不了。何況像我這樣的江湖郎中，並不眞的知曉醫術，到最後都不知道是在救人還是害人。醫生不用說可以拯人於病痛之中，卻無法救助眾生於定業輪迴之苦海裡。做爲一個佛教僧侶，卻是以濟度眾生最重的病、最深的苦和永恆的煩惱爲本分，也就是爲了治療眾生的無明之病❷而努力修行，這是比當醫師還更爲急迫的事情。所以我沒辦法以醫師身分長留此地。其實如來就是大醫王，他以八萬四千法藥濟度眾生八萬四千煩惱，我們做爲他的弟子，一定要勤勉修學他的醫法，至於擔任法王的御醫，我實在沒辦法答應。」

德康御醫聽了又問我：「那麼你非得去印度嗎？」

我說：「是的。」

「那可不行，你沒辦法到印度去，如果你強行前往，或是到其他比較遠的地方，法王很快就會下令把你抓回來西藏；我勸你不要有這個想法。而且我們在宮中共事的話，日子一定可以過得很幸福。」

我這時突然警覺到，我不小心洩漏了心中的祕密計畫；清楚表明想去印度的企圖，等到將來要回去的時候一定會有麻煩，我只好又設法把話題模糊掉，談些別的事情。關於擔任醫生的事情還有很多狀況，這裡就不再多說；這時發生了一件特別的事。

【注釋】

❶耆婆：爲巴利語Jivaka Komarabhacca的略譯，古印度摩揭陀國首都王舍城的小兒科醫師，以醫術聞名，並篤信佛法，爲釋尊外護，醫治釋尊及其弟子病；耆婆亦曾將因弒父而悔恨煩惱的阿闍世王子帶到釋尊處，勸其皈依佛法。扁鵲：原爲中國上古傳說中的帝王黃帝時代的名醫，後戰國時代有一位姓秦名越人的名醫，世人亦稱之爲扁鵲；扁鵲成爲名醫之代名詞。

❷無明：梵文作avidyā，指看不清人生與事物的眞相，亦即不瞭解一切的無常、無我，而生貪、瞋、癡三毒並受其苦。

72．僧侶的生活百態

事情是這樣的，我所掛單的色拉寺毗次康村資深僧侶們議論紛紛，說一個被達賴喇嘛招待、王公貴族又常來邀請的優秀醫師，卻還住在一間簡陋的僧舍是很不得體的；這些議論在康村中得到多數人的認同，最後對我說，雖是史無前例，但一名受到法王禮遇的醫師應該給予特別的處置，所以要讓我住到一間上等的僧舍裡。那感情好，與其繼續待在臭氣四溢的廁所旁邊一間陰暗的房子，當然上等的屋舍理想多了；於是我搬了住處。

我晉見法王的日期是七月二十日，搬遷是在那個月的月底。照康村的規定，剛入學的學問僧並沒有屬於自己的僧寮可住，必須找個人暫時共住；如果身上有點錢，也許可以弄個小小的髒房間住，但還不一定弄得到。我在金錢方面比較有餘裕，因此一入學就弄到了一間髒髒的僧舍；一般人十年之後可以換到四等的房間住，再過三年換到三等，但都需要用到錢。

得到格西學位後就住進二等僧舍，但也必須花錢；一等僧舍只供給來此修學的轉世者住。我如今搬到一間二等僧舍，相當不錯的地方，有一間房間加上一間廚房，另外還有一個壁櫥，可以說是小巧精緻的兩層樓；康村也有三層樓房，我住的則是兩層的，而兩層樓房中又以二樓比較好，三層樓房也是最高一樓最好。住到這樣等級的房舍後，必須添點家具用品，同時也要請個幫忙雜務的僧侶，就好像一個書生要開始獨立生活，必須購買各種雜七雜八的東西。爲了符合這種房子的等級，所購買的東西不能太隨便，爲此花了不少錢。

僧侶的生活還是有各式各樣的階級之分，但大致上可分爲三個等級，就是上等僧侶的生活、普通以及下等三種。普通僧侶的生活需要一定程度的衣食費用，而住處則由寺方提供，不用付錢。不過有時一個康村會向另一個康村借貸，所以也會向僧侶收取象徵性房租。當一個康村收納的僧侶過多時，就無法供應足夠的居住單位，這時就會和別的康村商量，讓自己的僧侶到那邊借住，但要付一定的房租。

穿著方面則是一般羊毛布料所縫製的袈裟和香塔布（下纏衣、穿拔腰衣（一種裙袍），以及正規的僧帽、中等靴子。飲食方面，早上是酥油茶和糌粑，如果到大經堂早課也供應酥油茶，每個早上三大碗；不過有點財產的普通僧侶早上都在自己房裡煮茶。中午稍過一樣喝酥油茶、吃糌粑，還加上肉類；肉類多半是風乾的牛、羊肉，有時也使用新鮮的肉來煮。

晚餐大多吃麥粉熬的粥，裡面放了點乾酪、蘿蔔、肥肉等；酥油茶則是整天喝個不停。藏人以肉食爲主，很少吃蔬菜，所以喝很多茶。喝茶用的碗上總是覆著白鐵蓋子，等不太熱了再喝；喝完再倒，也是蓋個二十分鐘左右讓它降溫。冬天當然不必放置這麼久，頂多五、六分鐘即可。邊喝茶邊談話，讀經，或做點兼差工作。以上就是普通僧侶生活的一斑。

談到僧侶的財產，則（中等）僧侶多半擁有田產，有的還飼養犛牛、馬、綿羊和山羊等家畜，但不多。飼養家畜的話，大概是犛牛五十匹、馬十匹左右；田產的話，前面曾經提到的計算方式：兩匹犛牛一整天能夠犁完的面積，這樣的大小頂多擁有十塊。由這些財產的生產所得，可以供應自己的衣食和一點零用；只靠寺院方面提供的微薄俸祿和信眾的布施，是不足以維持中等程度生活的，必須加上經營財產所得以及一些兼差。

僧侶中不做生意的不多見；即使不做生意，也會從事農業或畜牧。另外還有一些技藝性的工作，如佛具、法器的製作，還有佛畫、裁縫、木工、油漆、靴子、砌牆等，一般藏人的職業，除了屠宰和狩獵之外，都有僧侶從事；當然俗人不能擔任的工作也全由僧侶來做。不只中等的僧侶如此，下等的僧侶也是這個現象。

上等（貴族）僧侶的衣食住都在一般水準之上，首先談到財產方面，有的人擁有五百頭到四千頭之間的犛牛，或者一百匹到五、六百匹的馬，田地則是兩匹犛牛犁一天面積的一百倍到五、六百倍之間；經商的話，則是擁有一萬到五十萬圓的資本額。不過資本額達到五十萬圓的僧侶大生意人，全西藏不過三、四人。這種上等僧侶的生活非常豪奢，雖還不至於全身上下綾羅綢緞，但穿的是以西藏出產的最高級羊毛織品縫製的法衣，喝的是跟粥一樣濃稠的上等酥油茶。

上等酥油茶的製作非常講究，首先要將茶煮個大半天，然後將茶葉滓濾掉，在深黑帶紅的茶湯中放入新鮮的犛牛奶油，再加點鹽，於酥油茶桶中煉製而成。這樣的茶剛倒出來的時候味道並不好聞，而且看起來頗為油膩，但這可是上等社會才喝得起的。

上等僧侶每天早上喝這種酥油茶，吃上等的糌粑；上等糌粑裡加了一種乾酪、奶油和白砂糖的合成製品。另外他們從早上就吃肉類食品，中午則吃尼泊爾進口精米煮的飯，搭配加了砂糖和葡萄乾的奶油一起吃；有的人吃完後還會吃點蛋皮餃子和糌粑。晚飯吃的是麵疙瘩，西藏人稱之爲粥，裡面加了肉、蘿蔔、乾酪和奶油。上等僧侶早餐並不一定吃糌粑，尤其有客人來的時候，吃的花樣也是變來變去，跟上等社會人家所吃的沒兩樣。上等僧侶每一餐都少不了肉類，當齋戒期間禁止肉食的時候，大家都會惶惶不可終日，說會變成皮包骨啦，會營養不良而死啦，想起來眞的很可悲。

73．下等的學問僧

上等僧侶住的不只是寺院提供的第一等或二等僧寮，他們自己都還擁有別莊或寺院，並由所屬產業提供自己生活用度所需。上等僧侶的家裡大多有少則五名多可至七、八十名僕役供其差遣，包括負責總管、會計、買賣的，以及當喇嘛侍者的，日子過得非常舒適安泰。反之，下等僧侶的生活景況則非常可憐，想起來就難過得想掉淚。

同樣是下等僧侶，但雜役僧可以出去幫平民百姓工作，或者在寺院內兼差，當個護衛兵等等，收入足以滿足生活所需，很少會過得很困窘，但下等學問僧的生活就完全不是這麼回事。家裡無法供應學費，因爲課業壓力很大又沒辦法兼差工作賺錢，所有的收入無非來自信眾有限的供養和寺院發的微薄俸祿，並不足以維持生活。

他們早上會去大經堂喝免費的酥油茶，但塡飽肚子的糌粑得靠自己想辦法，但手頭如此困窘，很少能夠眞正吃飽。教義問答修業期間每天可以得到三杯酥油茶和一頓中餐供應，但辯經練習的課程每上一個月就休息一個月，若只上半個月也一樣接著休息半個月，讓他們有時間加以複習或翻書找資料。此外學問僧爲了通過問答課程，還必須到指導老師那邊求教，這也要花一筆錢當作月謝；這筆錢不是大數目，所以也得是個慈悲的人才願意收留。到了夜晚，房間中不燒點柴火也不行，因爲要喝茶吃點糌粑，於是得花錢買犛牛糞，而且必須省著用，一大袋犛牛糞要燒一整年。買茶也需要錢，奶油則多半買不起。爲了省錢，下等學問僧喝的是上等僧侶煮過的茶渣。

到他們的房間裡一看，財產有些什麼呢：一張羊皮，一只木碗，一串念珠，加上一床破舊的地毯；地毯到了晚上就是床鋪。房間角落有座灶，上面一只陶土燒製的鍋子，一只裝水的罈子。牆上掛著一只補綴過的袋子，裡面裝的就是讓他們不會餓死的青稞粉；很少看到裝得滿滿的袋子。所有這一切財產裡最爲貴重者，則是教義問答教科書，再窮困的學問僧都會有五、六冊。這些教科書等上完一個階段的問答課後就賣掉，然後買入與新課程內容相應的教科書。

晚上穿的衣服無非袈裟加上內衣，如果外面能有一張老舊的氆氌斗篷可以披著算是好的，很多人沒有。若是自己能擁有一個房間那也不錯，通常是不到三公尺見方的小房間裡要擠三個人，三人共用一只陶鍋。在西藏嚴寒的冬季夜晚，眞不知道他們是如何撐過去的，當我到他們住的地方爲他們看病時，看到那種景況眞是淚漣漣，當然不會向他們拿買藥錢，甚至還想給他們錢。下級僧侶的生活大概就是這個樣子。

當他們沒有供養金可拿的時候，也就沒錢買糧，有時要接連三、四天餓肚子，等有了供養，已經餓得發昏，趕快走六公里路到拉薩城裡買青稞粉。如果買到了立刻回寺裡那還算好，有的人實在餓得太難受，飛奔到小吃攤上，把僅有的供養買了碗餛飩或其他什麼的吃掉，然後又兩手空空回去準備餓兩、三天肚子，直到有供養金可拿又出門去領取；我不時看到這種景象，總是盡自己所能拿錢出來幫他們，因此許多學問僧對我特別尊敬，路上遇到一定向我行禮。

再回到當醫師的話題。自從我行醫出了大名後，找我看病的人越來越多，所以不得不準備很多藥材。我每隔一段時間就得去找從中國雲南來開了間天和堂漢藥舖的李之楫買藥。西藏的藥，不管什麼草根樹皮，全都磨成粉狀，不像中國人是以切片熬湯服用。我買的藥材爲了多一道磨成粉末的手續，我總要在李先生府上住一、兩天；由於我成了大主顧，李先生總是很用心地接待我。我還向他借了一部醫書《景岳全書》❶，以補強自己的醫術，好在多半的病人我都還能應付。

我自認是個危險的醫師，可是「蜀中無大將，廖化作先鋒」，而且比起拉薩的醫生我算好多了，若論起生理學一定不會輸給他們；因此我也比拉薩的醫生更得病人的信賴。拉薩共開了三家漢藥舖，天和堂是其中最大的，房間很多。主人李先生才三十歲左右，人很好，對我也很親切；他的妻子很能幹，兩人育有一男一女兩個小孩，另外還有李太太的令堂、三個僕傭同住在一起。他們當我是自家人一樣。

我常常接受人家饋贈的食品，像很高級的餅乾、酸乳、白砂糖或葡萄乾等，多得吃不完，所以一定拿去送給他們，小孩都非常喜歡，總是期待著我的來臨，只要兩、三天不去，他們就念著「那個色拉寺的醫師怎麼還不來」。和小孩子很容易變得很親，一下子就好像已經認識好多年似的，不知情的人看到還以爲我是他們的親戚。我和天和堂主人一家的親密交情，對日後我要離開西藏時有很大的幫助，這是後話。

【注釋】

❶《景岳全書》：明朝張介賓所撰醫書，共六十四卷。

74・天和堂與老尼僧

天和堂這間迦米勉堪（漢藥舖）位於灣居辛康（Wan-dzu Shing-khang，拉薩地名），常來這裡拜訪的有一個是駐藏大臣（中國全權公使）的秘書馬詮❶。他是此地中國人當中相當有學養的一個，而且生活經驗豐富，做人非常踏實。他在西藏出生，母親是西藏人，所以他的藏語沒有一般中國人的腔調，但中國話也很流利，讀的中國典籍很多，可以說他對中國的學問比西藏的學問更爲精通。他去過兩次北京，也曾爲了做生意而去過印度的加爾各答和孟買兩趟，對外國的事物比較嫻熟。他在公家單位工作，事情不多，平常閒的很。他和藥舖主人很熟，常來舖子裡聊天。

我們變得無話不說，而聽他說話很有意思，可以經由他瞭解藏人種種祕密的壞風俗和習慣，聽了之後再加以注意觀察，果然就像他所說的那樣；有許多是我想都沒想過的。不只這樣，他是駐藏大臣的秘書，所以也能聽到各種中國和西藏政府間的祕密。他天生多話，即使我沒問他的事，他也會主動跟我透露，這對我而言幫助很大，在色拉寺讀書讀累了，即使不需要買藥，也還是專程跑到天和堂去找他聊天，這變成我生活中最大的樂趣。

有一次，當我正站在天和堂門口的時候，一位貴族帶著他的僕役往這邊走來。由於藥舖位於前往帕南修（Panang-sho）和卡徹哈康的交叉路口上，而這位紳士則是從阿尼撒康的方向走來要去帕南修的方位。他看我站在店門口，本來已經走過去了，又回過頭來看著我，然後我聽到那個僕役說道：「沒錯，沒錯！」於是那名紳士走向我，打招呼道：「嗨，是您吶！」我注意瞧了瞧他的臉，非常瘦削衰弱，原來就是在大吉嶺認識的那位帕喇攝政家的公子；不過並不像原先聽說的發了瘋的樣子。

他先說了些寒暄的話：「大吉嶺一別好久不見，您也好不容易來到了這裡呢。」我說站在這裡說話不方便，不如進去裡面再說；他說他有急事，不過進去談幾句話無妨。我們進去後，天和堂的老闆娘看來認得他，指著椅子請他坐。他正想說些與我有關的話題，我趕忙向他使眼色，然後說了句不相干的話，「自從在日喀則見到您之後，很快就過了半年……」。他也明瞭如果透露我曾經在大吉嶺見過他，對他也會有麻煩，就順著我的話接了下去。

我看他一點也沒有精神異常的樣子，講了許多話都正常得很。他話裡提到，「我本來沒這麼瘦，三個月前我的一個僕役偷東西，被我發現狠狠數落了一頓，他面子掛不住，就捅了我肚子一刀，腸子差點流出來，好危險。如果早點知道你在這裡，我的身體就不會變成這個樣子。」我聽了安慰了他幾句，不久他就走了。這時天和堂老闆娘的話教我很意外，她說：「帕喇家的少爺說的可好聽，明明是自己做了壞事才被人殺傷，卻編了個謊話騙您；他做的好事我全都清楚」。

我問她怎麼這麼瞭解內情，她告訴我：「是這樣的，我原來是他哥哥的老婆，只因爲他們家嫌我出身較低，不同意我們廝守在一起，最後只有離婚一途；他哥哥和我離婚後入贅給南賽林地方的人家。他家的事我清楚得很。這個少爺雅好女色，被女孩子迷得團團轉，借了好多錢。前一陣子和他的女人喝酒，不知道什麼緣故吵起架來，結果就被捅了一刀，並不是剛才跟您說的那樣好聽。」

我問道：「有人說他神經失常，有這回事嗎？」

「他是需要裝瘋賣傻的時候才瘋，債主來逼債了心情不好就習慣性發個瘋，是個很教人頭痛的人。你不要以爲他神經失常而對他沒有戒心，他借錢的手段可是高明得很，您還是注意點好，否則會吃虧的。」

我和天和堂的關係後來一直很密切，不過這裡就不再多說。時間再來就到了八月上旬，這時我接到一個後來和我關係極爲深厚的人的邀請。

住在西藏前財政大臣宅邸的一位老尼僧，爲了養病而前往她的麥田別莊。在西藏提到賞花，大概就是春天桃花盛開時節，但一下子就凋謝了，不是很有意思。到了夏天，藏人習慣選個林卡（森林或花園）或麥田，圍起帳幕、搭起帳篷，再鋪了毯子，在上面喝酒、跳舞、唱歌、遊樂，這是藏人最興高采烈的時候，所以每個人最盼望的事就是夏天上林卡。

我被邀請到麥田別莊，到那裡看到一位六十多歲的尼僧，侍候她的有七、八名女尼和女僕。別莊非常豪華，雖然是臨時性住處，卻很講究，不是帆布搭成，而是以木板搭建，外面再圍上帳幕；裡面也掛著各色精美的花紗。她邀請我去，看到我，她說：「我已經生了十五、六年的病，這是老人病，反正是醫不好的，不過還是想請名聲響亮的你幫我把把脈，即使沒辦法根治，能夠減輕一點痛楚也很好。」原來是希望我幫她看病。我檢查了一下她的身體，又做了些聽診，判斷她得的是關節炎，馬上給她開了樟腦油製劑（kamfer tinctuur）；另外她的胃也有些問題，我給她一些胃藥吃。我準備的藥材都不是最好的，不過因爲信心很強的時候，那種信心帶來的力量是很驚人的，所以即使不是太好的藥還是很有效，困擾了她十五、六年、讓她晚上睡不安穩的病痛竟然消失無蹤，走起路來利索多了。她欣喜異常，立刻向前財政大臣報告這則喜訊。這位尼僧原來是前財政大臣非正式的妻子。

以尼僧爲妻實在奇怪，不只如此，前財政大臣本身也是個僧侶，而且是格魯派僧侶。這個實情我本來說不出口，可是爲了底下要講的事，他們的身分必須有所交代，而且不加隱瞞，否則會聽不懂。前財政大臣和尼僧在一起是少數的特例，而且不被社會所接受；不過具有貴族身分的僧侶身邊通常都會有女人，但兩人之間只可以是半公開的關係，於是只能當作沒有正式身分的妻子來金屋藏嬌，也不讓進入家門；如果想迎進家門，最方便的情況就是讓這個女子披剃出家。前財政大臣就有這樣一個妻子，但已經年老，頭髮全白，彎腰駝背，不過她的體質原本就是比較強健的人。

【注釋】

❶在清末藏、英交涉的文件中曾多次出現邊務委員、都司馬全驥的名字，不知是否同一人。

75・前財政大臣與最高階僧侶

前財政大臣的家屬和僕役人數都不少，而他們一旦生病，就一定找色拉寺的醫師也就是我來看病；由於他們對我的信心使然，有病一看就好。然而我知道這並非我有什麼神奇的力量，由於佛陀的慈悲加被，使得人們產生了無比信心，我自己都覺得不可思議。因爲這段因緣，我和前財政大臣的關係變得很親近。跟他談過話後才發現，他除了是西藏很出色的政治家之外，同時也很博學；他對複雜的問題都能做出圓滿的裁斷，在涉外事務方面也都能處理得非常妥當。

他當時年紀爲六十二歲，而他的身高在藏人之中可說是罕見的鶴立雞群，至少有兩米二。我站在他前面，頭頂只及他胸部；跟他走在一起，就像大人帶著小孩散步。做他穿的衣服總要一般人兩倍的布料。他知人善任，擁有多樣才能，對人卻非常親切，而且講究義氣，不輕言欺誑。如果要說他有什麼缺點的話，那就是年輕的時候和一位尼僧同居，因而誤了自己的前程。

他和我熟了以後，有時談起話來會和那位尼僧一起流淚，爲往事感到懺悔；從這一點可以看出他本性的純良，只因爲一時的衝動而折損了僧侶戒行的圓滿。不過這只能怪社會上普遍風行的不良習氣影響了他。他瞭解了我的現況後，說：「您這樣實在太辛苦了，入籍色拉

財政大臣府邸別殿之一室

寺爲色拉的僧侶看病壓力已經夠沉重了，更不要說連拉薩人生了病都要去麻煩您，這樣子恐怕沒有時間讀書吧。」

我說：「沒有空好好進修正是我最大的痛苦。」

「這眞是難爲您了，何況這樣下去首先就會危及您自身的安全。」

「怎麼個危險法？」

「您這樣一來別的醫生就沒得混了，也許他們會找人偷偷給你下毒；總之會設法將您做掉，我認爲。」

「這可麻煩了，不知道有沒有什麼辦法？」

「您只要吃、穿的問題解決了就可以了吧？」

「只要吃、穿不愁我就夠了。」

「那麼您的穿衣吃飯就由我來供養吧。住的地方雖談不上豪華，但提供一間比色拉那邊好一點的房子總是做得到的。您就搬到我家裡來用功吧，這裡說不定更適合讀書，病人方面要不是特別嚴重大概也不至於找到這裡來。這樣子對生病的人雖然有些抱歉，您不妨想如此一來對拉薩府的醫生們卻是好的。怎麼樣？」

我聽了好高興。爲了研究藏傳佛教而刻意來到拉薩，整天接觸的卻都是生活瑣事，雖然有助於瞭解風土民情，對佛法的研究可是毫無助益，眞的很遺憾。正在這麼想的時候突然聽到這樣好的建議，眞是喜出望外，比見到了父母還興奮。

這時我既有金錢上的收入，又得到財政大臣在衣食住方面的協助，一切都變得很順利。於是我從色拉將糧食、日用品等全搬運過來，原來的住處只留下一名小僕人，並吩咐他絕對不要向人透露我住進了財政大臣的家，即使病情再重的病人來了也盡可能建議他們去看別的醫生，我現在起不用功讀書不行了。自此我住到財政大臣的客房裡專心研讀，只偶爾去色拉寺參加教義問答的課程。

我所住的別殿並不算寬敞，長約五米四、寬約三米六，隔成了兩間。不過畢竟是貴族的宮殿，中間的隔扇非常精緻，綠漆磨光，並鑲嵌著西藏風格的金色花鳥圖案；另外還有厚地毯、檀香木几案以及一座簡易佛壇。整個說來該有的都有了，而且非常潔淨。這間別殿隔壁還有一棟更大的別殿，那是新財政大臣所住的三層樓建築；前財政大臣強巴曲桑（彌勒法賢）

住的則是兩層樓的宮殿。住到這裡眞是清靜多了，由於是財政大臣的官邸，連色拉寺認識的一千僧侶朋友也不敢來看我。不過好事不成雙，在這裡雖然很適合讀書，去找老師請教卻不太方便。

沒想到這裡最好的老師竟然就是前財政大臣同母異父的哥哥諦仁波切（Ti Rinpoche），聽說他的父親是漢人。這位諦仁波切也是出身於色拉寺，七歲左右出家，如今已是六十七歲高齡；他剛於前一年就任甘丹寺最高僧位甘丹赤巴。「諦仁波切」意思是「坐台寶」，甘丹寺有格魯派創始者宗喀巴當年所坐的法台，如今全西藏只兩個人有資格坐上法台，那就是達賴喇嘛和甘丹赤巴。不過法王並不常坐法台，而甘丹赤巴在法會期間則是一直坐在法台上。

達賴喇嘛是天生的轉世靈童，而甘丹赤巴的名號，卻是一個僧侶在學習顯教佛法取得格西學位後，又以將近三十年時間學習密教❶佛法（說是學習，其實就是修行），積累了足夠的修行功德，在學識、德行上都有圓滿成就，整個西藏再沒有人比他更適合坐上宗喀巴的法台的情形下，於是應法王之請就甘丹赤巴之位。除了屠戶、鐵匠、獵戶的小孩之外，一般人的子弟只要積五、六十年的修行而成爲學德兼備的高僧，都有資格坐上這個位置❷。

因此從眞修實證的角度看來，甘丹赤巴甚至比達賴喇嘛的位階更高，而我竟然有此殊榮以這樣一個不世出的行者爲師，這在西藏是極難得之事；由於西藏是講究階級的社會，這樣的人連見個面都不容易更不要說其他了。完全是因爲前財政大臣的厚意，我才能夠有這樣的福報。從這位老師身上，我不管是顯部或祕密部的佛法都得到充分的傳授。他也是一個很奇特的人，一見到我好像立刻清楚了我的來歷和習性，還有意無意說出「暫時還不會有問題，你就待在這裡吧」的話，教我悚然一驚。

他對我心裡的渴望一清二楚，因此毫無保留地將佛法傳授予我，他的慈悲我至今未敢或忘。我在西藏期間從許多格西、學者、僧侶、隱士處得到無數的法益，但沒有一位比得上甘丹赤巴給我的多。我想也是因爲他的存在，才使得他那因破戒而幾乎陷入惡趣的弟弟彌勒法賢知所懺悔，並對世間、出世間的事務都能全力以赴，終得以淨其意、安其心。那位前財政大臣之妻的老尼僧，其內在與外在活潑雍容也不下於大臣，雖然她帶著幾分女性特有的溫柔貞靜，在思想方面卻有巾幗不讓鬚眉的氣概。

【注釋】

❶顯教相對於密教，指明白宣示義理之教法，即釋尊爲了教化眾生，乃針對眾生不同之性質、能力而提出明確的修行之道，後專指北傳（中國、韓國、日本）佛教。密教又稱金剛乘（Vajrayāna），專指藏傳佛教，講究

手結印契、口誦眞言、心入禪定的身、口、意三密瑜珈，使修行者與本尊結為一體，體現人、佛本質上無異（生、佛一如，凡、聖不二）、即身成佛的道果。顯教、密教在教義上皆屬大乘佛教範疇。

❷表示一個普通的學問僧，不必是貴族出身，也不必是活佛轉世，只要努力眞修實證，都有機會逐步晉升到此一崇高地位。

76．拉薩的日本貨

這位尼僧二十年前爲了懺悔自身罪障，曾經前往尼泊爾的加德滿都朝聖，一路上所遭遇的艱險和我沒有什麼兩樣，因此我們不時談到這個話題，也教我體認到他們眞是天生一對：大臣和她都是非常講義氣、重承諾的人。我被他們做人做事的精神所感動，每當想到他們爲犯戒而受苦時，特別覺得難過，並引以爲鑑。

和他們一家越來越親密之後，對他們家人和家中的事也就更加瞭解了。反倒是現任財政大臣雖然就住在我的隔壁，但他平常實在太忙了，講話機會不多，所以彼此的距離就沒有那麼近。他名叫天津曲嘉（教持法王），個性溫和，但意志非常堅定；講話總是帶著笑容，而且沒有大臣的架子，把我當作朋友，使我也渾然忘了他大臣的身分。我想這跟前大臣、尼僧夫婦把我當作他們的孩子一樣看待或多或少也有關係吧。

現任大臣常常向我提起政府內部的一些話題。每當發生棘手問題的時候，他通常不會當面表示意見，而是先回到家裡來，找有如自己父親一樣的前大臣商量對策，而前大臣也一定傾囊相授。聽說前財政大臣要不是因爲與尼僧同居這件事成爲話柄而韜光養晦，早就會位居要津，如今不是當上宰相，就是高等僧官中的宮內大臣了。

我想如果彌勒法賢能夠執西藏政治牛耳的話，他和機敏的當今法王相輔相成，一定可以有一番驚人作爲。我常常在一旁傾聽兩位前、現任大臣夜間的談話；他們偶爾也會請我發表意見。也由於這樣的場合，使我意外地對西藏涉外事務有了深入的瞭解。在寺院中固然可以專心致志於佛法的研究，對西藏政府內部的種種卻無從得知，而我卻因緣際會聽到許多。

我在這裡不但奇遇不斷，而且巧合也很多。前面提到過我和帕喇攝政家的公子在天和堂門外的邂逅，這時我又遇到一位在大吉嶺認識的商人查龍巴（Tsa Rong-ba，以地名爲人名）。有一天我去拉薩最熱鬧、就像東京銀座的地方八廓街❶走走；所有生意人一定會在那裡開一家店或設個攤位，跟任何國家的情形都一樣。那裡尤其多露天的攤位，賣各種日常用品，除了西藏所產最多之外，從印度、加爾各答、孟買等地輸入的貨物也不少；其中最教我印象深刻的，是日本製的火柴。大阪一位土井氏所製作的火柴出現在拉薩的市場上；還有一種象標的蠟燭包裝上也印著Made in Japan（日本製）。雖然也有一些瑞典製的火柴，但主要是來自日本。另外我還看到畫著仕女圖的日本竹簾。記得我到一些貴族家裡，也曾看過日本製陶器，以及裱在框中掛在牆上的日本畫。

我邊逛邊看，走到一家雜貨店前面，發現店裡有品質很不錯的香皂，那是拉薩很罕見的東西，簡直是大發現，趕忙問店家多少錢。店家聽我一問，卻目不轉睛地看著我。我注意一看，覺得這個人很像大吉嶺的商人查龍巴，但想不通他爲什麼會來到這裡做生意；也許只是一個跟他長得很像的人，或者是他的兄弟罷了。不過越看越像查龍巴，我現在整個模樣都變了，他似乎認不出我來，只用疑惑的眼光對著我猛瞧。我在大吉嶺的時候多半穿著和服，即使偶爾穿藏服也很少拋頭露面，到了西藏之後則一身純粹的西藏打扮，加上留著長長的鬍鬚，難怪他認不出來。

店家告訴我：「這種香皂很貴的，您還是不要問吧；另外還有比較便宜的。」我說便宜的那種我看不上眼，我要貴的；他笑著跟我報了價錢，最後我買了兩個回去。回去後我拿給現任大臣看，他說這種香皂很高級，能不能分一個給他；我把兩個都送給了他。

【注釋】

❶八廓街：又名八角街，指環繞大昭寺的內環朝聖道路，從各地前來的香客沿順時鐘方向一圈圈繞行大昭寺，人潮洶湧，因此發展成熱鬧的集市，商店、攤位林立，為拉薩最繁華的地方。與「八廓」相對應的是「林廓」，前者為內環，後者為外環。

77·祕密洩漏的危機

過了兩、三天，我怕那種香皀要是賣完在拉薩就買不到了，於是又去八廓街那家雜貨店想買幾個留著用。到了那裡，老闆也不拿香皀給我，只是緊盯著我瞧，我因爲買過知道價錢，就直接拿錢給他，結果他說：「等等，您不認識我了嗎？」

他的聲音一聽確實是查龍巴沒錯，於是我笑著答道：「怎麼會不認識呢？」

他一臉驚訝，立刻說：「請到裡面坐坐。」由於天色漸暗，他吩咐店中小廝收拾收拾，就把我請進他家。

我跟著他走進去，他邊走邊說：「好久不見了，裡面雖然簡陋得很，還是請進吧。」

房子不大，裡間有一段梯子，走上去就到了主屋。同樣來自大吉嶺的老闆娘珮冬（蓮顯）正在那裡，我一眼就認出了她，但她顯然不知道我是誰。老闆笑著問她：「你知道這位師父是誰？」

珮冬看了看我，說：「不認識啊。」

「怎麼會不認識？你熟得很吶，人家可是幫過你呢。」

她更加仔細地看我，還是一臉茫然，說：「要是幫過我，我一定認得的，可是眞的想不起來呢。」

「你這麼迷糊眞是拿你沒辦法，在大吉嶺時有一次你肚子絞痛，人家不是拿了特效藥幫你給治好了嗎？」

這時她才恍然大悟，道：「啊，我記得，你不要再說了。對不起，實在很失禮，沒想到這麼久之後會在這裡再見到您，眞是太高興了。」

接著兩個人異口同聲地說：「您從哪裡過來的呢？像我們這種百分百的藏族想來這裡都得嘗盡各種苦楚，甚至忍不住想抄小路闖關入境，像您這種身分又怎麼進得來，難道是用飛的？」

「我哪會飛呢？我是從羌塘高原那邊過來的。」

「怎麼可能？即使是羌塘高原，這三、四年在許多可能的通道上也都派了兵駐守，根本無路可走，如果不是抄小路，除非您用飛的，否則是到不了這裡的。」

「我確實走了許多沒有路徑可循的地方才抵達這裡的。」我這樣說，但是他們似乎不太相信。

我警覺到正面臨另一個大危機，如果沒有處理好，不但會暴露我日本人的身分，而且將會爲我的大恩人前財政大臣以及色拉大學帶來可怕的災難。生意人特別容易爲利所動，說不定會將我的事情上告政府以取得獎賞，凡事先下手爲強，於是腦海中浮現一個策略。

78・藏人的誓言

於是我語氣一轉，嚴肅地說：「兩位的生活確實過得不錯，不過要是將我的事呈報給政府的話，還可以賺取更多的錢；我也認爲這樣做是明智的。如果我出去自首，說不定人家還不相信，但你們兩位曾經在大吉嶺見過我這個日本喇嘛，現在又發現我非法入藏，你們的話將立刻被採信，而且獲得可觀的賞金；我已經做了被抓去關起來的準備。」話說得很白。

老闆娘一聽有些震驚，老闆也是非常意外的表情，說：「您怎麼這樣說呢？我們賺那種錢做什麼？我們並不是見錢眼開的壞人，寧願餓死也不要做那種喪盡天良的事！縱使這件事最後被揭發出來，我們因爲知情不報而受懲罰，終歸是前世的因緣業報啊。固然有一些惟利是圖的商人沒錯，但我們絕對不會去賺這種黑錢的。您這樣說眞的很傷感情吶。」他講的眞是義正詞嚴。

我答道：「我知道你的意思，但這樣做你有錢可以賺，對我而言也是了了一樁心事，你們還是去把我告了吧。難道你們一點都不想這樣做嗎？」

「壓根兒也沒有，昭仁波切呀，這件事我們死也不會說！」這是在拉薩的西藏人分量最重的誓言。

昭仁波切意思是「救世主寶」，指拉薩府的釋迦牟尼佛[1]。這樣發誓，等於是對釋迦牟尼佛說：「如果我洩漏一字一句，就是死了也可以，您就把我殺了吧！」當嘴裡念著昭仁波切並誠心立誓的時候，老闆的左手同時指著拉薩府釋迦牟尼佛所在的方向，看他的樣子一點也不像裝出來的，而是出自肺腑的一片眞心。

接著老闆娘也念起昭仁波切的誓句，說：「我們絕對不做這種事，即使您萬般懇求我們去說，昭仁波切無論如何也不會答應的。」

在西藏得到這樣的誓言，比得到公證書還可靠，於是我說：「要是這樣，我就不勉強你們了。」這件事也就告一段落。

在這裡順便提一下西藏誓詞的種類。最普遍的就是「昆鳩森」（南無三寶），或者是「阿瑪檀德」（與母別離），後者是「如果我所言不實就讓我和最愛的母親死別吧」的意思。另外地方上也會以當地的神祇或最受崇仰的佛、菩薩名號發誓，拉薩府就是以「昭仁波切」爲主，做生意的場合要談定價碼時也會發這句誓詞；不過都只是口頭上發誓，並不會嚴格地還要手指大昭寺的釋迦堂，甚至變成買賣時的口頭禪而已，不守信用的照樣不守信用。但是手指釋迦堂或者將經文放在頭頂發誓的時候，那就一定說話算話，破誓的話其罪行比殺了自己的父母還嚴重。一般的場合所使用的誓詞，多半只是放在所說的話中間加重語氣，表示確認的意思；婦女用語中也包含了許多誓詞。據我所知西藏誓詞的種類有四十五種之多。

接著老闆問我現在住哪裡，我說在色拉寺掛單，老闆稍稍沉吟了一下，說：「那麼最近名氣響亮、還進出法王宮殿的那位色來・安契（色拉的醫生）❷指的不就是您嗎？」

「正是。」

老闆聽了非常吃驚地說：「現在大家都說你是藥師如來或耆婆轉世，我們的身體一向不好，早就想去拜望您，請您幫我們診斷診斷。」

那天大家說了許多話，後來我和老闆成爲很親密的朋友。

我仍舊住在財政大臣府第，而吃不完的東西變成很大的負擔，原因是透過大臣介紹非得請我看病的貴族很多，待我看過他們，回來時一定送我一大堆禮物，其中包括很多珍饈美味。這些東西一個人根本吃不完，就全拿到天和堂藥舖、查龍巴家以及幫我看管色拉寺住處的沙彌那邊送他們。其實就算沒有人送我東西，單單大臣府上供應的食物也已經太多了……就這樣與許多人的關係更加親密，日後也成爲讓我逢凶化吉、消災解厄的原因。

即使住在大臣府邸，但我畢竟是色拉大學的學生，因此各種學習科目一點也不敢怠忽，不時還要回色拉寺參加辯經訓練。由於我又有醫師的身分，教師對我比較寬容，就算沒有每天出席上課也不會挨罵；不過我自己很喜歡那些課程，所以還是選擇性出席。這裡我就順便一提僧侶一般的傾向，以及做爲一個學者的理想，還有不同種族的僧侶之間的區別。

【注釋】

❶大昭寺中的釋迦牟尼像藏語音寫爲jobo，而蒙古語的釋迦音寫爲joo burHan，兩者都可能是大昭寺別名Jokhang的語源。

❷這是拉薩人對作者的通稱，其實眞正的藏語法號爲「色拉布．江措」，也就是「慧海」的意思。

79．僧侶的目標

三大學問寺裡的學生並非都是藏族，另外還有蒙古族，以及和藏族在人種上稍有差異的康巴。由於出身地區不同，他們的特質也有些不一樣。藏族外表看起來很溫順細心，但是基本上並不喜歡讀書，非常怠惰；他們不講究衛生，多半也是來自這種慵懶怠惰的習性。藏族的僧侶冬天除了到大經堂誦經、喝茶，其他時候就是在自己的屋舍前面赤身裸體露出龜裂的背脊晒太陽，一邊拿著羊毛布擤鼻涕，再把那條擤過鼻涕的織物放在頭頂上遮陽，一邊打瞌睡。年紀大的人這副德行也就罷了，如果年輕的人也這個樣子，只能說是藏族天生的懶惰。

蒙古學生就不會這樣，他們大老遠跑到這裡來，目的就是爲了攻讀學位，所以他們不只非常努力讀書，辯經的時候也特別賣力，五百個人裡面，至少有四百個是好學生，只有一百個比較差。藏族學生的話，五百個裡面大概四百五十個都不怎麼樣，所以雜役僧絕大多數是藏族，很少見到蒙古人和康巴的身影。

蒙古學生好學不倦又富進取心，唯一的缺點就是容易動怒，主要是出自於對自己種族的自豪，認爲蒙古人都很優秀，讀書又用功，最後多能取得格西學位回去，和藏族、康巴完全不一樣。這種自豪、驕傲的心態一碰上小事就容易發飆，我看到的蒙古學生多半是這個樣子，所以他們可以產生像成吉思汗那樣戰功彪炳而建立大帝國的英雄，卻無法以長時間累積出可觀的文明。

來自康區的人和其他兩者比起來好多了，雖然他們那邊以出產強盜聞名，性格比較慓悍，卻不像蒙古人那樣動不動就發脾氣，而是非常有忍耐的工夫；就身體的強壯程度而言也是在其他兩族之上，而且重情義，即使幹的是強盜的行當，救起人來卻比誰都熱心。據我的觀察，在色拉寺的僧侶裡，最讓人看得順眼而且帶著俠氣的就是康巴；他們也不會講些心口不一的話來討好人。蒙古人就比較諂媚，西藏人更嚴重。康巴裡固然也有受到藏人影響而變得腐敗的，但這樣的人非常受到族人排斥。女性康巴不會很多情，也不會講甜言蜜語。藏人不論男女表面上都很善良，但內心就不一定是這樣。

至於談到做爲僧侶或學者的理想，那麼多半是希望利用自己的學問在這個閉鎖的國度裡博得一定的聲名，或是獲得大量財富，而不是爲了濟度眾生而從事佛法修行。一千個人裡面九百九十九個人都希望自己能離苦得樂，擁有很多錢，不管今生或來世都能長享安樂。爲什麼會這樣，主要是藏人評斷一名僧侶或學者的身分地位，並不是以他的學識、德行或利益眾生的能力高低來加以判斷，而是以財產多寡做爲評斷標準，所以沒有錢就沒有地位，使得許多僧侶整天爲了賺錢而奔走，做買賣的、經營農業或畜牧業的、從事各種職工的、到信眾家誦經的絡繹於途。那些可憐的窮學僧雖然非常用功，可是受到風氣影響，心裡想的多半也是希望十年寒窗苦讀之後得享安樂；我很少遇到一個以濟度苦難眾生爲職志的人。

一個僧侶經過二十年的努力終於取得格西學位的時候，還要花費一大筆錢，拿來購買肉粥以供養學部上下。爲了這筆錢，窮學僧還得向有錢的僧侶借高利貸，然後藉著格西的名號四處爲人誦經賺錢還債，順利的話五年頂多八年可以無債一身輕，但也有人還不出錢而必須一輩子聽債主差遣。好不容易寒窗苦讀那麼久，終於有點成就，卻由於社會的習氣而必須繼續吃苦，實在是西藏僧侶的悲哀。

我因爲住在財政大臣府上，因此不時有機會前往其他大臣的宅邸，其中有宰相之一的修堪瓦。在西藏，宰相（夏貝）這個官職名義上可以有四個人，而財政大臣有三名；其實眞正的財政大臣只有一個，就是最資深那個挑起一切責任，其他兩人則是政務次官。宰相這個官職也是一樣，掌權的是最元老級那一個，其他人只是輔佐。這個叫做修堪瓦的宰相排名第二，我常常可以見到他，與他談話。他的女兒嫁給一個叫育托（Yutok）的貴族，我獲邀參加了他們的婚禮。這場婚禮在西藏算是很正式的，我想稍加描述一下整個過程。

80・藏族的婚姻（一）

在描繪這場結婚典禮之前，我先就地方與拉薩在結婚儀式上的差別處、藏人夫妻間的關係及其權力等稍加著墨。就結婚禮俗而言，各地千差萬別，很難一一縷述。到目前爲止，西洋人所寫許多有關西藏的著作，裡面提到藏族婚禮的部分，有些是他們親眼所見，有些只是間接聽來；他們大多只走到法王管轄地域的關哨，或是中國境內的藏區，並沒有抵達拉薩，有關拉薩府結婚禮俗的描寫也就完全付諸闕如，所以我覺得有必要就這部分加以補充。

世人都知道西藏是一個施行一妻多夫制的地方，而且還分爲兄弟共妻，以及和非兄弟關係的人講好共妻兩種狀況；另外還有一種情形，就是原來爲一夫一妻，後來妻子權力變大，自己找來一個男人，取得丈夫同意後也變成夫婦關係，這也很常見。這中間人倫上的紊亂在外人看來是可忍孰不可忍，但藏人卻習以爲常。

如果母親過世了，讓父親和兒子共享一個女性這種情形在西藏完全沒有法律上的問題。這樣說好像可以無所顧忌地亂點鴛鴦譜，其實不然，堂兄妹如果結婚會被視爲狗都不如，同兄妹亂倫一樣，不只受到唾棄，也是法律所嚴格禁止的。

一般說來，藏族婦人的權力很大，比方說丈夫賺的錢全要交給老婆，丈夫如果有三位，則三個人賺的錢都要落入老婆荷包；哪個老公錢賺得少，還會被老婆搶白一頓。丈夫需要用錢就向老婆伍頭伸手，要是丈夫藏私房錢被太太曉得，則少不了要被太太惡狠狠數落一通，甚至還會挨耳光。

當然這是比較極端的例子，並不那麼常見，但決定權多半操在太太手上，例如丈夫到外頭和人洽談一件事情，結論大致柢定後，丈夫會跟對方說：「好，我知道您的意思了，現在我先回家和太太商量一下，如果她也同意，我再來和您拍板定案。」這樣說是不會有人恥笑的，因爲任誰都要這麼做。男人出遠門做生意通常也是因爲老婆下了命令不得不從。幾個兄弟共用一個妻子的場合，兄弟哪一個不是兢兢業業討老婆歡心。

不過西藏還是有一夫一妻的家庭，這個時候丈夫的權力就比較強大。還有一種暫時性的婚姻關係，講好彼此愛慕的時候在一起，不喜歡了隨即分手；這種女性通常擁有許多男人，然後從每一個男人身上得到好處。這在鄉下很少見，在拉薩或日喀則等大都會特別多。這種女子在西藏基本上就是屬於娼妓或藝妓之流。

現在談到拉薩的婚俗。藏人結婚的年齡男女大多一致，約是二十歲到二十五歲之間；偶有十五、六歲就結婚的早婚者，或是三十歲之後才結婚的晚婚者，但只能算是例外。結婚雙方的年齡基本上相當，女性比男性小個幾歲也是有的；晚婚的人夫妻間年紀的差異就比較大。一妻多夫的情形下，妻子不管和誰生下小孩，即使兄弟五人共妻，這個小孩只會叫老大「爸爸」，絕對不容許這樣叫其他人；其他人只能稱「叔叔」。

倒是在一本歐洲人寫的書裡，提到西藏小孩稱母親的許多丈夫裡的老大爲「大爸爸」，其他人爲「小爸爸」；我想這是西藏人隨便誑他而他也信以爲眞。「小爸爸」這種稱呼是絕對不被允許的；我沒去過的康區或許是這個樣子，但我一路走來之處從沒見過。

婚姻的對象完全取決於父母的意思，子女毫無置喙的餘地。父母也不會跟自己女兒講，誰誰家有個男孩，你要不要去看看；父母說了算數。也因爲如此，藏人遭遇離婚之不幸的人很多，即使如此，大家並不會因此檢討父母做主的婚姻帶來的弊端，到現在大家仍舊是「父母之命，媒妁之言」。

在邊鄙地區甚至拉薩這種首善之都，也有很多男女未婚即有肉體關係，然後才向父母稟報，取得父母同意後再補行結婚典禮；這是例外，一般還是由父母主導。當家裡有兒子達到適婚年齡，做父母的就會去打聽和自己家系、財產、階級相當的家庭是否有適婚的女兒，如果有就請個媒人向女方提親。女方若是回絕即作罷，若女方家長也有意思，則媒人就銜命到女方家跑個五、六遍，做進一步的洽商。等到女方父母完全同意了，這時必須先找個卜卦師父或高僧請教，有的還要透過靈媒向神明請示吉凶；沒有透過卜筮或神明指點就自作主張的父母是絕無僅有的。

父母之間對整個洽談的過程和內容完全不讓兒女知曉，不像日本或歐美的習慣，會透露聘金、嫁妝的多寡。結婚時女方帶到男方的嫁妝並沒有一個定數，但總是以符合雙方家族地位、不會失禮或沒面子爲原則；男方也會給女方家長一筆養育費當作聘金。

當雙方達成協議後，做父母的再度請卜者或靈媒擇定吉日良辰，然後展開婚禮的準備工作。父母必須清楚媒人代男方過來迎娶女兒的確切時間，在預定時間之前，父母會跟女兒說，今天天氣很好，我們到寺廟裡拜佛吧，或者是到哪個公園林卡野餐吧，你得把頭髮洗乾淨梳理整齊吶。有的女孩不知道婚期已至，默默去梳妝打扮；那些比較伶俐的女孩一聽就知道爲什麼，於是悲從中來開始飲泣。

81・藏族的婚姻（二）

父母向女兒說：「今天你就把臉和身體擦洗乾淨吧。」藏人並不是絕對討厭洗澡，只是平常如果洗臉淨身會被人笑。貴族家庭成員每天早上倒是洗的，但清潔的方式很特別，首先由僕役或婢女用杓子舀了熱水進來，倒在主人平攤並稍稍凹下成杯狀的手掌上，主人先將水含在口中，然後再分幾口吐在手掌上，用這漱過口的水在臉上塗抹清洗；如果嘴裡的水沒了，還會吐些唾液來洗臉。當然也有人是以銅臉盆裝水洗臉，但很多人就是用唾液。

說到不知情的女兒聽到今天要出去玩，就高興地去洗髮梳頭，這時媒人也來了。有時男方家長會先找人偷偷送來一些梳髮的道具和頭飾，女方家長等女兒梳好頭，就拿著這些道具和頭飾進來，說：「你所用的梳子已經很舊，不如丟了，用這把新梳子好好梳頭髮吧。這裡還有不錯的髮油，你也拿去抹抹看。」梳妝完畢後，新娘的父母才會正式向女兒透露今天其實是吉日良辰，某某家的公子要來迎娶她過門云云。在拉薩或日喀則這類都會多半是這樣一種婚俗。

少數那些比較聰穎的女孩知道父母要她洗髮梳妝其實是爲了婚禮，她們也會哭著拒絕洗髮出嫁。「我不要去，爸爸、媽媽一定是騙我要將我送到很壞的地方！」這時新娘的朋友會前來安慰她，並半強迫地讓她梳洗完畢。

當婚禮的種種準備都完成之後，新娘的父母就必須舉辦一場送嫁的婚宴；宴會期間的長短端視家庭貧富程度而定，少則一、兩日，多則五天甚至十天半個月。宴會期間新娘父母雙方的親朋好友以及新娘的朋友都會送禮，有的是金錢，有的是衣服或食物。遇到送禮的人光臨，首先請他們喝酥油茶和青稞酒。藏人喝的酒絕對不會先溫過。茶、酒的招待沒有一刻稍停，這就是前面提到過的「茶牆、奔馬」（茶、酒喝不停），爲西藏人心目中最最幸福狀態的體現。儘管如此，主人並不需要準備下酒菜。

接近中午時分的餐食第一道是糌粑和肉類；肉類大抵是犛牛、山羊或綿羊肉，在拉薩偶爾也會出現豬肉，黃牛肉則幾乎沒有，尤其是婚禮的場合。料理的方法分爲生肉、乾肉和煮肉，烤肉則不登大雅之堂。肉類通常以油、鹽燉煮，有時僅僅是用水加鹽來煮。上這三種肉類料理時，同時也會有一道用乾酪、奶油和砂糖做成的甜點。吃完之後，接下來是攪拌了奶油、砂糖、葡萄乾和其他乾果的米飯；晚飯或是宴會的壓軸則會有蛋餃和中國料理。

每天供應這樣的美食三到四次，餐與餐之間則是茶、酒不斷，大家邊吃邊喝邊聊天，並且跳舞、唱歌助興。跳舞的時候大家隨著民謠的節奏同時用力踩踏，腳步非常整齊，有如閱兵分列式般。由於男女都混在一起跳，彼此眉目傳情，每一個都跳得很起勁，搭配著札礦（西藏弦樂器〔牛角胡〕）的樂音，幾十個男女圍成有如念珠般的圈子興高采烈地跳著，日本古代歌垣的場面應該就是這個樣子吧。宴會時間的長短取決於家族的人際關係和貧富狀況，只有很窮的人家才會在媒人來迎娶新娘的隔日就把女兒送出門。

歡宴了幾天後，終於要讓女兒過門的前夕，做爲新郎父母代理的媒人、男儐相等一行十幾個人會前來迎接新娘。媒人和男儐相與女方家長見了面先獻上努林（養育費），但新娘的父母不會立刻接受，反而會退回去，幾經媒人勸導後才收了下來。也有堅決不收努林的父母，他們會跟未來的親家說：「我們將心愛的女兒嫁過去，並不是爲了拿養育費，但願您們也能疼愛我們這個女兒，只要她能夠在府上長享幸福安樂的日子我們於願以足，這是我們最大的期望。」

接著就獻上結婚典禮上新娘要穿戴的所有衣飾，包括結婚玉瑜。所謂結婚玉瑜是拉薩女性戴在額頭上的裝飾，表示這個女子已經成爲人家的妻子；不過也有很多未婚的女子戴著這種玉瑜純粹用來裝飾。日喀則一帶的女子則是將結婚玉瑜戴在頭頂後方，讓人一目了然知道她已是人妻。如果不幸要離婚的時候，丈夫會怒氣沖沖地將結婚玉瑜從太太的頭上扯下，一旦扯下來，離婚就成了定局，不需要另寫離婚證書。

新郎父母所贈的衣飾主要是婚禮要穿的衣服、鞋子之類，其他貴重的飾物如項鍊、胸飾環、瓔珞、耳環、手環、戒指等則全部由新娘的父母準備。夫家提供的衣飾不管喜不喜歡，都必須在婚禮上穿著，不能穿別的。媒人和儐相等男方代表當晚會住在女方家裡，並參加盛大的酒宴。

酒宴中當然又是熱烈的勸酒、拚酒，不過媒人和儐相等一定要想盡辦法擋酒，因爲藏族有一個習俗，就是媒人和儐相一行如果醉酒而睡得很死，女方親友就會偷偷跑進他們的睡房，偷走他們帶來的一件物品，不拘貴重與否，然後在第二天早上拿出來示眾，這時被偷的人必須給偷走東西的人二十章卡藏幣罰金。所以酒宴上媒人等男方來的人會提醒自己少喝些酒，而新娘這邊的親友則是以巧妙的手法勸飲，一邊讓喝一邊不喝，爭來吵去的簡直像一場大戰。勸酒所使用的語言、動作都必須依循藏族古來的一套傳統作法，否則就會被男方譏斥，失禮又沒面子。男方代表在擋酒的時候，也必須使用相應的傳統台詞，什麼「酒爲百毒之長」或「酒是製造爭端的工具」、「酒使人喪失理性」等等，各種比喻、教訓，引經據典、唱作俱佳。鬧到最後，連女方端出來的酒夠不夠醇、肉好不好吃、其他料理道不道地都可以吵個半天。

82・送嫁奇俗

結婚的吉日良辰終於到了，那天一早新娘的父母照樣要大開宴席，並請古派〔寧瑪〕，也就是所謂紅帽派的僧侶主持對社神、祖先的祭告，說：「此次某某家的女兒將要嫁到誰誰家裡去，請您放她走吧，不要因爲她將離去而生氣或加害於她，您能讓她走，我們會誦經安慰您、供養您。」這個祭告儀式大多在僧侶所在的寺院舉行，同時也請西藏傳統苯教的僧侶來到家中，向主司一家財富的祿神（龍王）祭告，希望龍王不要因爲疼愛這個出嫁的女孩而跟著到女孩婆家去，因爲如此一來女方一家將立刻陷入貧困。

在這項祭典上所念誦的苯教經典很特別：「這個女孩要嫁過去的那個人家絕對沒有我們家幸福；跟隨女孩一起到男方家中也絕對不是龍王該做的事。請您繼續留在這個家守護我們，並長享龍王的福分。」念誦經文的同時，也要擺出盛大的祭品供養龍王。這種儀式不只是傳統習俗而已，而是藏人眞的相信有效。

種種供養告一段落後，會出來一個向新娘行誡告儀式的人，他站在新娘面前，宣說以格言組成的誡告詞：「到了人家家裡不管對誰都要和氣親切；服侍長輩是女性的天職，到了那邊不但要孝敬公婆，對丈夫也要言聽計從，對丈夫的兄姊要和顏悅色，把丈夫的弟妹當作自己的弟妹一樣疼愛，把僕從當作自己的子女一樣照顧……。」誡告辭中還加入很多教人印象深刻的譬喻。

誡告人念過誡告辭後，接著換父母端坐在大廳中，向即將出閣的女兒說著大致同樣的話，而且是邊哭邊說。親戚朋友這時也噙著淚跪在新娘前面，握著新娘的手說出同樣的告誡之詞。所有這些儀式結束後，新娘才正式出閣前往新郎家。新娘帶到男方的嫁妝依家境而有不同，富貴人家甚至會送一份莊田，貧窮家庭則是準備一些衣物。

新娘走出家門的時候，通常都會大聲嚎泣，不願意騎上馬背；甚至整個人攤在地上站都站不起來。這一切都因爲不忍離父母而去的眞情顯露，並非只是禮俗上的需要；這時新娘的朋友們會過來將她架到馬背上。馬鞍並不像西洋的樣式，反而比較接近日本古代的馬鞍。藏族婦女騎馬都很有一套，上馬非常俐落。馬鞍上的腳鐙並沒有放得很低，所以騎馬的時候兩腳膝蓋都彎得很厲害；男女的騎法都一樣。我一開始很不習慣，騎久了兩隻腳痛得要命。

新娘終於被請到馬上，迎親的隊伍也就上路了。新娘身上穿的是男方贈送的衣物，掛戴的是雙親準備的頭飾、腕飾，頭頂到臉部則蒙著毛織藍黃紅白黑琳千南噶（五寶布），所以所有人都看不到新娘的臉。新娘的頭後上方撐著一頂達塔爾（吉祥幡），幡也是用五色薄綢縫製，好像日本寺院中所掛幢幡的縮小版，長約三十五公分，有千祥雲集的意思。

迎娶和送嫁的隊伍都騎在馬上一路走向新郎倌家裡，沿途新娘的至親好友會在三個適當的地點擺送別的宴席，每一個宴席間的距離完全看路途遠近而定；同樣地，新郎倌的至親好友也是在途中擺設三場歡迎的酒宴。總共要經過六場宴席才能抵達新郎的家，不過大家並不會眞的大吃大喝，因爲任務在身，必須將新娘平安送抵新郎家，所以即使人家要灌酒也只能小喝一口，而對方也只是擺擺樣子。

基本上藏族在接待客人的形式上，都是一邊極爲客氣，另一邊非常熱情，如果人家一勸飲勸食，你就眞的大吃大喝起來，人家就會笑你是不懂事的中國人。迎娶的路上所開的宴席，有時設在路邊，有時設在沿途所經村落的人家，或是借用熟人的家，不過主要都是在野地裡找個適當的處所將帳篷搭起來就擺開了。

新娘抵達公婆家後，並不能立即登堂入室；儘管新娘是公婆這邊的人去迎娶回來的，可是到了門口大門卻是緊閉著先不讓新娘進入。這種奇風異俗很教人驚訝。

83・一妻多夫

新郎倌的家門前站了許多人，其中有一個人還要做一件很特別的事。原來隨著新娘而來的還有惡魔和疫鬼，這個人右手偷偷握著一把托兒瑪（gtor ma，秘劍），那是用糌粑加上奶油和水捏塑成錐狀劍形，上面還塗有紅色的植物染料；這把劍已經由僧侶以秘法加持過，可以斬摧所有惡魔或疫鬼。

拿托兒瑪的人混在門口人群中，但不知道是哪一個，當新娘一來到大門口，這個人會趁隙接近新娘，然後將托而瑪丟到新娘臉上，這時大門打開，這個人回頭飛也似跑進門內，大門立刻又被闔上。教人不解的是，精心打扮的新娘這時滿頭滿臉都是染紅了的糌粑托兒瑪碎片，除了蒙著五寶布的臉部以外，全身好像被撒了豆腐渣般。藏人這樣做當然是有理由的。

當新娘辭別父母之後，同時也就失去了故鄉和家中守護神的保護，也就是說守護神並沒有跟著新娘出門；失去保護的新娘，一路上就會招惹許多厲神惡鬼的糾纏，這些厲神惡鬼也會隨著新娘進入夫家而加害於夫家。爲了去除這些厲神惡鬼，就要丟擲托兒瑪以鎮伏之。至於說爲什麼丟托兒瑪的人要趕忙閃進門內然後大門又立即緊閉，原來要是丟擲托兒瑪的時候動作不夠果斷俐落，就會被送嫁的人抓住，他必須付二十章卡給抓他的人當作懲罰。

接著門內等候的人對門外送嫁的一干人說道：「對著大門說出塞帕（讚辭）吧，說了就放你們進來。」讚辭主要是一些優美的語句，以豐富的名詞表達祈願富貴祥瑞的意思。送嫁這邊聽了回道：「雖然我們願意念誦讚辭，但是沒有哈達絲巾又奈何？」於是從門縫看到裡面的人放出哈達的一小段，說：「哈達給您！」說完立即又將哈達抽回去。這也是因爲如果哈達被送嫁這邊的人抓住的話，抓住哈達的人也可以獲得對方二十章卡的罰款。

既然看到哈達了，送嫁一方就有人對著大門說道：「這個門是寶藏的入口，有黃金的梁柱、白銀的門扉，門內即是七種至寶❶所堆砌成的寶堂、玉殿，住在殿堂之中的每一個人都和天神或菩薩一樣集眞善美於一身；能夠進入如此優美絕倫的大門眞是無上的榮幸啊！」讚辭一說完，大門於焉開啓。

這裡岔開說個題外話。當新娘前來夫家途中經過村落時，村民有可能搶走新娘，他們的理由是「這個女人沒有故鄉守護神的伴隨就出門來，一定會帶來許多厲神惡鬼，讓我們村子受災殃，也會教我們今年的收成大大減少，所以必須搶來新娘當人質做爲賠償損害的保證」。村民將新娘搶走，而且不輕易交還給迎娶隊伍，必須等隨行者拿一筆補償金給村民，才能獲許平安通過；這種事在都會地區當然不會發生，只有在偏僻地帶才偶爾會遇到。

當新郎倌家的大門嘎然打開時，新娘未來的婆婆會捧著酸乳酪和切瑪過來。切瑪是由糌粑、奶油、砂糖和山芋混合做成的食物；山芋爲西藏野生植物，只有指頭大小，味道和一般芋頭一樣，口感比較硬，但很好吃。在西藏，酸奶和切瑪都是帶有祝福意味的食物。

新郎的母親將這兩樣食品各分一點放在新娘和同行的人手掌上，新娘和客人就伸出舌頭舔食。這個儀式結束後，在新郎母親的引領下進入大廳，大廳同時也是盛大婚宴舉行地點。新娘來到大廳後，寧瑪派的僧侶會向村子以及這一家的保護神祭告：「這個新娘是從某某家迎娶過來的，今天開始進入我們的家門，所以請諸位神祇從今而後也成爲新嫁娘的守護神吧。」婚宴開始的時候，新郎的雙親和新郎、媒人一起向送嫁的人一一獻上哈達，表示新郎和新娘的夫婦關係就此確立了。

新郎、新娘在酒宴未酣之際就要離開到別的房間去。喜宴上新婚夫婦並不需要像日本一樣喝交杯酒，而送嫁的一行人照樣留在新郎倌家裡吃幾天流水席，短則兩、三天，長則有到一個月之久的；藏族遇到這種喜慶宴會的場合都是好整以暇的。期間新郎的親朋好友都帶著禮物來參加宴飲。藏人的喜宴供應的多半是口味很重的料理，比中國菜還油膩，清淡點的小菜根本沒有，但大家卻可以連吃好幾天才散席。

家境比較好的新娘，通常也會帶著女傭一起過門。婚禮終告一段落，但並未結束，接下來就是新娘帶著新婚夫婿歸寧；丈夫在岳父母家中只待個幾天就回去了，但新娘則會待上一個月甚至三個月之久，完全看新娘的意思，等時候到了再由新郎接回家。

如果新郎有弟弟，那麼在婚禮後半年或一年，會舉行一場不公開的儀式算是嫂嫂和弟弟的婚禮；這時做哥哥的會藉故出去旅行或遊玩不在家，以便讓弟弟和自己的太太成親。這種場合主要由母親作媒，如果兄弟有三人乃至五人，也都是用同樣的方式一一成親。當然也有隨意結合沒有經過任何儀式的。一直要到兄弟都完婚，這場婚禮才算眞正結束。藏語稱這種一妻多夫制爲「薩森」，薩森的結果生出來的小孩並不知道眞正的父親是誰，一如前面說過，只稱兄弟中的老大爲父親，其他則一律稱之爲叔叔。

這種奇異的家庭結構裡，很少見到所有兄弟同時待在家中，總是一個人在家，其他人就出去做買賣或出差。這種一妻多夫的風俗如今在西藏還很盛行，而且他們深信這是一種優良的習慣。偶有一些經常往來國外的商人瞭解到這種風俗並不好，每隔一段時間就有人出來批評主張廢除，但最後總是被一句「這是祖先傳下來的『鹿蘇敏都』（Luk-su-mindu，傳統習俗）」擋了回去。

這句話在西藏具有莫大的威力，很多尊貴的眞理也被這句話所蹂躪，上述婚禮奇俗和夫婦關係都是從古代的苯教產生，即使佛教普及於西藏境內已久，但「鹿蘇敏都」使得這種習慣盛行不衰。藏傳佛教僧侶古來一直奉行隱居主義，與世隔絕，很少注意一般社會問題，也不注重活學活用眞實佛教教義於世間法上，因此才讓這種不良習俗流傳至今。這是歷代佛教僧侶的盲點，並不是佛教本身的缺點❷。

【注釋】

❶七種至寶：《法華經》等大乘經典所描繪的極樂淨土，其宮殿、樓閣、樹林等皆由七種寶物所做成；七寶一般指金、銀、琉璃、頗黎（水晶）、硨磲貝、珊瑚與瑪瑙。

❷清末派張蔭棠入藏整頓西藏內部事務，他提出新治藏政策，並散發《藏俗改良》的小冊子，從他所認爲亟須改良的風俗，即可看出當時一般外人對藏人習俗的印象，與本書作者所見略同，其主要內容有「寡婦、閨女不得私通苟合」、「兄弟、姊妹、叔嫂、嬸姪不得同炕宿臥」、「人死宜用棺木」、「身體每日洗浴」、「夫死其婦不宜改嫁」、「見客禮宜以合掌爲常見禮，凡屈躬吐舌豎指頭之禮，貽笑各國，皆不可行」、「樓下不宜養牛馬」、「男子不宜戴耳環」、「兩兄弟同娶一婦，各國均無此風俗，令人恥笑」、「婦人配一夫後，必不可與人偷合」等。

84・罪犯的公開示衆與拷問

十月上旬我從拉薩的住處前往八廓街，那邊是拉薩最繁華的地區，如果有犯人都會被綁在路邊示眾；示眾的方式有好幾種。一般就是上了手銬、腳鐐，但那天我看到的卻是非比尋常的示眾：大約有二十個罪犯，有的被綁在十字路口，有的被捆在路旁柱子上，他們的穿著都很華麗，但脖子上一律套著三尺見方、厚約三公分的重枷，枷板上黏貼著以藏文書寫的罪狀，內容包括此人犯了何罪將在此示眾若干天，之後被流放或處以杖刑；杖刑三百下到七百下不等。

我稍稍看了一下罪狀，原來他們是拉薩很有名的丹吉林寺的僧侶。當前世達賴喇嘛示寂尚未尋獲轉世靈童前，丹吉林寺的住持有資格暫代法王之位攝政，寺裡有在家眾也有出家人。丹吉林寺的住持是第穆呼圖克圖（阿旺羅桑成烈熱結），他的總管爲傲布才仁；據說這個傲布才仁暗地修密法詛咒法王要取法王性命，他所修的不是佛教的密法而是苯教。密法修完後，他把寫滿詛咒的紙塞在一雙很漂亮的靴子的鞋底，然後將這雙靴子獻呈給法王。

法王穿了這雙靴子之後開始生病，經過調查，發現靴子裡面的苯教咒文，於是東窗事發，所有參與陰謀的相關人等都被抓了起來；第穆呼圖克圖也因爲關涉此事而被捕。市井間流傳的說法是，這件陰謀乃第穆呼圖克圖主導、由傲布才仁執行的，因爲只要法王一死，第穆呼圖克圖就可以繼任其位。這種說法眞僞不論，但當今法王即位之前，確實就是由第穆呼圖克圖攝政的。

第穆呼圖克圖攝政期間，傲布才仁擔任首席宰相，實施高壓統治，殺了不少無辜的人，這倒是事實。當法王親政後，傲布才仁所作所爲都傳入法王耳中，法王可想而知對第穆呼圖克圖和傲布才仁不會有什麼好感。

陰謀事機敗露，主犯、從犯一律繫獄，第穆呼圖克圖不久就過世了，傲布才仁則被關在石牢中。石牢上方有一扇窗，平時吃的東西就是從這扇窗子遞進去，要問話的時候，人也從這個窗子進出，很難逃脫。只要窗子被打開，外頭的日光射進石牢，多半就是要他出去拷問的時候。我並沒有看到拷問的現場，卻聽人說過種種殘忍的拷問方法。

拷問時，首先將削尖的竹籤刺進指肉和指甲之間，然後剝下指甲，再將竹籤刺進皮與肉之間；十隻指頭每隻都照做，那種血肉模糊的樣子眞是慘不忍睹。傲布才仁堅稱這件事完全出自他自己的意思，不是第穆呼圖克圖下的命令，不管如何拷問，他都沒有改變說法。

第穆呼圖克圖還在的時候，聽到傲布才仁遭受如此殘酷的對待，於是向調查者坦承一切都是他下的命令，傲布才仁不過是聽命行事，責任不在他身上。第穆呼圖克圖也曾向傲布才仁說：「我已經認罪了，你就照著我的說法跟他們講吧。」傲布才仁答道：「您是最尊貴的喇嘛，爲了救我而說謊是行不得的！」他沒有答應，而且無論受到什麼酷刑也都沒有改變心

悲慘的貴婦人

意。當我抵達拉薩的時候，他受著那非人的待遇已經歷時兩星霜了。

從傲布才仁的表現看來，第穆呼圖克圖應該是與這件陰謀無關的。也有人說第穆呼圖克圖是傲布才仁胞兄，爲了保護胞兄不被入罪，傲布才仁才承擔起一切。不過他能忍受這種非常的苦楚這麼久，心志一點也沒有動搖，儘管世人把他罵得很不堪，我卻很同情他。

那天我看到被示眾的一票人都是傲布才仁的手下。涉案的苯教僧侶已經有十六個人被處死，並有大量的人被處以流刑。示眾的這些人有一半將被流放，另一半將在示眾七日後，以很粗的柳木棒棍打三百到五百下不等。我覺得眼前就是人間地獄，揣想那些人內心的感受，眞是非常難過。我慢慢走過他們，到了大昭寺西南方一個陽光燦爛的所在，那是八廓街最寬廣之處，我看到青石板上坐著一個正在示眾的美貌貴婦。

貴婦脖子上也和先前看到的其他人一樣，頂著一具大枷；如此沉重的枷具壓在一個嬌柔的貴婦肩上，看她的表情知道非常痛苦。她頭上纏著不丹製的紅色山蠶絲頭巾，低著頭緊閉雙眼。她附近站著三個看管她的警察，身旁有一只盛糌粑的器皿，裡面放著不錯的食品。由於她的雙手被拷住，除非別人餵她吃否則根本無法進食。這個柔弱的貴婦到底是誰呢？原來是西藏最有歷史的家族，也是貴族中最活躍、最受世人尊崇的名門托林家的女兒。

85・刑罰的種類

這位貴婦是傲布才仁的夫人。傲布才仁被送進石牢之前，本來是關在條件稍好的牢房中，只要給獄卒些許錢，就可以前去會面。夫人就是拿著一些好吃的東西去見自己的丈夫，悲不自勝，邊哭邊說了好些話，結果被人發覺，於是也跟著下獄；這天早上剛在牢房門外被柳木棒杖責臀部三百下，打到沒辦法走路，但還是要戴著枷鎖在路邊的青石板上示眾。

現在她已經有些不省人事，教人看了泫然欲泣，不過更令人覺得悲哀的是，圍在她旁邊的不只是一些看熱鬧的人，還有許多貴族模樣的也擠在人堆裡讀大枷上貼著的罪狀；如果默默讀著也就罷了，還用輕蔑不屑的語氣大聲朗讀：這女人犯了什麼罪，要打多少大棒，示眾七日，之後流放邊地，在那邊也要手銬腳鐐伺候關進大牢云云。朗讀完還數落幾句：「活該，誰教你們以前仗勢欺人，現在得到了報應！」看熱鬧的罵聲不絕，貴族則冷嘲熱諷。

這些人看到別人悲慘的遭遇，反而一副幸災樂禍的樣子，真讓人不禁懷疑藏族是否都是無情無義之輩。今天在那裡詈罵、嘲笑的，一定也是傲布才仁還是宰相時在他們夫婦跟前逢迎拍馬的同一批人。

即使犯了罪也不需要對人家落井下石，何況傲布才仁夫婦的罪狀根本是莫須有，家族之間政治與權力關係的合縱連橫，非友即敵；爲了打擊政敵，連無辜的婦人也要遭受如此殘酷的待遇，對知道內情的人而言，眞是情何以堪。

回去後遇到前財政大臣，我向他描述了今日所見所聞，也問他到底怎麼回事。他告訴我：「聽起來眞教人難過，當他們權勢正盛的時候，連天上飛的鳥看到他們都會嚇得掉下來，有誰敢對他們指指點點；時至今日，卻落得這般下場，眞的很可憐。尤其是第穆呼圖克圖，很多人講了許多他的壞話，說他金屋藏嬌什麼的。我自己也有女人，是個不折不扣的罪人，所以我對一個人有沒有犯罪很清楚，一看就知道，然而在我眼裡，看不到第穆呼圖克圖任何缺點，他是個戒行清靜的人，慈悲爲懷、度世救人，令我非常佩服。可惜他身邊的人不好，才會發生這種不幸的事，絕對不可能是由他下令進行這樁陰謀的。我不方便公開說這些話，但我說的都是實情。」

西藏對罪犯的拷問特別殘酷，處刑的方式也非常野蠻，而牢房更像是人間地獄。拷問的伎倆除了前面提到的以削尖的竹籤剝指甲、刺指肉之外，還有就是戴石頭帽。所謂戴石頭帽就是先在犯人頭上放一頂重約四公斤的帽子，然後同樣的帽子再一頂一頂加上去，直到有五、六頂之多。犯人一開始只是難受得熱淚橫流，到最後受不了連眼珠子都要爆出來。以柳木棒撲打臀部也很殘忍，三、五百下打下來，臀部皮開肉綻，連小便都紅得像血；我曾經拿藥給這種人服用所以知道，而臀部的傷勢則是令人不忍卒睹。

牢房四面是土牆，地上鋪著木板，此外空蕩蕩的，而且日射不到，大白天也是黑漆漆，在如此苦寒的國度住在這種地方，對身體健康影響很大。犯人每天只能得到兩把糌粑粉，這當然不夠生存所需，所以得要家人、朋友時常接濟。接濟的食物一半以上會被獄卒吞掉，犯人能吃到的只是一小部分。

刑罰中最輕的要數罰金和鞭刑，比較重的則有挖眼珠子和齊腕砍斷之刑。砍手的時候還不是一刀兩斷，而是將兩隻手捆起來，讓一個小孩子以大半天時間上上下下拉緊再拉緊，直到兩隻手完全痲痹失去知覺，然後在眾目睽睽之下砍斷。受這種刑罰的多半是小偷，只要一犯再犯被抓五、六遍以後，就處以斷手之刑。拉薩城中許多乞丐就受過這種刑罰。被挖眼珠子最多的也是乞丐，通姦的男女則多處以割掉耳朵或鼻子的刑罰。通姦者被抓，或是告到官府裡，由執法單位懲處，或是家人直接把通姦者的耳朵、鼻子割了都可以，家人這樣做不算犯罪。

流放有兩種，一種是將犯人置於邊遠地區，規定不可離開，但不必關在牢房裡；另一種則是還得關著。死刑則是採用水刑，也分爲兩種：一種是把活生生的人裝到皮袋子裡沉入水中淹死，另一種則是把人用船載到河川中流，綁緊手腳，然後繫上石塊放進水裡，約莫十分鐘後拉上來，如果還有一口氣，則再度放到水中，十分鐘後再次提起來看，如果死了就結束，還沒死透就得再沉入水中。確定人已經死了後，再割斷屍體的頭、手、腳，除了將頭留下，其餘全部丟到河裡任水流。犯人的斷頭會被拿到路邊示眾三日或七日，也有的不經示眾直接放到甕中，置於一個房間集中保管。這個房間的名字叫「不浮堂」，意思是犯人的頭一經放置到這裡，就再也無法轉世再生，這對信仰轉世說法的藏人而言是特別殘酷的事。

對虔信佛教的國家而言，這種刑罰眞的是過度殘忍，一個人犯了重罪，於是以死抵罪，這就罷了，連來世的可能性都被一筆勾消，這已經遠遠超出刑罰的範圍，只能說是野蠻不講理了。這一類殘酷的作爲還有很多，不能盡述。

86・令人驚訝的葬儀

我在拉薩城裡一直住到十月中旬左右，然後爲了讀書研究而回到色拉寺。我騎著大臣送我的馬慢慢往城北踱去，由於前晚降了雪，路上還有不少積雪；這次今年初雪。

出了拉薩城，沿修給南卡（僧侶大路）前進，離色拉寺一公里路的地方有一條河，由於入冬了，河裡沒有水，但積了許多雪，五、六個色拉寺的沙彌在那邊興奮地打雪戰，和任何地方的小孩一樣，他們天眞無邪的笑聲、忘情的奔跑，顯露出活潑的一面，不禁教人感到憐愛；他們其實還是小孩，看他們沒有師父在旁邊吆喝斥責時的愉快模樣，覺得很感動。

我正在那邊看著，後面來了一個高大的男子，而且將我全身上下打量了一遍。我一時不明白他爲什麼這樣看我，再看看他的側面，突然想到，他正是在羌塘高原的聖湖馬旁雍錯與我一起繞行朝聖的三兄弟裡最小的弟弟，也就是那個曾經在我臉頰上重重打了一拳、教我痛得跌倒在地的人。他現在看起來已經不是當年一起朝聖時那種猥瑣的樣子，而是一個意氣風發騎著馬的貴族，不過他似乎有些顧忌，避開我的視線往前走去。

我叫住了他：「你忘了我是誰嗎？」

「哪會忘記。」

「那就到我住的地方坐坐吧；你現在去哪？」

「去色拉呀。」

「那你不就是要去我掛單的寺院嗎？跟我一起走吧。」於是將他帶領到我的僧寮，並吩咐幫我打雜的沙彌盡可能將最好吃的東西拿出來請這個男子吃，而且也準備了禮物讓他帶走，說：「過去給你添了麻煩，謝謝你的幫忙。」他臨走的時候不斷對我行禮，好像對過去所作所爲感到懺悔，流淚而別。他跟我說當年朝聖的時候三兄弟吵得不可開交，最後分道揚鑣各走各的，不過終究言歸於好，結伴平安回到故鄉，現在大家處得還不錯。

色拉寺中這時將有十四、五天的教義問答，我想要全程參與，就在僧寮中住了下來。不意聽到一個朋友的死訊，不得不去參加葬禮；在葬禮中我目睹世界上絕無僅有的儀式。

他們並不將屍體裝進棺木或者壺甕之中，而是放在以木棒組合而成的擔架上，並將整個屍體覆上白布。出殯也不是在死者過世的次日舉行，而是要等到三天或四天之後。主要爲了要先定吉凶，看哪一天是吉日，以及決定用什麼方式殯葬，這必須請示喇嘛。喇嘛仔細翻查資料後，決定要念誦什麼經典，在哪一天的哪個時辰出殯，採取水葬、火葬、土葬或鳥葬等等，然後才展開葬禮的準備工作。

西藏所謂鳥葬，就是佛法上所說的風葬；藏人認爲將屍骸餵食恰果（Cha-goppo，禿鷹）是最理想的殯葬方式，其次是火葬和水葬，最差的則是土葬。藏人非常不喜歡土葬，只有因爲患天花致死的場合才採取土葬，因爲要是將患傳染病的屍體餵食禿鷹，怕會傳染給禿鷹，

鳥葬前分解屍首

放進水裡流走也怕感染。火葬還算是不錯的方式，但有些地方缺乏木柴，而用犛牛糞燒屍體是不成的；一般說來如果不是上等一點的人家是不能行火葬的。水葬多在大河邊舉行，但不是將屍體直接放進水裡，而是將頭、手、腳都切開來再放，這樣才不會擱淺在沙洲、河灘或涯岸上，而且魚吃起來也方便些。風葬或者說天葬，就是以屍肉餵食鳥類，我談談我實地目睹的過程。

爲什麼有四種不同的喪葬形式，乃是來自印度哲學主張人體爲地、水、火、風四大元素所組成，因此也有相應的四種回歸方式：葬於土裡即回歸了大地，水、火也是如此，餵食鳥類則是回歸於風。僧侶通常採用鳥葬，只有達賴喇嘛、班禪喇嘛以及其他修行成就的轉世者例外。

我所參加的這場葬儀採用鳥葬，於是我跟著送葬隊伍走出色拉大學，然後朝東前進，直到一條河的河邊，轉而向北面的山上走去，兩、三百米後又有一條河，這時看到山谷間有一塊高十餘公尺巨大而平整的岩石；上頭平坦處約有十五、六坪。這裡就是鳥葬場，四周的山壁岩塊上布滿許多眼神凶猛的禿鷹，正等著屍體的到來。屍體被放到岩石上，覆蓋的白布被取下，這時僧侶在一旁一邊敲擊鐃鈸鑼鼓一邊誦經，接著一個男子手持一把大刀，首先劃開腹部，將腸子取出；然後是頭部、兩手、兩腳依序截斷。等屍首大致分解之後，其他助手（包括僧侶）也前來幫忙切割，肉和肉擺在一起，骨頭和骨頭堆在一塊；這時高處的禿鷹慢慢往下接近，圍繞在葬場四周，當大腿肉或其他比較好部位的肉丟給牠們，牠們立刻撲翅爭食。整理屍體的人接著用大石頭將骨頭用力敲碎，岩石上十幾處坑穴就是放置碎骨的地方，將骨骸、頭蓋骨、腦漿等敲碎後，和以糌粑捏成丸狀，再丟給禿鷹吃。除了頭髮，全部被禿鷹吃得一乾二淨。裹尸布則由殯葬業者拿走；這些殯葬業者不是出家人，但會找出家人來幫忙。碎骨工作很花時間，每隔一段時間大家會停下來休息，並吃點糌粑、喝點酥油茶。

即使手上沾滿了屍體的骨頭碎片或腦汁，他們並不會先洗洗手，不過是用力拍幾下手，或在衣服上擦擦，就若無其事地抓了東西吃將起來。這種景象眞是教我看得驚心動魄，而且太不衛生，當我提出質疑時，得到的回答是：「扭扭捏捏怕這怕那的，還能做好出家人該做的事嗎？」

87．奇怪的妙藥

葬禮結束回到家中，還是有僧侶繼續誦經，期間會準備肉粥、蛋餃等美味的食物；除了僧侶外，其他人會邊吃邊喝酒。

至於達賴喇嘛、班禪喇嘛以及其他修行成就的轉世者（活佛）辭世時，他們的葬禮又是哪一種場面呢？轉世者逝世後，屍體會被移入一只大箱，箱中鋪滿西藏產的沼鹽，屍體置於其上後，再撒上大量沼鹽，整個過程都伴隨各式樂器的敲打吹奏以及殊勝經典的念誦。

裝了屍身的箱子放在靈堂中三個月左右，仍像他在世時一樣按時供養、行禮如儀，旁邊有三位或四位弟子日夜念誦經典不絕。棺木前方擺著西藏風格的純金燈台燒著酥油燈，又飾以許多當令的鮮花，七盞銀製水盃盛著阿伽香水❶，另外還有許多供養品；前去拜謁的人都要獻上哈達和一些錢。這樣經過三個月或一百天之後，屍體的水分完全被沼鹽所吸收，變成完全乾燥的狀態。這種鹽和日本常見的鹽不太一樣，富含蘇打（碳酸鈉）成分。

像木頭一樣硬邦邦的木乃伊被抬了出來，腹部、眼部已經完全凹陷。這時開始在木乃伊上塗滿用很細軟的土、白檀木粉以及不知名藥物揉捏而成的泥，然後最外面鋪上一層金箔即算完成。靈堂中另外準備了一座七寶靈塔，靈塔中央作佛龕形，轉世者的木乃伊被裝飾成佛像般放進這個佛龕裡面。像這樣的靈塔殿在日喀則的扎什倫布寺有五座，其屋頂皆作金色放著金光；這種屋頂都是中國建築的重檐歇山式樣，上面鋪著鍍金的瓦片。不過靈塔殿的裝飾、規模，靈塔是包金或包銀，端視轉世者的地位而定。轉世者的木乃伊就這樣被永久存放祭祀，有一個中國人就笑說：「藏人討厭土葬，覺得土葬好像墜入地獄一般悲哀，可是最尊貴的法王或其他轉世者不就是土葬嗎？他們的屍體既不是餵給鳥吃，也不是放進水裡流走，而是醃在鹽堆裡乾燥成爲木乃伊，然後再塗一層泥，這不是土葬是什麼？」

至於醃製木乃伊的沼鹽，在西藏可是異常珍貴，一般平民百姓就是有錢也無法入手；這種特殊的鹽只有貴族、高級僧官才分配得到，大施主和大生意人透過關係多少可以弄到一些。因爲這種鹽吸收了轉世者尊貴的生命之汁，可以拿來當藥用，感冒或生其他病的時候，服點這種鹽再喝點開水，身體馬上恢復健康，眞是不可思議的妙藥。

十一月上旬，我再度回到拉薩城內前財政大臣的府邸。這個時期現任財政大臣也比較空閒，於是前後任兩位財政大臣、老尼僧和我四個人常常在一起閒聊。現任大臣是老尼僧的外甥，個性非常溫和，平常話不多；他下了班有時過來前任大臣這邊談話，有時我也會到他的住處聊天。有一天聊到一個英國女傳教士的事。

【注釋】

❶梵文argha或arghya的音寫，或作「閼伽」，指供佛之淨水；密教則爲供養本尊之六種供養之一，另外五種爲塗香、華鬘、燒香、飯食與燈明。

88・西藏探險者

有一天現任財政大臣在談話中提到，「英國人很奇怪，爲什麼對我們西藏這麼好奇呢？眞的想不通。距今八、九年前的事了，一個英國婦人帶著兩個嚮導來到中國和西藏邊境上的那曲卡地方，要求入境。」那個婦人是一個名叫安妮・泰勒（Annie R. Taylor）❶的英國女傳教士，她想從北部進入西藏，經過拉薩，前往大吉嶺。大臣並不知道泰勒女士的名字，但我在大吉嶺的時候已經耳聞這位女中丈夫的事蹟；爲她嚮導的男子在大吉嶺偶然與我成爲無話不談的朋友。

我雖然對泰勒女士的種種清楚得很，卻必須裝作第一次聽到，以免洩漏身分。大臣繼續說道：「那位婦人到了那曲卡，結果被當地土著扣留下來，幸好土著的酋長是個慈悲爲懷的人，因此並沒有加害於她，但他們也不知道要如何處置，因此派人來請示西藏政府，政府於是派我和我的僕人兩個前往那曲卡。當然整個隊伍加上挑伕、馬伕等共有三十個人，裡面政府的代表有三名，我是主要的負責人。到了那邊一問話，幾乎聽不懂她在說什麼。她講的雖是藏語，卻不是拉薩官話，所以很難聽得懂，必須很用心聽才能瞭解個大概。

「她說她是爲了研究尊貴的佛法而來，現在想前往神聖的拉薩，然後再去大吉嶺，希望能獲得西藏政府允許通行；不只如此，她隨身帶著中國皇帝頒發的簽證，上面還寫著請西藏政府能夠同意這位女士入境的文字。我告訴她，我很理解她要入藏的殷切之情，也很想讓她進來，但法王卻下了絕對不許入境的命令，若是強行入境就要處死。在這種情勢下，我無法保護她的人身安全。西藏政府的態度是，讓她入境並不是什麼大不了的事，但因引發一場國際紛爭也沒必要，所以還是設法勸阻她，讓她知難而退。她好不容易來到這麼遠的地方，卻要她半途而廢，我也替她覺得難過，於是婉言相勸；不過她卻不輕易妥協，反過來要求我答應她，而且不是一天，她連續四、五天一再要求我放她入境。

「我也拿她沒辦法，問她是不是想到西藏找死，因爲她是沒辦法活著出去的；我問她明知如此還硬要闖關不是太不值得了嗎?我說我可以安排護衛讓她平安地循原路回去，但如果她不顧一切要入藏，則一切後果她自己負責。

「這個婦人反問我：『貴國不是屬於中國皇帝轄下嗎？那麼中國皇帝命令放行的許可證你們怎麼可以置之不理呢？』問得有些咄咄逼人。我向她解釋說，西藏固然臣屬於中國，但基本上並不接受中國皇帝的命令行事。何況我們執行嚴厲的鎖國政策，即使中國皇帝派兵威脅我們一定要讓外國人入境，我們也絕對不會答應。我又說，她的嚮導是藏人，他們到了內地一定會被重罰，要是就此回頭，他們就可以沒事。我一再苦勸她，又過了半天後，她的態度終於軟化，答應從原路回去。我看他們半路上被搶，隨身的東西幾乎盡失，處境非常困難，送了他們許多東西。」

大臣詳細描述了整個過程，最後問我：「到底是爲什麼，外國人對西藏爲什麼這麼好奇呢？」

我說：「我也想不通，外國人過去不就來過了嗎？」

大臣對這個也很清楚，說：「對啊，六百年前就來過了。」

一三二八年，波代諾內的僧侶奧多里克❷即來過西藏，他是爲了天主教的布教目的而來，卻無功而返。他所見到的西藏是一個擁有許多僧侶、可以像《聖經》中的耶穌基督那樣行奇蹟的國度，他把所見所聞都詳實記錄了下來，不過後來因爲顧忌這些內容公開後會涉及基督教，爲免除不必要困擾，於是將報告書全部燒毀，沒有留下一字一句。這是後代學者的一種說法。

也有人認爲，奧多里克確實去到了祕密之國，但關於祕密之國的紀錄有不少無法證實的錯誤，爲了避免這些錯誤流傳後世，於是將所有原稿燒毀。世人基本上相信，奧多里克所描述的西藏是一個比基督教世界還神奇的地方，因此報告書才會被燒毀。據說後來羅馬天主教教廷雖然開始在中國大規模傳教，卻因爲有所顧忌所以決定將西藏除外。到了一六六一年，一對法國人兄弟古力貝爾（Johann Gruebber）和多爾維爾（Albert d'Orville），雖然沒有來到拉薩，卻似乎曾經抵達離拉薩不遠的地方。

一個叫山繆·凡·德·布特（Samuel van de Putte）的人曾經從印度行經西藏的拉薩前

往中國。華倫·黑斯亭❸擔任印度總督時，想要展開印、藏之間的貿易往來，於是在一七七四年派遣特使喬治·柏格前往西藏；他的身分有如公使，所以他的夫人也隨行前往。他最後也沒能到達拉薩，只抵達第二大城日喀則並在那裡待了下來。他此行的日記後來出版了，到現在都還能看到。

喬治·柏格離開後，一七八一年華倫·黑斯亭再度派遣透納上校（Captain Samuel Turner）爲特使前往西藏；透納上校在西藏待了兩年後返回印度，那時印、藏間的貿易已經非常盛行。然而等華倫·黑斯亭辭去印度總督之職歸返英國後，印、藏間的往來倏忽煙消雲散，又恢復到原先完全斷絕的狀態。

那時基督教傳教士雖然仍無法獲准前往拉薩，但傳教士的足跡已經抵達拉薩不遠處，並且爲消滅佛教而努力，因此西藏政府對他們特別留意。一八七一年，俄羅斯的普雷惹巴斯基（Nikolai M. Prejevalsky）上校從藏東的康區入境，來到距拉薩府五百哩之處，但隨即被驅逐出境；他等於在中國所屬藏區旅行，卻沒能進入達賴喇嘛的領地。不過這個人自有辦法，他又試著從北方入境，這次來到距拉薩只有一百七十哩的地方才被擋住；但這也只能算是抵達中、藏邊境而已。

一八七九年，英國的基爾上校（J. william Gill）試圖從打箭爐（康定）方面入藏，結果還是在中、藏邊境的巴理塘地方碰了壁。日本的能海寬師父也是在同樣一個地方前進無門。

現任財政大臣也跟我說過，日本國的兩個和尚曾經來到巴理塘，但語言不通，問不出個所以然，於是把他們請回去了。一八八一及一八八二年，印度人——也就是我的老師薩拉特·強卓·達司居士以巧妙的手法從西藏政府取得入藏的通行證，一八八一年到達日喀則，在那邊待了兩個月後偷偷出境，並向英國殖民政府報告；一八八二年他再度取得通行證，先到日喀則，再到拉薩。他一直非常小心，平常大白天根本不露臉，縱使要出門也盡量不讓人看見，也不去找人；總之除非不得已絕不出門，所有時間都關在寺院的房間中專注於自己的研究。

他在拉薩只待了二十天，整個從離開大吉嶺到最後回來歷時不滿一年，但已經做了大量調查研究。不過我們前面已經說過，他離去後，所有曾經讓他通行的驛站、村落，借他住宿過的人家，他們的財產都被沒收充公，情節較重的甚至被處以死刑；這件事在西藏引起了莫大的騷動，擾攘了很久❹，之後西藏進入徹底鎖國的狀態。

【注釋】

❶ 她有一個中文名字叫戴如意。

❷奧多里克（Odorico de Pordenone）：一二八六～一三三一年，天主教聖方濟各會修士、旅行家，以所寫中國遊記聞名。他在一三一六年被派往亞洲，一直到一三二九年始返回故里，曾經到過小亞細亞、美索不達米亞、波斯、印度、爪哇和中國；他在北京停留三年之後，可能取道西藏和波斯北部返國。波代諾內是義大利東北部威尼斯附近的河港。

❸華倫·黑斯亭（Warren Hatings）：一七三二～一八一八年，英國首任孟加拉總督，一七七一年就任，一七八五年返英。

❹見本書第四、五兩章。

89．鎖國的原因

一八八八年，美國駐北京公使秘書洛克希爾（William W. Rockhill）企圖入藏失敗；後來基督教傳教士前仆後繼想入藏宣教，仍不得其門而入。期間以探險爲目的的人就我所知即有二十五、六人，加上一些不明意圖的人的話，總數至少有四、五十名，這都是我在日本報章雜誌上讀到的報導。不過這些報導中充滿錯誤，由於對西藏毫無瞭解，大多根據一些資料望文生義胡說一通，可信度極低。

第一本藏英對照字典的編纂者丘瑪．德．郭羅思❶在西藏西北方的英國屬地拉達克住了十多年，並向當地喇嘛學習藏語；藉由喇嘛的輔助，他編纂了一本不完整的字典，可是不眞的到西藏內地去走走，總覺得隔靴搔癢，於是起心動念要到西藏內地走一趟。由於從拉達克入藏無門，聽人家說從大吉嶺也許有辦法，於是啓程到大吉嶺，不意在距大吉嶺不遠處的密林中竟染上瘴癘之毒而辭世了。這是一八四〇年左右的事，現在大吉嶺附近還有他的墓地。

但是在我所看到的報導中，卻說郭羅思到了拉薩，在那邊研讀藏語、編纂藏英對照字典云云。其後耶思奇（H. A. Jaeschke）根據郭羅思的字典編寫了一本完整的藏英對照字典，他也沒到過西藏，但還是有人說他去了西藏，而且在拉薩住了多久多久，言之鑿鑿。

歷來想盡辦法入藏一窺堂奧的人多到不可勝數，從英國或俄國前來偵查探勘的不在少數，使得原本比較封閉的藏人對外國人特別感到疑懼。其實一開始藏人對外來的人還是懷著好感，但中國政府因為戰略上的需要而向西藏政府下了一道說帖，意思是：「貴國如果讓外國人自由進出，基督教的勢力必會擴張，則佛法將被消滅，此點應嚴加防範，關緊門戶。」純眞的藏人完全接受這個說法，因此開始實施鎖國政策。不過這個政策一直到薩拉特居士入藏又回返印度，因而引發一段騷動之前，並沒有眞的嚴格執行；薩拉特事件使得藏人草木皆兵，舉國都成為政府的耳目，導致歐洲人入藏變成絕望的狀態。歐洲人不只皮膚、眼睛、頭髮的顏色與藏人截然不同，而且他們一來就是聲勢浩大，大隊的人馬、駱駝，很容易就被發覺而驅逐出境。斯文．赫定❷在我滯留拉薩期間，也曾好幾次闖入西藏北境，但總是被扣留飭回。

由於外國人對西藏一直充滿強烈的興趣，難怪西藏政府官員不禁會想：「外國人是不是想要謀取西藏呢？」一般百姓的看法是，英國想染指西藏的金礦；我覺得英國的野心不止於此。如果俄國先奪取西藏，然後居高臨下威脅印度，那麼印度殖民地將難以長治久安，這是他們想捷足先登西藏的主要原因。現任大臣的說法很有意思，他說國家被人強占、統治固然是國恥，如果連宗教也被消滅，那更是對西藏莫大的侮辱，所以不得不加以防備。當政府內部產生內鬨被外國知道了，人家一定會趁勢攻過來，為了不讓這類訊息外洩，最好的方式就是不讓外國人進來。所以過去西藏政府確實是為了保護宗教而採取鎖國政策，現在則是為了國防上的原因。

薩拉特事件爆發之後，沒有一個外國人得以進入西藏境內。現任財政大臣也談了許多我的老師薩拉特居士的話題，他說：「自從那件事之後，我們好像從睡夢中醒來一般，對外國人的防備之心完全被喚起了。」

那時節我和前財政大臣一起去走拉薩的林廓❸。從拉薩的地圖就可以看出來，林廓是繞行拉薩府一圈的外環道路，總長約五公里，走林廓一遍代表朝拜了拉薩府中所有佛、菩薩以及法寶（即經藏），是非常有益功德的一件事。繞行的方式也有許多種，單單步行走上一圈的，一步一拜（五體投地）的，或是三步一拜的都有。

我和前財政大臣及他的侍者三人在林廓上悠哉游哉地走著，一邊輕鬆聊天，不過大臣走得可從容，我卻要小快步才趕得上他，因爲他身量實在太大，他走一步，我要走一步半。

【注釋】

❶丘瑪．德．郭羅思（Körögsi Csoma Sándor）：一七八四～一八四二年，匈牙利人，英語名爲Alexander

Csoma de Koros，一八三四年出版《藏英詞典》（*A Dictionary of Tibetan & English*）和《藏文文法》（*A Grammar of the Tibetan Language, in English*）兩書，為近世西藏學研究的開山祖。

❷斯文．赫定（Sven Anders Hédin）：一八六五～一九五二年，瑞典探險家，從一八九三到一九〇九年間在中亞、新疆、西藏做了三次大規模而且成功的調查旅行，他的重大發現包括古樓蘭遺址、岡底斯山脈、雅魯藏布和印度河的河源等，並見證了羅布淖爾湖（羅布泊）的標泊遷徙。本書英文版在此處加了一段腳注：「赫定博士在一九〇六年經由喀什米爾成功入境西藏。」

❸林廓：藏語gling bskor音譯，指圍繞聖地、聖像依順時鐘方向、五體投地禮拜一周所走的外環道路。

90・不潔之都

我們走在拉薩府東面的路上，路邊一排排模樣非常奇特的高牆，整片高牆全是由犛牛角堆積起來的，犛牛角的數目恐怕達幾百萬隻。高牆有的長達百餘公尺，有的約五、六十公尺，最長的有兩百多公尺。由牛角高牆圍起來的地方，就是犛牛的屠宰場，這些牆就是用屠宰場歷來所殺的犛牛角堆成的。過去我也看過類似景象，但今天是第一次好整以暇特別加以注意，一看之下感到非常吃驚。

我向大臣說：「殺的犛牛數量相當驚人呢。」

大臣說：「眞的很可憐吶。」

說著我們在高牆的門口暫時止步，往內一看，有三十匹待宰的犛牛被綁在一起，較遠處則有一匹被五花大綁，看來馬上就要宰殺的樣子。拉薩的屠戶在殺牛之前並不會把佛經放在牛頭上並念經超度，這是因爲拉薩殺牛宰羊的屠戶都不是佛教徒，而是中國的回回（穆斯林），他們不做超度直接就把牲畜斬首。牲畜被斬首的時候，其他同類都一臉驚恐。

站在那裡好一會兒，大臣告訴我：「看到這種景象，哪裡還吃得下肉？吃肉眞的是罪孽深重啊，可是我們這些凡夫眞的很可悲，等回到了家，餐桌上要是沒有肉又覺得吃不下飯，把悲慘的景象忘得一乾二淨，我們眞是羅苦叉鬼❶的子孫啊。」語氣充滿了懺悔的意味。

格魯派始創者宗喀巴

林廓大道是由政府開闢、維護的，路況相當不錯，因爲五體投地禮拜繞行的人很多，必須常時加以整備。拉薩市區其他道路的路況可就差多了，到處坑坑凹凹、高低起伏，市中心還挖了很深的溝渠，就是給拉薩的婦人或旅人方便的地方，冬天還好，夏天的時候眞是奇臭無比，要是下大雨那就更狼狽了。拉薩這個名字有「神之國」的意思，也就是諸佛、菩薩的住處，應該是非常清靜的土地，可惜到處是髒污的景象。

如此不講究衛生，對健康當然會有相當的危害，還好拉薩的氣候非常理想，冬天固然很冷，但比起日本北海道來又好多了，即使晚上降到冰點以下，白天卻可升高到華氏四、五十度〔攝氏五到十度〕；夏天高溫不會超過華氏八十度〔約攝氏二十七度〕。這樣的氣候和我旅行所經過的地方，包括我所聽過的地方比起來，拉薩算是第一流的。也就是這樣好的氣候，使得人們在如此不潔的地方生活卻不會那麼容易害病。

【注釋】

❶羅苦叉鬼：梵文rakṣas或rākṣasa的音寫，漢譯或作「羅剎」，爲印度神話中凶暴的祭祀破壞者和食人鬼。

91・舊教與新教

在這裡稍稍觸及一下西藏的佛教概況。由於是政教合一的體制，如果想瞭解西藏的政府組織，得先對西藏佛教做一番說明；而不瞭解政府組織，關於她的內政外交也無從談起。西藏佛教主要分爲古教（寧瑪）派和新教（格魯）派。古教派通稱紅帽派，新教派又名黃帽派。古教派又有許多分支或別名，如薩迦派、噶瑪巴（Karmapa）、祖古巴或佐欽巴（rdzogs chen pa，大圓滿派）等，但其教義相當一致，成佛的方法也大致相同。

古派的創立者爲印度的洛本・貝瑪・瓊內（Lobon Padma Chungne），他生於今巴基斯坦、古名烏仗那的國都一處名爲達賴郭嘯（乳海）的蓮花中，所以名叫貝瑪・瓊內（蓮花〔華〕生）。他的一生充滿神怪不可思議的事蹟，可說是個傳說中的人物，而非歷史上實有此人。他雖是個出家人，卻不忌肉食、娶妻、飲酒，所傳的甚深微妙法門，乃是在五濁惡世中修行，也在其中成佛解脫。他主張大欲即大菩提性，而人性中的大欲之一是色慾，如果能夠在愛欲中到達無我之本體，即可得大菩提性。另外食肉也是大欲之一，在肉食中以所食動物之精神感化自己的菩提心，即可得所食動物之菩提性與慈悲心。酒也是快樂的根源，以飲酒之樂與人爲善，使人我共同生活於安樂的世上，亦足以發現眞實之智慧。總之在飲酒、食肉、愛欲中修習禪定，可即身成佛。

關於其詳細內容如果要說得更清楚的話恐怕有礙風化，許多猥褻處不宜公開宣說。在追求佛法的名義之下，在各式煩惱根源上附會種種說明，日本往昔眞言宗裡也出了個立川派，將男女陰陽之道與密法合一，提倡類似的修行模式，毒害社會至深。當時曾盛極一時，不過其使用的經文和申論的著作如今幾乎不存，並不像西藏這樣仍舊大行其道。

西藏這方面的經典傳自印度，流傳甚廣，現在也還存在大量梵文和藏譯經典。後世的喇嘛以自身修行體驗又寫了不少論著，可說將蠹毒佛法的教示以佛法之面貌出現世上；說當今藏傳佛教有一半是這樣的經典也不爲過。我所攜回的經典當中，有許多是此宗派最權威的密法，只能做爲私下的研究，無法公諸於世。這一派的主張一直到距今五百年前還非常盛行，但實在太容易教人腐敗了，以至於不肖僧侶以修行爲名行縱慾之實，造成佛教界的腐化以及信眾的質疑，最終導致藏傳佛教的復興運動和新教派的產生。

新教派奠基於來自印度的阿底峽尊者，發揚光大者即格魯派創始人宗喀巴，一掃佛教界的墮落委靡，主張奉行戒律，並要先充分修習顯教教義、淨化自身，之後始允許修行密教。他強調戒律的重要，不持戒者不能名之爲僧侶；而所有戒律中以淫戒最爲重要。僧侶身邊若有女人，就只是俗人。宗喀巴在一四〇九年於拉薩東方六十公里處建甘丹寺爲根本道場。

藏傳佛教不僅有顯部的經、論，也包括了祕密部。新教派雖也採用祕密部的經、論，但幾乎沒有男女合體的本尊或守護神，而其教示都來自正統派的傳承，對於修習密法時用於觀

舊教派始創者蓮華生大士

想、容易招致誤解的男女合體（yab-yum，雙運）形象，宗喀巴給予了抽象的解釋，亦即男性代表方便（慈悲），女性代表智慧，當方便與智慧合一時即是覺行圓滿的佛；絕非色慾的滿足可以成佛。另外也不是以肉代表慈悲而去吃肉，他鼓勵的是眞正慈悲的菩薩行；酒也不是指亂性的有形物質，而是表示性智（本體智慧），因此他強調的是在日常生活中發揮自性的智慧。總之他將一切現象都施以正統佛教的觀點，至於仍舊出現男女尊和合的圖像，也是當時時代背景不得不然。

92・達賴喇嘛的選定

在藏傳佛教中最特別的部分就是化身（tulkus，轉世）的說法。化身的本體即佛、菩薩（慈悲與智慧的本質），然而佛、菩薩無形無體，眾生不可得見，因此假借一個德智兼備的形體降生人世以濟度眾生，這就是化身。在藏傳佛教中不只佛、菩薩有化身，修行成就的喇嘛去世後，也會轉世再生以不斷度化有情。

距今四百年前，宗喀巴的弟子根敦朱巴（Gendun Tub）在圓寂時指明他將轉世於某地；恰好在他所指明的地方出生了一個嬰兒，嬰兒稍大後就向周圍的人說他想回去他的寺院。問他所謂「他的」寺院是哪一座，他說是扎什倫布寺❶。由於小孩所說的種種與根敦朱巴的遺言一致，確定這個小孩就是根敦朱巴的轉世靈童，乃將他帶回養育，長大後即成為第二世達賴喇嘛；他辭世後，第三、四世也都是確定不移的轉世化身。

不過到了第五、六世達賴喇嘛，從歷史記載看來，發生了相當奇怪的事情。那時所發生的怪事，卻成為晚近認定轉世靈童的法則。五世達賴喇嘛阿旺・羅桑・嘉措身為新教派的領袖，對舊教卻也有相當研究，並且將舊教的一些作法引進新教，包括使用曲均（kuten，靈媒）❷。當時法王政府在四個地方設有曲均，這四個地方都是寺院，但主要是祭神的地方；曲均的身分不是神官，而是以僧侶擔任。四個寺院分別為乃京寺❸、桑耶寺❹、拉摩寺❺和甘丹寺。設置曲均乃出於政教合一的需要。

達賴喇嘛原來只是純粹的宗教領袖，完全與政權無涉，然而蒙古的固始汗（1582-1654）將西藏各部落一一擊破，最後征服了西藏全境；但他並未自任爲藏王，而是將政權交給了五世達賴喇嘛，而開始了政教合一的制度，其歷史至今未滿三百年。

尋找轉世靈童這件事，如果前世曾經指定轉世地點那還好辦，如果沒有指定地點的話，該怎麼辦呢？藏人相信修行成就的喇嘛去世後，經過四十九天一定會在某地轉世投胎，至於地點，就必須去請教曲均，由曲均降神以求得神諭。

現場有擊鼓僧侶四位、敲打鐃鈸的僧侶四位，在經典唱誦聲中迎接神明悄然降臨。曲均頭戴高高的法帽，法帽後方有長長的五色絲錦垂到腳邊，有時用的是繡金錦緞。身上穿著類似日本僧侶的法衣，料子是繡有花朵圖案的絢麗黃色或紅色織錦，衣帶和帶扣也非常華麗。

曲均雙眼緊閉、身形半蹲，四周誦經聲震天價響，他開始慢慢抖動，然後越來越激烈，突然往後一倒，接著聳然立起，這是神靈附體的徵兆。當他往後倒下、全身抖顫時，口中開始念念有詞，透露喇嘛已經在何處轉世，轉世靈童的家在什麼方向，家裡只有夫婦兩人或總共有多少人，靈童出生於何月何日，他就是不久前示寂的某某喇嘛的轉世者云云。不可思議的是，依照曲均神諭前往探查，彼時彼地果眞有這樣一個嬰兒出生。

嬰兒在斷奶前仍舊和母親住在一起，之後才將他帶回寺院施以特別的教育，使得「我的前世是如何如何成就的偉大喇嘛，我是他的轉世者，絕對不能讓世人失望或瞧不起」的觀念深植他的心田。他的自信與知識都必須仰賴周圍優秀的老師嚴謹的教誨，聽說即使尊貴如達賴喇嘛的化身，在修習的過程如果不用功還是要打屁股；有人堅持這種事不可能發生，不過轉世者的教育眞的非常嚴格，絕非兒戲。

由於轉世靈童都被施以最好的教養，因此十個轉世者至少有八個會成器，大概只有一、兩個不成材。在教育的過程中，不管教師或監護人對轉世者都異常恭謹，即使轉世者犯了錯，通常不會漫加詈罵，而是婉言相勸：「您是尊貴的轉世者，怎可如此放縱散漫呢？」讓轉世者自己反省。其實教育就是這樣，如果動不動就又打又罵，在小孩還不懂事的時候就將他的自信心剝奪，對小孩只會造成傷害，妨礙他的成長。只有養成孩子的自信心，才會得到充分的進步。

總之從五世達賴喇嘛開始使用曲均神諭以來，不管遇到大事小事都會去找曲均，比方遇到國際、國內的種種難題無法裁奪，或者理性上有一個答案，心裡卻感到不安穩的時候，就會利用曲均所傳遞的語焉不詳的訊息來做最後決定；到後來連很簡單的事也迷信曲均。政府四個護法寺廟當中，以乃京寺勢力最強。

達賴喇嘛圓寂的時候，西藏政府對護法四寺下令，讓他們作法以取得轉世有關的神諭，只要其中有三個地方所獲指示一致，即表示轉世靈童的候補已經出現。

【注釋】

❶扎什倫布寺即是在根敦朱巴的指導下建立的。

❷即以乃穹（Nechung）擔任曲均做爲達賴喇嘛及其護法神金剛扎滇之間的媒介。

❸乃京寺：位於拉薩哲蚌寺左前方，格魯、寧瑪、噶舉三派合一的寺院。

❹桑耶寺：公元七六一年，吐蕃王赤松德贊（Khri srong lde brtsan, 742-797）決定以佛教立國，招請印度那爛陀寺（Nālandā）長老寂護（Śāntarakṣita）入藏弘法；由於因緣尚不具足，寂護一度離藏。七六七年寂護二次入藏，同行者即著名密教行者蓮華生。七七五年寂護在拉薩東南今乃東縣澤當鎮雅魯藏布北岸選定靈地，由蓮華生破土啓建桑耶寺（bSam yas），七七九年大正殿（dbu rtse）落成。以寂護爲首的那爛陀寺系統在桑耶寺奠定了西藏佛教的基礎，整個桑耶寺伽藍呈圓形模擬以須彌山爲中心的曼陀羅宇宙圖像。桑耶寺又名大屋頂寺、桑鳶寺或三摩耶寺，全名桑耶不變自然成就寺。

❺拉摩寺：位於拉薩城北郊，是康區商人最崇信的寺院。

93．轉世靈童的擇定

達賴喇嘛轉世靈童的候補者經過祕密調查，發現有三、四名合乎神諭，但一直到他們五歲爲止，政府並不會對他們加以保護，只是會稍微留心不讓他們發生意外。靈童候補五歲的時候，政府才將他們一一迎回拉薩。接著中國的欽差駐藏大臣和達賴喇嘛圓寂後代理法王的攝政大臣一起協商，決定哪一個候補才是眞正的轉世者；西藏宰相及財政、軍事、秘書處和宗教事務的最高首長、政務次長都會列席這個場合。

首先將候補靈童的名字寫在籤上，放入金瓶❶；候補者有三名即製三支籤，四名即準備四支籤。將籤放進金瓶封妥，即展開七天的祈禱法會；法會結束後，同樣的政、教界重要成員再度集會，先仔細檢點金瓶，然後拆封開瓶，由中國欽差駐藏大臣手持象牙箸，蒙上雙眼，將筷子伸入金瓶中夾出一籤。籤上寫著誰的名字，誰就是未來的達賴喇嘛。

這樣看起來整個認證過程似乎不會有什麼弊端，不過我聽駐藏大臣秘書馬詮說過，其實弊端還是不能免。由於自己的孩子成爲法王的話，做爲法王的父母也立刻取得王族身分，而且會獲得中國政府冊封的爵位，財產大增，將可享受世間所有榮華富貴，所以也有人會奔走賄賂。賄賂途徑首先是向駐藏大臣奉上金銀財寶，然後到高等僧官處打通關節，最後這些決策者有可能設計出一種方法，讓施賄者的孩子被選中。不過這僅止於傳聞，到現在爲止並沒有任何證據可以旁證這個說法。

其實整個認證過程最容易作弊的是曲均；現下法王政府所指定的幾位曲均都是富可敵國的人，這只要從當今的轉世者多是貴族、富豪或大生意人的後代，就可以推知到底是怎麼回事了。轉世者出身豪族者十居八九，幾乎沒有貧窮人家子弟，不是很奇怪嗎？中間一定有什麼曲折無疑。這只要從表面上觀察即可推知一個大概，而這些怪事也時有耳聞。

孩子出世前，父母先找曲均賄賂，並且指明要讓孩子成爲某座大寺院某某修行成就者的轉世者；大寺院擁有可觀財產，只要自己的孩子入主這座寺院，所有財產必將落入自家手中，這種賄賂可以說就是一種買賣。因此所謂轉世者有很多根本是欺瞞的產物，過去我不敢說，但現在的轉世活佛有不少是賄賂的化身而不是修行成就者的化身。

不過賄賂都是富貴人家暗中在進行，一般人民並不知道發生了什麼事；政府內部的種種非法情事民眾也不得而知。老百姓之間流傳的，無非是說哪個貴族家剛出世的嬰兒是哪位修行成就者的轉世，或者說有人拿了過去修行成就者用過的物品以及其他與修行成就者無關的物品一起擺在這個嬰兒面前，嬰兒竟然一抓就是修行成就者的東西，所以這個嬰兒絕對是轉世靈童沒錯云云。

由於整個西藏都瀰漫著迷信的氛圍，眞相也就不容易傳開，然而以我在拉薩、日喀則所見所聞，我敢說許多修行成就者的化身就是賄賂的化身；即使不是賄賂的結果，通常也是相關的曲均因爲平時接受特定貴族的保護和照顧，是故雖沒有賄賂之實，卻仍爲了討好該貴族而上下其手。

政府官員如果犯了錯，比較機敏的在事情爆發前就趕忙去找曲均送禮，依罪責的大小禮金有多有少，但都不是小數目。當事情被發覺後，政府內部開始檢討治罪的方式，一定會找曲均降神，問明能否對這個人施以懲罰。拿了錢的曲均當然會裝神弄鬼一番，然後假借神諭說道：「千萬不可懲處，懲處過重將影響國運；只要加以譴責讓他知所悔改即可。這個人本性並不壞，對他的無心之失還是原諒了吧。」反過來如果官員與曲均交惡，則即使做了多少好事，曲均也會假借神諭在法王面前搬弄是非。因此西藏政府的大小官員不但害怕法王，也非常顧忌曲均，說西藏政權嚴重受到曲均左右也不爲過。當今達賴喇嘛是一個有主見的人，並不會事事對曲均言聽計從，不過他也不能完全違背古來的慣例。

曲均對世間瑣事可以明明白白斷定是非善惡，可是遇到天下大事，比方對國際外交的處理完全沒譜的時候，曲均的對應方式眞的很好玩。曲均首先一身光輝亮麗的打扮，黃澄澄的衣袍，華麗的冠冕，在法王、大臣及其他高等僧官面前站定並專注祈禱，不久神靈開始附身，於是有人發問：「最近和英國軍隊眼看就快發生衝突，您看如何是好？」這時神靈不發一言，全身激烈抖動，突然往上一跳，然後重重一摔倒地，不省人事。旁邊的人趕忙說道：「糟了，神明因爲我們問了不該問的問題生氣走了。」遇到困難的問題，曲均就說神明落跑而避開答不出來的窘境，眞是荒唐。

一些有心的格西或僧侶能夠明辨是非善惡，因此暗地裡非常痛恨這種事，他們認爲曲均所造的惡業足以危害社會、國家，根本是惡魔的行徑；這些人絕非佛法的守護者而是摧滅者。不過歷代達賴或班禪喇嘛並非都是富貴人家子弟，反倒有不少出身貧賤，因此也不能說曲均一定影響了達賴或班禪喇嘛的選定；當今達賴喇嘛（十三世）就是出身貧家。

班禪喇嘛（九世）也一樣，母親是個啞巴，而父不詳，有人說他是隱士和啞巴所生，也有人說他眞正的父親是個出家人。據一位很可靠的格西告訴我，色拉寺曾有一位名叫梅托給桑（菊花）的格西，他修習寧瑪派的佛法，爲女色走火入魔而遠走他鄉，在地方上和一位瘖啞的女性結合，他們所生的孩子即是後來的班禪喇嘛；許多人都說班禪喇嘛酷似梅托給桑。即使如此這個說法並未得到公認。

【注釋】

❶金瓶、玉籤爲清高宗於乾隆五十七年所賜。

94．教育與種族

曲均的話題就說到這裡，接下來我想談談西藏的學校與教育。西藏教育並不普及，只有第二首府日喀則一帶對小孩施以很單純的習字、算術、閱讀訓練，其他地方除了寺院外一般民眾的小孩幾乎沒有受教育的機會，因此學校不多，比較像個學校的地方，一所在拉薩布達拉宮，另一所在日喀則扎什倫布寺，其餘都只是類似私塾；而廣泛傳授知識的機構，就是僧侶學校。

一般民眾的子弟如果沒有出家，則無法接受中等以上的教育；平民不能獲准進入政府興辦的學校。一般民眾裡還分有等級最低的族群，包括漁人、船家、鐵匠和屠戶。爲什麼鐵匠被列入最下等的階級，這是沿襲印度的風俗，認爲屠戶宰殺動物所用的刀具是鐵匠冶煉打造出來的，因此鐵匠也屬於有罪的一群，而納入最低等的層級。

一般民眾和下等階級兩個族群不能進公立學校，其中下等階級還不能成爲僧侶；因此有些人特意離家遠行以隱藏其下等階級的出身而成爲僧侶。一般民眾由於可以出家取得僧籍，因此地位稍高。至於進入公立學校的又都是什麼樣的人呢？

第一種是噶爾巴（Ger-pa，貴族），第二種是阿巴（Ngak-pa，眞言族），第三種是苯缽（Bon-bo，古教族），第四種是舍古（Shal-ngo，古豪族）。噶爾巴出身古代大臣或將軍的後代，其中包括法王的親族雅布西；雅布西並不多，單指歷代達賴喇嘛的家族，他們都有公爵的身分。

世襲的公爵包括了法王一族以及皇族。所謂皇族，指的是西藏最早的國王聶赤贊普一直到導入佛教的第一代吐蕃王松贊干布這一世系，代代相傳至今。正統的皇族稱爲拉迦梨（Lha-kyari），他們壯麗的宅第現在還看得到，但已經失去政治上的權力，不過其位階與達賴喇嘛等高。

至於雅布西是具有公爵身分的歷代法王譜系，這種家族裡若出現比較傑出的人物，通常會成爲宰相或是陸軍、財政大臣；即使沒有擔任高階政務官，也會得到相當重要的敕任官銜。達賴喇嘛一系的雅布西在西藏的勢力崇高，遠非班禪喇嘛傳承的雅布西所能望其項背。

法王一系和皇族後裔因爲其特色大致和其他貴族一樣，所以還是歸入貴族一類。類似貴族階級的還有一種叫德朋徹卡（De-pon Cheka，大將軍族），他們是歷來爲國家立下汗馬功勞的軍人譜系，也受到相當的照顧，地位比一般貴族高，其子弟甚至被尊稱爲「殿下」。地位最平常的貴族，多是歷史上頗有來頭的家族或是於國家有功大臣的後裔。

這些貴族人家出身的子弟，只要具有長才，都會受到政府的重用，甚至可官至宰相。不過以現今的情形看來，比起治理國家的才能，毋寧是善於運用賄賂手段的人更容易取得高位。在西藏，多數官職是以賄賂買來的，根本不問才能之有無，而且才能出眾反而變成一種妨礙，理由很簡單，在一大堆平庸之輩中鶴立雞群最容易招忌而丟官。總之那些買官鬻爵的人總是勝利的一方，並在政府中尸位素餐。

阿巴（眞言族）的祖先都是喇嘛中的佼佼者，具有許多不可思議的法力；這些喇嘛都是娶妻的所以才有後代。他們的密法絕不外傳，只傳給自己的子孫，此一密法因而成爲家族的特色，並占有國家許多重要的位子；包括前面提過的成爲夏季執法官並且可以抽取防霰稅的權力❶。他們也以密法的持有者而受到城鄉居民的尊崇，因爲大家怕得罪他們而惡咒纏身。眞言族因爲特殊法力而擁有相當財富，財富來自民眾的供養和防霰稅的收入；但來得快去得也快，所以不少人變成赤貧，在西藏阿巴就是窮人的代名詞。不過不拘其貧富，一般人還是覺得不能不對他們保持敬意，即使貴族遇到衣衫襤褸的阿巴，也要下馬來打招呼。

【注釋】

❶見本書第六十、六十一章。

95・古豪族和下等階級

苯缽指佛教傳入西藏之前的傳統宗教苯教傳承者，由於其僧侶可以結婚，他們的子孫乃被劃歸為古教族，並負責地方神靈的祭祀，也修各種法以防止地方神靈發怒懲罰人民，百姓結婚的時候一定要請苯缽祭告村落的保護神；他們平日也接受請託，行祈福或詛咒之事。喜馬拉雅山區一個非常偏遠的村落叫特爾波，全村三十戶人家都是苯缽，但通常的情況是一個村莊或一個鄉鎮有一位苯缽，而他就被尊為地方的行政和司法首長。即使不擔任地方首長，也不祈禱修法，做的是其他工作，只要苯缽血統純正，仍舊受到相當的尊崇。

所謂苯缽在往昔雖是個宗教體系，現在只剩下其血胤持有苯缽的教法，他們並不會將此教法外傳或對外說明。如果苯缽族從事的是一般世俗的工作，則不能稱之為喇嘛；苯缽喇嘛與佛教僧侶一樣必須剃髮並穿著法衣，他們在苯缽中也是地位最高的。

舍古，亦即古豪族，乃古代富農或富商的後代，如今仍保有大量財產與土地，在地方上有一定的勢力。由於藏人非常保守，因此祖先的財富多半一直被維持下來；一妻多夫的風俗特別有利於家族財產的維護，因此古代的富豪之家現在仍是富豪之家。偶有因故失去了財產與土地而成為有名無實的舍古，但他們的身分在社會上仍舊受到尊重。

在西藏，屬於平民或更下等階級的人，不論再怎麼有錢有勢，也不敢對舍古中的窮人頤指氣使，就跟日本的富商對京城的公卿不敢太囂張是一樣的道理。平民藏語稱作東巴（tong-ba），東巴又分爲東巴（一般平民）與東之（tong-du，小民）兩類。東巴指擁有少量財產、土地，不曾爲人奴隸的家族；東之基本上世代爲東巴的奴僕，卻又不是完全的奴隸，而是境遇很差的佃農之類。過去平民階級不是地主就是佃農，現在的情況並不盡然如此，有時東巴比小民來得窮，而有些小民的土地財產遠勝於東巴。不過一般說來東巴地位還是高於小民，而且其階級的高下關係絕不會紊亂，社會上對兩者的待遇也明顯有別，比方說東巴與東之絕對不能一起吃飯，也不許通婚。

藏人中身分地位最爲低下的一群，就是前述的漁人、船家、鐵匠和屠戶，其中渡船和捕魚的人地位稍高些。打鐵的和屠宰的絕對不能和平民階級在同一間屋子裡吃喝；漁人與船家可以自己圍坐然後和平民在一起飲食，唯食器不能共用，不能拿平民餐盤裡的東西，只能吃自己碗裡所盛的食物。四種最下等族群絕對不可和其他階級通婚，如果平民以上族群的子女和最下等族群的人結合，則這個上等族群的小孩立刻被逐出原來所屬階級，而變成最下等族群的一分子，也不允許回到父母家中。即使這個小孩悔過並且與對方離婚，也不能恢復原來的身分地位。最下等人與其他階層的人結合所生的小孩稱爲拓塔黎（tak ta ril），意思是「黑白混合的繩族」，其地位比最下等階級還要低下。

鐵匠和屠戶如果存了點錢轉行務農或經商，身分地位仍舊屬於最低下階層，無法參與一般社會上的交際應酬。反過來說，如果其他上等族群裡有人熟習煉鐵製刀的技術而從事打鐵的行業，那麼他會被稱爲里克梭（工藝匠），並不會影響他的身分地位。

血統階級之間，法律上以及社會的約定俗成方面，上等種族比起下等種族擁有比較特殊的權利。比方說貴族的小孩和平民的小孩發生摩擦或吵架時，平民的小孩若因爲生氣而對貴族小孩講話不使用敬語，反而使用平等甚至蔑視的語言，那麼不管事情本身的是非善惡，在法律上一定判定是平民子女的錯。

平民的子女不管家裡多麼有錢，在任何場合遇到高於自己的阿巴或苯缽出身的人一定要敬禮，同席的場合即使對方是阿巴族的窮光蛋，也要將正席讓出來給他坐；講話的時候一定要使用敬語。由於只跟自己所屬階級的人結婚，因此各個族群之間對品格、容貌、儀態、禮俗的要求很不一樣，從這些外在的表現很容易判定這個人或家族所屬的階層。

貴族一定講究雍容高貴，其禮俗顯得風雅而靜肅；他們內心也總是不忘做爲貴族所應謹守的法度。其他阿巴、苯缽、舍古各族雖然沒有貴族那樣講究，但比起平民又高出許多，各種表現不至於讓人感到卑下，而且從穿著一看就知道其出身。

平民的容貌與品格雖然較爲卑賤，但心地仍舊很正直，即使家徒四壁，也不會饑寒起盜心，因此還是受到社會上一般人的信任。最下等階級出最多犯了強盜、殺人重罪的人，說他們這個族群是犯罪的淵藪並不爲過；從事乞討的也多是這個族群，甚至有代代都當乞丐的乞丐族。最下等階級中即使有很好的人，但基本上社會上並不信任他們。他們的外貌看起來也比較殘忍、猥瑣，很容易辨識。

上等階級的子弟可以上公立學校，學校裡教的是背誦、習字和算術三種科目，其中特別著重習字，其次是背誦；算術所教的無非是前面說過的，以小石子、木籤或貝殼為工具的原始計算。背誦的內容主要是佛經的片段和單純的文法；偶爾也學點修辭學。對藏人而言修辭學比文法來得重要，因為他們講話很注重繁複的修飾，一如中國人喜歡使用各種形容詞那樣，不知道這是受了中國的影響，或是藏人的性格本來就如此。呈給法王或是比自己尊貴的人的書面文字，一定充斥讚美、歌頌的文詞，而且喜歡使用詰屈聱牙、沒有出處且連自己都不太懂的字詞。

由於這種需要，學校當然要加以傳授。修辭學中的作文練習課程常常一寫就是一天，每個學生都使勁寫出難上加難的詞句，簡直跟符籙一樣費解。這樣說來好像教育的目的就是教導學生使用世人難以理解的文字，實在有些奇怪。

96．教育的獎勵法

修辭學所教的內容難度已經超乎學子的負荷，而用來背誦的文章也不容易，因此很難記得住，只好用體罰強迫背誦，到後來老師和學生的關係簡直和獄卒與犯人沒兩樣，學生一走到老師面前就不禁發抖，生怕老師又一個板子打過來；看到學生那種戒慎恐懼的模樣眞的好可憐。

我所寄寓的前財政大臣家裡對小孩的教育非常注重，但他使用的手法還是體罰，因此他的小孩看到他就怕。體罰主要用削平的竹片打手心，一次打個三十下左右；要是被打的時候把手縮回去，次數就加倍，因此不管多痛，即使已經涕泗縱橫也不敢稍稍縮一下手，令人看了非常不忍。

我常對大臣說這樣根本不是教他而是害他，體罰並不好，一開始他還反駁我，不過他畢竟是個明理的人，漸漸能夠接受我的意見，對小孩不再施加體罰，書背不出來的時候頂多罵幾句。我又勸他多對小孩進行精神上的開發，凡事加以說明讓小孩明瞭，結果後來大臣告訴我，小孩不打反而書背得更好了。體罰小孩是非常普遍的現象，打手心還算客氣的，有的不讓小孩吃飯，有的甚至把小孩綁一個晚上，小孩根本苦不堪言。

嚴格體罰的另一個極端出現在僧侶和他們的弟子之間：不但教了不懂或背不來不在意，

而且從頭到尾都非常狎暱，又是撫摸又是親吻，寵愛得不得了，好像對待一個耽於色慾的女性那樣。但溺愛同樣得不到教育的效果；過度嚴格或過度寵愛都不是教育的應有手段，而是應該出之以慈愛但又維持適度的嚴格。西藏的教育法我看不是太過就是不及，採取中庸態度的人我幾乎沒碰過。僧侶教育則存在前述現象，因此很難培養出優秀的人才。有的僧侶認爲和自己的弟子親暱對弟子不好，就去狎近其他僧侶的弟子，而讓自己的弟子在不被騷擾的情況下接受教育。

沙彌在學習中逐漸成長，成長的過程最折磨他們的無非背誦。一個十五、六歲的少年一年大概要背三百到五百頁的經文，而且要不斷接受測驗。所要暗記的經文不是來自閱讀，而是老師的口傳，老師念一句弟子就背一句，並不加以講解，因此弟子所背的可以說是一堆沒有意義的文字。資質稍微魯鈍的學生可以特別通融，一年只要背個一百頁左右並通過考試即可。從十八、九歲到二十五、六歲或三十歲的階段，有人一年可以背誦五百頁、八百頁甚至多到一千頁，怎麼做得到我無論如何想不通；我自己每半年頂多背個五十頁就很了不起了。

除了流行體罰之外，詈罵也是通用的手段：罵小孩是畜生、豬、乞丐、餓鬼、驢子、吃父母肉的狗等等難聽得不得了的話，以這種方式教育出來的孩子，長大了對別人講話也就是這種德行，好像沒受過教育那樣。

97．西藏的物產

接下來我想稍稍談一下西藏的商業。前面我曾提到託在大吉嶺認識的商人查龍巴幫我帶信到大吉嶺以及轉寄回故鄉❶，這位查龍巴是受西藏政府之命前往印度加爾各答買鐵砂的，而買回來的鐵砂是要用來製造大砲。大砲製造廠位於拉薩南方拉薩河對岸且秋林東邊的迪布（Dib）地方。

大砲製造事業開始於八年前；本來西藏並沒有製造大砲的技術，後來西藏政府命令一位旅居大吉嶺的男子哈則林（Lha Tse-ring）在印度、喀什米爾找了十名熟諳大砲製造的伊斯蘭教徒，並把他們請回西藏，向藏人傳授製砲技術。這十個人入藏後有的去世，有的歸了國，我在拉薩的時候只剩下兩個。

西藏想從別國進口大砲不是件容易的事，尤其從印度要輸入一些先進的東西幾乎不可能。原先他們的武器就是原始的火繩槍，如今已經可以製造新式大砲了，爲了製砲必須大量進口鐵砂，於是查龍巴就身懷巨款出國洽購。

這些年西藏人出國從事交易主要是前往英屬印度，其次是中國，然後才是俄羅斯；不過和俄羅斯之間的通商並沒有完全開放。西藏和鄰國之間在政治外交上逐漸密切起來，而彼此的貿易則一直沒有中斷過。我想先談談西藏和英屬印度及其鄰國尼泊爾之間的貿易概況。

西藏對印度輸出的物品最主要是羊毛，其次是麝香、犛牛尾、毛皮和獸皮等，其他的品類、數量都很有限。另外印度方面雖然很想要西藏的古佛經和佛像，不過這類物品如果半途被發現一律沒收，因此出口的很少。過去中國的茶葉會經由西藏賣到印度去，但這條貿易路線如今已經完全斷絕。所謂中國茶經由西藏輸出到印度，但販賣的對象並不是印度人，而是住在大吉嶺附近的藏人，因此總量不多。

每年以騾子運到大吉嶺東方山城噶倫堡❷的羊毛約有五千馱到六千馱；運到不丹約一千五百馱以上，運到尼泊爾兩千五百馱左右，運到拉達克的則有三千馱上下。這都只是概略的估算，實際可能遠高於這個數量。出口到中國以及阿里地方的羊毛總數我不得而知。

西藏的麝香產量很高。聽說有一種貓科動物叫麝豹身上有麝香，不過西藏所產卻是一種鹿，爲草食動物，約有貓的兩倍半到三倍大。牠的外型是鹿，但並不高大，反而像隻可愛的狗兒；毛作深鼠灰色，非常輕柔。樣子長得非常惹人憐愛，一見即知性情很溫順，上顎與下顎各露出兩支彎彎的漂亮牙齒。有人說牠的麝香出在臍部，其實不是，而是在會陰也就是睪丸後方有一個突起；所以雌鹿沒有麝香。

如果在每月的陰曆十五日殺牠取出的麝香特別多，那個時候即使麝鹿的小便都充滿濃濃麝香味，然後越到月底麝香越少；等月初開始麝香又慢慢飽滿。所以藏人都選在陰曆十三到十五日之間取麝香，所用武器是槍。西藏有許多禁止殺生的地域，那些地方麝鹿特別多。

我所掛單的色拉大學後山就有很多麝鹿，但那邊嚴禁殺生，在那裡發射槍砲就和殺自己一樣，因此沒有人會殺生。不過藏人卻有不發一槍一彈取得麝香的辦法。他們將犛牛尾揉成繩子，在山上草叢間做成陷阱，當麝鹿來吃草的時候踏到陷阱動彈不得而發出哀鳴，捕獸人就過去將牠殺了。麝鹿也大量分布在西藏、尼泊爾間的喜馬拉雅山區，不過最多的地方在公波（Kong-bo）、嘉黎（Tsari）以及洛巴一帶，到那邊購買的話價格非常便宜，只要日本的十分之一。

洛巴人還是很原始的民族，全身只遮蔽下腹部不穿其他衣物，他們既非藏人也不是印度人，不過從語言上看來比較接近藏人。他們拿出來的麝香都非常純正，又大品質又好，價格卻非常便宜，很多人就拿小鏡子、水晶、鍋子、刀子、糌粑、餅乾、西洋便宜玩具等物品和他們交換。不過那一帶盜匪橫行，終究很少人為了貪圖便宜而特地跑到那邊購買麝香。

麝香主要輸出地是印度和中國，以前雲南商人從西藏買走很多麝香，自從印度那邊需求量大增以致價格被拉抬上去後，雲南的麝香生意就沒有什麼利潤可圖了，貿易量因此大減。雲南所進口的麝香，打上「雲南麝香」的招牌後也出口到日本。

出口到中國內地最名貴的當數夏伊塔克拉（鹿茸）了。中國人認為鹿茸可以強身、延壽、養顏，有如仙丹一般，於是大量向西藏地方購買。品質最好的鹿茸價格不菲，次品則毫無價值，因為沒有藥效，只能當作裝飾，不過要分別好壞並不容易。可以採高級鹿茸的寶鹿在西藏東南地區最多，西北部的高原地區也有不少，其大小與高大的馬相當，外型和一般的鹿沒有兩樣，但比較肥，毛色稍帶灰白；有些則是別種顏色。

不可思議的是，寶鹿會在每年陰曆正月冒出鹿茸，鹿茸外部裹著一層薄薄絨毛，裡面沒有骨質只有血（筆者也帶了樣品回來）。新生的鹿茸慢慢成長，三、四月左右會長出一個分枝，開始長分枝的時候根部會稍稍變硬好像骨頭那樣，但上面部分仍充滿血。鹿茸漸漸長大，分枝上又生出新的分枝，到九月左右已經達到成長的極限。最大型的鹿角可以有一丈二尺長，我曾在天和堂藥舖看到人家拿來賣，實際拿尺從根到尖加以丈量，確實有這麼長；這是最大型的鹿角。

大鹿角根部的周長有五十公分，整支鹿角全覆蓋絨毛，到了十月、十一月間漸漸失去光澤，十二月中旬就會從根部自動掉落，然後一月的時候再度發出新芽。採鹿茸的最好時機在四、五月間，土著就是選那個時節殺鹿。他們必須一槍命中鹿頭讓鹿即刻畢命，如果打中其他非要害部位，那麼鹿在呼吸停止之前，會用鹿茸去撞擊四邊的岩石或用力在地上戳刺，如此一來鹿茸血流如注，到最後血流光了，鹿茸也採不成了。寶鹿由於頭上長著珍貴的鹿茸，不幸遭到人類殘酷槍殺的命運。

【注釋】

❶見本書第七十六章。

❷噶倫堡（Kālimpang）：印度城市，位於大吉嶺和西藏亞東之間邊界上。

98・輸出入品與買賣

西藏輸出尼泊爾的商品有羊毛、犛牛尾、鹽、硝石、毛織品等；輸出到中國和蒙古的主要是毛料。毛料的種類有南普（下等厚毛料）、氆氌（上等羊毛緞子）、千麻（中等厚毛料）、欽契（中等薄毛料）、德麻（縱織羊毛薄布）、貢波且黎（渦卷毛料）、茶茶（仿羊毛毯子）等。輸往蒙古的物品中佛經是大宗，還有佛像、唐卡（佛畫掛軸）、法器等。

最近西藏佛像、唐卡的品質日漸低落，已經沒有過去那麼高的美術水準，說是佛畫其實都是同一個樣子，就好像模子印出來的。現在到西藏著名寺院參觀，所見新製佛畫或佛像大多不忍卒睹，何況還有許多是男女合體的金剛明王像。

我在西藏感受到的藏人缺點，最嚴重的有四項：一是不潔，二是迷信，三是破壞倫理（一妻多夫制之類），第四就是不自然的美術作品。至於讓我喜歡與感動的，第一是拉薩和日喀則的氣候舒爽宜人，第二是嘹亮的誦經聲聽了令人心生歡喜，另外還有辯經的活潑生動，以及古代美術作品的自然優雅。

西藏的輸入品主要來自印度，其中以素色的羅紗最多，包括了藍、黃、紅、白、黑、紫、綠等色，多半用在寺院大殿的裝飾，而不在市場上販賣；市場上最受歡迎的是一種深藍色的羅紗。這些印度製品基本上都是平價貨，很少上等的東西。其他輸入品還有絲巾、緬甸綢、瓦拉那西（Vārānasi）錦緞、薄絹、棉料等。棉布有薄有厚，厚的有如帆布；顏色多為白與淺黃。在市場上賣得最好的是一種深藍色蠟染棉布，以及有條紋圖案的。印有人物、風景或寺廟的布料也進口了不少。去印度買布料的時候，當然是以英制尺碼來計算，回到西藏後，藏人則是將布料折成一個正方形稱為一「卡」來計算。

藏人賣毛料、棉布的方式很好玩，他們以客人平伸兩臂的長度為一個單位來計價，不管手長手短價錢都一樣，因此身高手長的客戶就占便宜，相對的賣方就吃虧。也有以手肘到指尖的長度為單位來計算的生意人，同樣地，手長的人去買的話老闆就划不來。但這只限於西藏本身的產品，從印度進口的布匹可不這麼賣法。另外藏人沒有定價的習慣，在拉薩買東西一定要講價，比較有信用的店舖報的價比眞正的定價大概高一、兩成左右，但一般商店總是故意抬高好幾倍。

買賣成交後店家的默朗木（祈願、謝辭）也很有意思：「這東西您買了，我祝福您身體健康、萬事平安、家運興隆，就像您買了這麼多東西一樣，我也祝福您穀倉充實飽滿！」邊說邊把貨品交給客人。如果賣出去的是佛經，則默朗木更加特別。佛經大多是賣給僧侶，老闆總是將佛經恭敬地高舉過頭，然後說：「您買了這部佛經，不只能夠善解經中的眞意，也能夠眞修實證，長養您的智慧與德行，成為眾生的大皈依主，我但願您因為這部佛經而利益一切眾生！」語氣非常熱烈而眞摯，然後將經書交到僧侶手上，而購物的僧侶這時也掏出沾了一層汙垢的銀幣，拿舌頭一舔，再在自己的衣襟上擦一擦，並確認一下銀幣的面額，然後依依不捨地拿給老闆。

僧侶這樣做是別有一番意味在其中的，因爲他不希望附在銀幣上的好運也一起交給店家，因此先用嘴把好運一吸，又把剩下的福氣擦落在衣襟上，最後才把這空殼子的錢交出去。這種習慣動作一般人都做，到了地方上做得更誇張，不過大生意人如茶商等倒不會這樣子付人家錢，太麻煩了。

從中國輸入的貨品以絲織品最爲大宗，各種綾羅綢緞、刺繡、蠶絲都有；另外還進口不少銀錠和藥材。不過以進口金額而言，占第一位的還是茶葉。藏人不管貧富，不可一日無茶；多半的人購買茶葉，實在買不起的人則去向富貴人家討茶葉渣回來煮了喝。茶葉都製成兩斤重的長方形茶磚（長三十公分、寬十六公分、高約七公分）。

不丹和錫金方面的進口品以野蠶絲所織的布、大尺碼的毛料和棉布爲主；還有從印度、喀什米爾和尼泊爾也進口不少穀物、葡萄乾、杏脯、棗乾、藥材等，以及鑽石、琉璃、珊瑚、硨磲貝、瑪瑙、琥珀、綠松石（土耳其玉）等寶石，其中又以珊瑚珠和綠松石等裝飾髮髻的寶石爲最多，其質地好的甚至比鑽石還貴。

珊瑚進口量很大，但品質不算太好，瑕疵品很多，不過藏人並不在意，還是照樣佩戴。顏色多半是日本婦人不太喜歡的紅色和淺粉紅色，這種顏色的珊瑚珠用在敕任官的髮飾上，非常好看。高級的珊瑚珠不是印度進口，而是從中國輸入的，印度進口的珊瑚珠看起來好像上面有蟲一樣的東西黏在上面。以便宜的珊瑚枝磨圓串成的念珠也進口了不少。

對下等社會而言，珊瑚珠畢竟還是奢侈品，所以他們用玻璃珠代替。以各色玻璃珠串成的念珠在拉薩的路邊攤陳列著，很多鄉下人來買回去；日本製的人造珊瑚珠也可以見得到。這種假珊瑚珠幾可亂眞，剛上市的時候還可以騙騙人，甚至以高價賣出，現在大家看多了也就能夠分辨眞假，價格一直往下掉，不過利潤好像還可以，因此仍舊有商人從加爾各答不斷輸入。

從印度也運來各種金屬，包括銀錠、銅、鐵、錫等，還有許多西洋小日用品，以及日本製火柴。從經濟面上看來，西藏的進口品非常多而輸出品比較少，那麼他們應該是嚴重入超而且越來越窮才是，其實不然。西藏的財源有許多來自蒙古地方，蒙古人除了向西藏購買大量貨品之外，對喇嘛的供養金也很可觀，這些錢相當程度塡補了西藏因入超所帶來的財政和經濟危機。因此西藏在政治上雖然採取嚴格的鎖國政策，但對於通商則是網開一面，如果突然間連通商也禁止的話，西藏一定很快陷入大飢饉進而引起內亂。不過最近從蒙古進來的財源已經斷了，日清〔甲午〕戰爭之後本來就少了很多，八國聯軍攻入北京城後就幾乎完全中斷，連在西藏留學的蒙古學問僧也都收不到家裡的接濟，陷入了困境，許多人不得不暫時中止學業。過去蒙古僧侶多半埋頭苦讀，很少承接一些俗人社會的外務，現在也跟西藏僧侶一

西藏商隊

樣，必須爲五斗米折腰了。

如果西藏禁止國際貿易的話，原來主要仰賴印度進口的日用品馬上就會缺貨，不過這還勉強可以忍耐，最嚴重的是西藏出口的大宗羊毛將賣不出去；只能在國內銷售的話，價格就會跟從前一樣低落，如此一來牧民的收入會明顯減少，只要遇到糧食漲價，牧民買不起足夠的糧食，立刻就會發生飢荒。以前有蒙古來的財源也許還可以考慮經濟上的鎖國政策，現在蒙古這條線斷了，因此和英屬印度之間的通商一定不能中斷。

由於貿易逐年興盛，人民的生活水準漸漸提高，距今二十年前即使貴族也談不上奢侈，但隨著與他國貿易的進展，藏人學會了很多外國的奢華生活模式，用起錢來也就越來越沒有節制。需要錢的話就要做生意，但只在國內做買賣可賺不到大錢，只有從事進出口貿易才會有可觀的進帳，於是稍有實力的有錢人和僧侶都忙著到中國、印度、尼泊爾等地做買賣。

西藏人體認到貿易的重要性後，除了啞巴、聾子、瞎子和小孩之外，可以說全國皆商。這樣說來連一般百姓也經商嗎？確實是這樣，夏天做一般百姓的營生，到了冬天農閒，就前往藏北高原的鹽湖運鹽到南方的尼泊爾或不丹、錫金等地販賣。僧侶從事買賣可不是個別的行動，而是整個寺院組織貿易的隊伍，其隊商行列規模都不小，二、三十個人趕著一百到兩百匹馬馱著貨物四處經商。

政府自身也做買賣，其商隊主要前往北京和加爾各答，但商隊成員對外絕不透露自己的官方背景，而是以民間身分自居。這種官方背景的生意人在西藏境內非常有勢力，不管到哪都能徵召馬匹，而地方政府也要提供他們糧食，因此他們的獲利比民間生意人更可觀。

貴族當然也要經商，組織商隊遠赴國外做生意，但也有人單靠家產度日。這種依賴家產過生活的人難道完全不談生意經嗎？也不盡然。整個西藏都可以碰到這種現象，當你到貴族家拜訪，如果看到難得珍品很想擁有，不小心脫口而出：「這多少錢？」這個貴族主人立刻會告訴你這種東西大概值多少多少錢。接著你問：「那麼可以賣給我嗎？」主人會說：「如果價錢講得定也不見得不能賣啊。」「價格可以降低點嗎？」「不行，不能打折扣……」就這樣你來我往一陣攻防，只要價格能達成協議，他們連家裡的家具、用品都可以賣。遇到這種情形，買方並不會認為賣方這樣做有傷身分。

在全民皆商的風氣下，連小沙彌也要做生意，到了拉薩城裡看到比較罕見的外國小物件，就買回去賣給寺裡其他沙彌賺取差價或者換取其他物品。

99．貨幣與刻版

西藏的買賣，以物易物者有之，有的則以貨幣購買。西藏只有一種重二十四錢（七十五公克）的銀幣（稱為一「章卡」），這種銀幣沒辦法直接拿來買小東西，必須先切割再使用：切成兩半各重十二錢，或者切割成八錢和十六錢，大概就是這幾種切割法。切成兩半的時候，很少眞的各重十二錢，而是從中間分割後在中間偷切一些、外圍再偷切一些，到最後都成了三角形，不過大家還是接受。

金額最小的購物可以小到四錢，買四錢的東西，就拿十六錢給店家，店家再拿十二錢找回來。店家沒有十二錢可以找零的時候，則購物者必須拿十二錢和十六錢各一錠（共二十八錢）給店家，而店家則找給客人一章卡（二十四錢）。買八錢的東西，客人拿一章卡給老闆，找回十六錢。

藏人稱四錢為「卡康」，八錢為「卡爾瑪」，十二錢為「卻卡」（chyekka），十六錢為「休康」，二十錢為「卡卻」（kabchi），而二十四錢叫「章卡企克」。小額購物只有在拉薩、日喀則行得通，其他地方只要金額小於一章卡就無法以貨幣交易；西藏沒有其他流通的公定銀幣或銅幣，也沒有比一章卡更大或更小面額的通貨。不過在羌塘高原（阿里）西藏和英屬印度政府勢力所不能及的地方，當地的國王或酋長自行發行了一種類似卻卡的橢圓形貨幣，但這種貨幣在西藏政府管轄的地區不能流通，買賣的時候使用起來也很不方便。

時序已經到了十一月下旬，過去在大吉嶺認識的那位帕喇（攝政）家的公子因爲財務上非常困窘而派了一個下人來找我借錢。他要借的金額不是小數目，我知道他不可能還我，就拿出了他所要求的半數的錢，附了封信一起讓下人帶回去，結果聽說他大怒，說：「我不是讓下人去向你乞討！又不是向你要錢你卻拿錢給我，眞是太侮辱人了！這種東西我不要！」就讓人又把錢退回來了。我想既然他不要錢，其他我也沒有什麼可以給他的，就不再管這件事，沒想到他又找人送信過來，說他那些話不是眞心的，還是希望我把錢借給他。搞了半天他只是裝裝樣子，其實想錢想得要命，沒辦法我還是借給了他。不久之後他差遣來的這個下人也知道我日本人的身分，於是硬向我借了一筆錢，不過因爲我對他的主人在大吉嶺的所作所爲一清二楚，所以他們還不至於將我的祕密洩漏出去。

由於我平日一應生活所需都不必花錢，到了十二月又有比較多的進帳，於是整個月都忙於購買佛經。普通的佛經在書店就買得到，但是比較有用的參考書或者一些內容比較艱深的經文在書店不可能買得到，如果想買齊的話，唯一的辦法就是到各寺院去，因爲每座寺院都有密藏的刻版，比方說出文法學者的寺院就會有文法書的刻版，著名修辭學學者所在的寺院，他所有著述的刻版就會保存在那座寺院；關於歷史或法論的著作也是一樣的情況。想擁有特殊經書或論著，就得找印刷工人去各個寺院把它印出來。

首先需要準備紙張。西藏的紙不是以木漿做成，其原料是草根，那種草有毒，白色的根部也有毒，但富含纖維。用這種草根製成的紙質地非常堅韌，但未經過漂白，顏色較深，像日本的廁紙。買好紙之後，就把紙和哈達絲巾（向寺院執事喇嘛致敬用）以及刻版費一起交給印刷工人。

租用刻版的費用各寺院標準不同，大抵每一百頁要一章卡（二十四錢），多的要兩章卡。派去的印刷工人少則三名，多則六名，但印刷的時候基本上是兩個人一組，一個印刷，一個整理。他們工作起來當然不像日本人那樣動作快，總是邊喝茶邊做事，非常好整以暇，因此進度非常緩慢，費用也就越多。他們每個人的工錢至少要五十錢。不過再怎麼說，租借刻版印刷比購買裝訂好的圖書便宜多了，但相對的紙質比較粗劣，有些刻版也不是很理想。如果能夠直接買到是最方便不過了，但是書店賣的都只是一般的祈禱經文以及學問僧所用的教義問答教科書，其他頂多是一些傳記類或雜記類的著作，很少學術性較高的出版品。我想這是因為現在西藏的學問僧都只在教科書上下工夫，一心一意攻讀格西（博士）學位，並不熱中於查閱各種參考書以從事較為深入的研究。

書店並不開在自家店面，而是在大昭寺前石板廣場上，十名左右的書商在地上鋪著大塊帆布，書就擺在上面，但不像日本那樣平擺著讓顧客看，而是疊成一堆堆。拉薩城裡除此之外沒有賣書的地方；日喀則只有在市場裡，兩、三個人擺了書攤，其他還有沒有書店並不清楚。我所去過的城市只有這兩個地方有書店。

請了印刷工人，寺院方面也不一定允許出借刻版，這時必須自己出馬請人寫介紹信，然後拿到寺院情商出借刻版，才得以取得想要的書籍，說起來眞不容易。

就這樣我蒐羅了非常多的書籍，然後全部保管在我色拉寺僧寮裡，附近的僧侶看到了都覺得很奇怪，說：「買這麼多不見得會讀的書做什麼呢？這個人從那麼遠的地方來，根本帶不回去。即使格西的藏書也沒有他的三分之一吶。」我聽到他們這樣說，之後再有購書，我都拿回大臣府邸我的房間裡放著。

到了十二月底，也就是大年除夕，當晚我做了些特別的安排。首先我請小沙彌幫我到拉薩城裡的大昭寺釋迦堂點燈：提了酥油進城，恭敬地注入拉薩的釋迦牟尼如來前面排列著的黃金燈台；並不是把酥油倒進黃金的燈台可以增加供養的功德，而是在釋迦牟尼如來前面點燈，一定要點在黃金的燈台。對釋迦牟尼如來點燈供養的時候，必須繳納兩章卡做爲燈台的租金。沙彌點燈的時候，我則在僧寮中掛起釋迦牟尼佛的唐卡（畫軸），前面擺設供奉釋迦牟尼如來舍利的舍利塔，以及三座銀製大燈台，燈台裡注滿酥油；旁邊還備置了許多供養物。我在佛前念誦如來法號、恭敬禮拜，一直到十二點左右，然後開始誦《法華經》。凌晨四點的時候，我依往例向故國的天皇、皇后陛下及皇太子殿下遙拜，行祝聖儀式，祈禱國泰民安。

我繼續念誦未完的《法華經》，窗外元旦的旭日從東邊的山巒間冉冉上升。雪地上映著朝暉，寧靜而美麗，加上色拉寺寬廣的院落裡有幾隻鶴鳥漫步其間，偶爾傳來鳴叫聲，此情此景，令人百感交集，也特別想和萬里外的國人分享。

【第六部】

拉薩府見聞（二）

100・宗喀巴入滅紀念祀典

從一月四日也就是藏曆十一月二十五日起就是桑追（燃燈）節。十一月二十五日是格魯派肇建者宗喀巴示寂的日子，這一天藏人在他們的房子上點燃了成百成千盞的油燈禮拜供養，因此不管是拉薩城裡或是色拉、甘丹等大寺院，乃至其間各個村落的屋頂上，成千上萬盞的油燈彼此輝映，其絢麗不可言喻。這一天大家都準備了許多好吃的東西，白天裡盡情嬉戲、跳舞、唱歌，到處洋溢著明朗愉快的氣息。

不過也有一件教人困擾的事情，那就是桑追節期間拉薩人大多出門向長輩或比自己地位高的人討錢；十一月十日開始就可以乞討。在這節日向人要錢顯得理所當然，大家就都跑到有錢人家去伸手。因爲我認識的人也不少，這個一章卡、那個兩章卡，最後被要走了不小的一筆錢。認識的人一年年增加，散發出去的錢也逐年增長。

桑追節從藏曆十一月二十五日深夜十二點算起，「桑追」的意思是「普賢菩薩祈願會」，從二十五日深夜開始連續十四天，每晚自十二點誦經以迄早上，所有人都可參加。我也懷著虔敬的心情前往參拜，由於是夜間，僧侶、民眾比平時少些，大殿中一片肅穆，誦經聲無比優美，其音調抑揚有致，足以教聽者浮躁的心徹底沉靜。如此情景，彷彿極樂世界的諸佛菩薩來集念誦經典。

這時大殿中處處飾以綺羅錦繡，有的柱子包覆著中國的五色綢，一些較大的柱子則披有紅底繡藍、白纏枝花草文樣的毛織掛毯；平日並未披披戴戴的牆壁及柱子都掛滿了西藏最精美的唐卡。除了各式各樣的裝飾外，本堂中還點著數千盞酥油燈；酥油點的燈比起菜子油燈可以說又白又亮，類似煤氣燈。

在這樣的氣氛中誦經，令人充滿幸福莊嚴之感；而想到所念誦經文的深意，更加教人不禁流下感激的淚水。我想再凶惡的人來到普賢菩薩的祁願法會現場也會變得溫馴吧，因爲其中有許多不可思議的力量。天亮後僧侶一一步出大殿，信眾紛紛布施供養，有的是一章卡，或許半章卡。不過一些沒有規矩的僧侶拿了之後，還會繞到殿裡再出來，以便重新拿一份；如果來得及，他們會再拿好幾份。爲了防止有些僧侶這麼做，於是安排有鐵棒喇嘛在一旁監督，令人訝異的是，鐵棒喇嘛竟然掩護一些沙彌盡可能去多拿些供養金，然後交給他們；如果沙彌不從，還會被鐵棒喇嘛毆打。與其被打，不如乖乖聽話，即使被發覺而受到懲罰也不在意；反正最多就是被打，並不會遭逐出寺院。這段期間寺院對犯法的僧人較爲寬大，要是在平日，僧侶到人家家裡竊取財物被發現，一定逐出寺院。我所掛單的寺院對飲酒管制甚嚴，僧侶喝酒被逮到馬上開除僧籍。

幹這些勾當的多半是雜役僧。雜役僧中，有的剃光頭，有的則留著長長的鬢毛，長到有如山羊鬍子。要是被較爲嚴厲的僧官看見，鬢毛就會被硬生生拔掉；一下拔掉很多毛髮，血流滿面，旁人看起來挺恐怖的，不過當事人卻不當一回事。不只如此，他們反而以這樣的形貌表示自己的勇敢。

但盡可能還是不要被發現比較好，所以當他們前往大殿的時候，就把鬢毛往耳後一攏，甚至把鍋灰和上奶油抹在臉上，讓人不容易看出他的長鬢毛。第一次瞧見這種德行，覺得好像見到鬼，後來看多了也就習慣了。爲什麼他們會設法留那麼一撮鬢毛，原來這種造型在雜役僧當中被認爲是有形有款有氣質的表現，會受到同儕的肯定。

令人覺得厭惡的除了在法會中做些不老實的事情外，比較貧窮的雜役僧也會拚命吃肉；另外也有許多人戀慕著年輕沙彌，有的雜役僧在深夜十二點當沙彌從大殿出來時，就乘其不備把中意的沙彌押走，一邊強掩著沙彌的嘴不讓他們叫出聲來，一邊把他們拖到暗處玷污。這種事已經被大家默默認可，因此並不會受到懲罰，反正自己多半做過，知道了也不至於聲張；即使有僧官想出面處理這種事，到最後也是不了了之。不少沙彌因爲好奇而乖乖跟著雜役僧走，或是看在有好吃、好玩的東西可得，甚至有錢可拿，而成爲雜役僧的禁臠。

也有很少數的沙彌因爲看到多金而美貌的僧侶心生豔羨，於是把自己打扮得花枝招展去引誘對方，以便得到袈裟等物品的供應。說出來眞的有些猥褻，卻是實有其事……導致許多人爲了爭風吃醋而決鬥，教人看了啼笑皆非。

這種干犯大罪而恬不知恥的破戒僧，不小心殺死了小蟲、虱子反而非常恐慌，對寺裡一些雞皮蒜毛的規矩也當作什麼了不得的大事一樣來遵守，總之只知道拘泥於微不足道的小事，衣服要怎麼穿才合乎法度啦，話要怎麼說才正確啦等等，認爲這樣才能增長道德。到寺院或佛塔參詣時，如果不右繞（順時鐘）而左繞的話，也會被當作犯了大逆不道之罪；那些殺人不當一回事的惡男，遇到這種右繞、左繞的事卻一點不敢踰越。即使一尊佛像只剩下瓦礫般的破片，也一定要右繞禮拜；這當然不是壞事，可盡注意這些表面規矩，夜半卻和沙彌做著苟且的勾當，即使破戒也在所不惜，我眞不知道他們在想什麼。蒙昧無知嗎，或根本就是混蛋呢？所謂眾生的顚倒，所謂捨本逐末，大概就是這樣吧。

這裡我想提一個有趣的人。西藏也有一位類似日本一休和尚❶的修行者，名叫祖古尼庸（Duk Nyon），意思是生於祖古巴的瘋子，其實他並不瘋，而且是一位非常尊貴的喇嘛，他了悟世間的迷妄執著，因此也和一休一樣到處行腳雲遊，留下了很多有趣的事蹟；讀他的傳記如同在讀一休的故事。雖然西藏和日本各有不同的民情風俗，因此兩人行誼不完全相似，不過以幽默風趣的方式引導眾人趨近眞理則是相通的。

祖古尼庸有一次和格魯派的喇嘛一起旅行，在路上看到一粒小石頭，他就誇張地繞了好大一個彎後才繼續前進；接著他又看到一粒很大的石頭，這更加應該繞路了，結果沒有，他直接從大石頭上面跳了過去。那位同行的格魯巴想不通，於是問他：「你怎麼做這種無聊的事呢？遇到大石頭不繞一下不是很危險嗎？小石子不是很容易一跳就過去了嗎？你爲什麼反其道而行呢？」

祖古尼庸笑答：「你們這一派的喇嘛所做的事和我又有什麼兩樣？如果我這樣做是反其道而行，那你們也全是反其道而行了。」

「怎麼說？」

「你想想看，你們連殺死一隻虱子的小罪也唯恐干犯，卻又耽溺於男色，而且還畜養動物來宰殺，如此重罪你們不是連想都不想就大步跨越過去了嗎？我不過是模仿你們罷了。」

同行的喇嘛聽了慚愧不已。桑追節非常肅穆而莊嚴，但那是對有心的修行者而言的，對作惡的人來說，桑追節提供他們的卻是犯罪的機會與場所。

【注釋】

❶一休和尚：指一休宗純（1394-1481），傳爲後小松天皇子胤，五歲於京都安國寺入僧籍，十七歲起先後隨隱修者謙翁清叟、華叟宗曇學禪，二十七歲開悟；後放浪泉界地方，於酒肆淫坊修行說法，人稱狂僧。中年之後鍾情詩歌、書法、茶道，晚年與盲歌者森女相戀，並重建大德寺。

101・噶廈

接著我想談談法王政府噶廈（bKa' gshags，內閣）的組織。噶廈非常錯綜複雜，難以盡述，尤其我又沒有特別做過研究；即使我想專門研究，對每一個部門的組織架構都追根究底，那麼親密知己如財政大臣也一定對我起疑。所以我盡量不主動探詢，而是在與大臣交談的適當時機，技巧地順水推舟觸及一點而已。

噶廈由俗人和僧人聯合組成，雙方人數相當：敕任官僧侶和俗人各一六五名。僧侶身分的敕任官叫做孜仲（Tse Dung），俗人敕任官叫做敦廓爾（Dung Khor）。孜仲的總管是四個仲議（Tung yk chemmo），四個人裡又以最資深者爲長；敦廓爾的統領則是四位廈貝（宰相）❶，一樣是以最早就任廈貝者爲首席宰相，其餘三人算是顧問。

內閣由四位宰相、三位財政大臣、兩位陸軍大臣、一位宮內大臣、一位宗教事務大臣、一位司法大臣和一位僧侶秘書長組成。僧侶敕任官的出身都是既定的，絕對沒有平民，大多來自噶爾巴（貴族），少數也有阿巴（眞言族）或苯缽（古教族）出身者。至於其制度則很難用郡縣制度或封建制度來概括。

從貴族與平民的關係看來，可以說是封建制度。貴族的祖先都是有功於國家的人，因而獲得土地的分封。貴族在自己的封地上有如國王，而老百姓就是王國的子民，貴族對平民操有生殺予奪之權，而且可以徵收人頭稅，再窮苦的人一年也要繳交一章卡，地主或富人則繳納十章卡甚至一百章卡。平民不只要繳交人頭稅，由於他們的土地都是向貴族租來的，因此還要繳納地租。人頭稅是負擔很重的稅目，不繳的話不但被打，財產也要被沒收；每到歲暮，家家都要爲人頭稅而愁眉不展，有許多人就因爲沒法繳交人頭稅而出家，因爲僧侶不用納稅。出家既然是爲了避稅，所以對學問、佛法的追求也就不是那麼在意。

有時我的老師甘丹赤巴會感嘆說：「你看現在我們這裡出家人這麼多，照說應該爲佛法的昌盛而高興才對，不過一大堆的石頭瓦礫，還不如兩、三粒璀燦的鑽石。哎，真是教人擔心吶。」他就是看到很多人出家只是爲了逃避人頭稅所以有感而發。

從另一方面看來，納稅制度對藏人而言真的非常殘酷不仁，只會讓貧者越貧而已。窮苦大眾的苦況比那些一窮二白的學問僧有過之無不及，因爲窮困的學問僧不管吃不吃得飽，每個月至少還有一筆微薄的俸祿可拿，偶爾還可以得到一些信眾布施的物品，而且單身一人好歹日子總過得下去；一般在家人都討了老婆，若是生了小孩那負擔更重，養小孩不管怎麼儉省還是要花錢。

需要用錢時怎麼辦，唯一的途徑就是向地主借貸，而且他們多半沒有能力償還。既然無力償還，爲什麼地主（貴族）還要借他們呢？因爲這樣一來佃農的小孩長大後就成爲他們的奴隸，所以他們還是樂意借錢出去。儘管如此能借的也不多，而爲了一筆小小的欠債，佃農的小孩可能要爲地主做牛作做馬十幾二十年。可以說，窮人家的小孩一生下來就成了奴隸，眞的非常可憐。

貴族和平民的這種關係，似乎就是封建制度底下諸侯和他的子民的關係，可是從其他角度觀來，也有郡縣制度的成分。因爲貴族大多定居拉薩而很少前往轄下封地，即使在封地有自己的莊園，也只是讓人照看著，自己還是住在拉薩。另外也有受到政府的任命而前往治理某一行政區的，所以有的地方平民百姓由貴族管轄，有的地方則直接隸屬拉薩政府治下；或者雖然由貴族管轄，但拉薩政府卻有權徵收部分稅金。這時老百姓就要受到二重剝削，除了人頭稅還有各種苛捐雜稅。由法王敕任的僧、俗兩方官員兩名或三名，手握司法行政大權，每年前往地方徵稅，繳交國庫。人民有的是以貨幣繳稅，也有的拿物品抵繳；產金地區很多人拿黃金繳稅。輸入品的貨物稅不用說是繳交給中央政府。

中央政府拿這些徵稅所得的物品或貨幣充做什麼用途呢？大部分是用於照顧僧侶，也就是居住在拉薩府的兩萬四、五千名僧侶和散居各地的僧侶。但這並不是說各寺院的用度完全由政府來負擔，而是依照一定比例，需要的時候也許由政府出一半，或者依照寺院財產多寡來決定補助金額大小。其次是用在營修寺院以及佛菩薩供養上，這部分的費用相當可觀。還有就是要給付中央政府任命的官吏薪水，但通常只是象徵性的，比方宰相的年俸只有六百石小麥，財政大臣是三百六十石，而且不一定拿得到，所以很多官員放棄了這部分的收入。

我寄寓地方的那位現任財政大臣已經就任十年了，卻從來沒有拿過一石半升小麥，我問他說：「爲什麼不拿，難道當官是義務的，或是另有收入來源呢？」他說：「我們家族的封地每年的貢物已經夠多了，不需要再向法王索取什麼。」我又問他難道每一個人都像他一樣，他說：「也不盡然，有的人還是該拿多少就拿多少，只是家裡景況好的人多半不拿就是。」其實我也知道，有的人表面上一介不取，暗地裡拿的賄賂才多呢，不過這位財政大臣並不是個見錢眼開的人，他只會禮貌性接受一些些，不像其他宰相那樣包山包海。

談到僧、俗兩方敕任官吏的職務，這各一六五名的官員要做些什麼呢？他們通常接受政府派遣前往地方擔任行政首長，而且都是僧、俗各一人一起就任；還有遇到比較重大的法律事件，也會指派由僧俗官員各一名或各二名前去處理，他們獲得授權主持調查和審判工作。過去常聽說這些特派官員索賄，並以賄賂多少來決定罪狀輕重，不過當今法王是個英明的人，他非常瞭解這種弊端，因此只要得知有人索賄，馬上就籍沒他的財產、取消他的官爵俸祿，使得大家都非常顧忌，也就比較能夠做出公正的審判。

偶有特別重大的案件，非得由法王親自處理不可，或者要對惡性重大的罪犯處刑的時候，都會拿到拉薩來進行，然後由法王直接下令執法。就這種事看來，法王的身分就很有意思。向人施以刑罰、處死一個人或流放罪犯，對一般掌權者而言是理所當然的，可是達賴喇嘛是個受具足戒❷的比丘，依照戒法，不管別人犯了什麼罪，他是不能下令殺人的；受小乘佛教兩百五十條戒法的人絕對不能這樣做，但法王又得下這個命令。這樣說來法王是個在家人嗎，那倒也不是，他不娶妻、不飲酒，所有小乘比丘所要遵守的戒律他都遵循無誤；色拉、哲蚌、甘丹諸寺的僧侶也全受了法王的具足戒。有人很認眞地勸我去受法王的具足戒，我考慮到法王諸行並不具足所以拒絕了。一個國王犯了佛法的戒律固然還可以是國王，但從他受具足戒是不妥的。

我只從法王處獲傳密法，因爲密法與具足戒無關。由於從法王開始就有些僧俗不分，所以底下各級僧侶僧俗不分的情況也就見怪不怪了，有的在家眾裝作是僧侶，而出家人模仿在家眾的也比比皆是，就像前頭提到過的，僧侶也務農、經商、畜牧，根本與俗人無異，唯一的差別只是落了髮、著了法衣罷了。

職是之故，僧侶中自然會有像雜役僧那樣，每天接受軍事化訓練，卻還保有僧侶的名義。類似的紊亂狀況非常多，在我看來，今日的藏傳佛教與當年格魯派開山祖師宗喀巴所提倡的旨趣已經相去甚遠，令人感到不安。

【注釋】

❶廈貝照規定是三俗一僧。

❷具足戒：又稱小乘戒，爲教團内比丘、比丘尼必須遵守的戒律總稱，通常比丘爲二五〇戒、比丘尼爲三四八戒，出家後必須正式受此具足戒（巴利文upasampada，受戒）始能正式列入僧籍（巴利文upasampanna，得戒）。

102・婦女的風俗

這一章我想談談西藏女性中水準最高的拉薩婦女的風俗、容貌、教養、習慣、氣質及其欲望等。這是非常重要的事，因爲女性要生養未來的國民，所以不能不重視一個國家的女性所扮演的角色。一個獨立而堅強的好母親養育了領導美國走向獨立的喬治·華盛頓，由此可見一斑。因此在講述西藏的外交政策之前，必須先瞭解這個國家國民的普遍心態，而瞭解這一點之前，則要先談談這個國家女性的種種。

首先大略談一下其風俗。婦女的穿著與男性沒有太大差異，服飾的樣式也大致相同，只不過穿戴上比較講究優雅。衣帶寬約三、四公分，長約二·四公尺，算是細長的帶子，其繫法不是打花結，而是在帶子的末端縫一個大紐節，在腰上一圈圈繞緊後，把紐節塞入帶子裡拉緊。

編髮的方式與日喀則或其他部落的婦女不同，拉薩府及其附近的女性大多用中國製的假髮髮髻，由中央梳向兩邊。西藏婦人的頭髮多半不長，因此常常使用假髮；將左右兩方的垂髻像犛牛尾般束起來，然後向後方攏成四條髮辮，髮辮尾端以紅色或綠色絲巾裹纏，再以七顆珍珠鈕扣繫住；珍珠鈕扣的正中央會嵌上大珍珠或綠松石。

頭頂上會飾以昂貴的綠松石、珊瑚珠和珍珠，以帕都喀（頭飾環）將頭髮盤束起來，中央戴上穆切吉夏茉（珍珠帽）；耳朵上戴著耶過珥（鑲嵌著綠松石的純金耳環），胸前掛著多夏爾（瓔珞）。其中多夏爾最是價值不菲，高級的多夏爾甚至有錢也不一定買得到。給塔（項鍊）也是由寶石、土耳其玉製成，正中（垂掛胸前者）是一具高價的塞爾吉．卡瓦（黃金佛龕）。右腕套著小法螺貝殼編成的手環，左腕戴銀雕手環；每個人都穿著以上等羊毛織成的圍裙。整體看來非常雍容華貴。不過除了貴婦人之外，戒指多半是用純銀打造的。此外她們腳登紅色和綠色厚羊毛布縫製成的漂亮靴子。雖然她們一身華麗裝扮，却也不時在臉上塗抹煤黑色的粉妝，看起來實在不怎麼雅觀。不過對已經習以爲常的藏人而言，一張臉在黑色底下透著紅潤是非常高雅而動人的。

這是藏族婦人在打扮上的大致情形，她們雖然膚色黑了些，但容貌與日本婦人差不多，而且有許多長得非常漂亮。不過她們的體格比日本女性來得高大而強壯，很少看到像日本那樣嬌小的婦女；高大強壯的體格穿上寬大的衣裙，看起來格外碩大。貴族人家的女性，論其皮膚的潔白、容姿的美麗，比起日本婦人不遑多讓。特別是康區出美女，可惜她們的言行不夠嬌柔，並不會教人感到憐愛；還有她們講起話來嘰嘰聒聒又粗俗，一點也沒有女人味，即使心地都很純良，還是不會很吸引人。在這一點上，拉薩的婦女比較起來就嬌柔溫順多了，因此非常惹人憐愛；雖然在美德方面還是有所欠缺，但外貌就夠讓拉薩的好色男子，不，連普通男子也一樣，暈頭轉向了。

不過在教養方面就差多了，比方邊走邊吃東西的模樣就實在令人不敢恭維。中、下等的婦女總是帶著小生意人的本性，爲了一些瑣碎小事斤斤計較，實在太小心眼。即便是貴族人家的婦女也差不多，很少看到幾個人擁有做爲一個貴族之妻所應具備的教養；有當然還是有的，不過她們一般出身並不算高。即使出身不高，但長期浸淫貴婦人生活圈中，照說教養和氣質多少會往上提升，可惜西藏貴族社會多的是沒什麼教養的婦人，彼此薰染時間再久也改善不了多少。其實她們對人都很好，就是沒有特別值得稱道之處，這是她們的缺點。我想這或許是以一女事好幾個丈夫有以致之。

婦女普遍最不好的習慣就是喝酒，以及不注重衛生。她們日常工作的勤奮程度遠不及日本婦女，不過和別國比起來還算勤快，尤其是拉薩中、下等社會的婦女；這些婦女充滿買賣的本能，不管遇到什麼事都精於算計，包括選擇自己的老公。拉薩的婦女雖然也會洗臉、洗手，但皮膚還是黑得發亮，大概會洗的就是外人看得到的部位。不過在上等社會就不能一概而論了，因爲上等社會的婦人家沒什麼事做，整天忙的無非洗髮、照鏡、化妝；如果說她們還有什麼事情做的話，那就是整天在丈夫身旁幫腔出主意，即使是上等社會，也很少看到沉默是金的婦女，她們對任何事都有意見。做丈夫的不僅對老婆說的話唯唯諾諾，而且許多人凡事還會詢問太太的意見。

西藏婦女完全不做女紅，連縫縫補補的小事也要麻煩裁縫師幫忙；裁縫師都是男性，沒有女性。當然西藏婦人會紡紗織布，不過紡紗並沒有紡車可用，而是以細竹棒尖端加上圓形紡軸，先將羊毛捲在紡軸上，然後再用手一條條捻成紡線；這樣子捻出來的紡線都是粗線。技術好的人則可以徒手紡出沒有毛球的細線。

103・婦人與嬰兒

鄉下地方的婦女除了耕作以外也要畜牧。她們最重要的任務就是將牛、羊乳加熱製成奶油和其他副產品。製作奶油的方法如下：先將牛、羊奶在鍋子裡加熱後適度冷卻，上面即會漂浮一層奶油；把奶油取出，鍋子裡倒進雪（酸奶），蓋上鍋蓋（保溫）放置一天，酸奶即凝固成豆腐的樣子；把酸奶注入長桶子，加點溫水，然後拿一根上頭加了圓蓋的棒子，在桶子裡上下充分攪動，裡面的奶油和塔拉（奶酪）漸漸分離；接著又倒進一些溫水，繼續翻攪兩個鐘頭，讓奶油、奶酪完全分解開來，再將奶油（酥油）舀出來放著。

將剩下的奶酪充分加熱後，酸水和純奶酪也分離了。純奶酪看起來很像碎豆腐，藏語稱爲曷拉，比豆腐滓更柔更細，非常好吃。從塔拉濾出的酸水也不會隨便拋棄，飲用可以止渴，帶有微酸，味道很不錯。曷拉可以直接生吃，但因爲太多了，所以陰乾後就貯存起來，就是乾乳酪。

婦人除了製作這些乳製品，還要趕羊、放牛，所做的事情不比男性少。因此從工作的分擔而言，男女並沒有分別；就家族關係來看，家庭的主宰是婦人。接受人家的雇傭時，男女工資相同，並不會因爲是女性就少拿，當然工作內容也完全一樣；實在是藏族婦女身體強壯、吃苦耐勞的緣故。儘管如此，平日她們的性格看起來還是很溫和、甜美，似乎永遠不會與人結怨，也很少發怒的樣子；不過偶爾動起氣來可是驚天動地，很難善罷甘休，即使老公叩頭道歉都沒用。

這樣說來她們的任性挺嚇人，有如魔女或夜叉，所以或許藏族女性就是貓也說不定，平時溫柔而優雅，捕起老鼠卻像隻猛虎，做丈夫的只能退避三舍。她們的我行我素到了極點，除了給老公臉色看以外，還會在外頭交男朋友，耽溺於肉體的歡愉。

一些比較窮困的家庭，婦人家會故意去另外找個男人，若是被發覺了還神色自若地對丈夫說：「還不是因爲你養不起我，我才到外面找賺頭啊。」實在非常過分。她們的錙銖必較、只關心身邊瑣事的傾向也很明顯，完全不考慮長遠的未來，也從不想想村子裡的事，更不要說國家大事。對婦人家要求這麼多也許沒什麼道理，不過她們要是能夠偶爾替他人著想的話就太好了。

然而她們總是對別人漠不關心，甚至自己的丈夫在外面吃了虧，只要吃虧的不是自己她們就不會很在乎；說起來她們就是精於算計，而這種精明常常反過來害了她們自己，因爲爲了己身利益不惜讓丈夫吃虧，到頭來吃虧的還不是自己？然而她們哪想得到那麼多，永遠只汲汲營營於眼前的蠅頭小利。所以藏族婦女的私房錢可是有名的，從做妻子的到做老闆娘的，沒有一個沒有私房錢，即使是一個家徒四壁的婦人也擁有私房錢。所以不管什麼時候老公說要離婚，她們都可以有恃無恐地說：「那就再見啦。」

難道說她們只有缺點而沒有一些好處嗎？那也不盡然，對自己喜歡的人她們可是非常周到，比任何文明的婦女都來得心細，不管什麼都照料得好好的。她們非常善解人意，常常對方還沒開口，她們就把對方所想所要的準備好了。這個部分的性格眞的教人無話可說，只不過反面的性格很教人頭疼就是。總之她們集矛盾、極端於一身，足以令人瞠目結舌。

就她們的欲望而言，一如前述，只注意到眼前的蠅頭小利而無暇顧及其他，而她們也不是獨力取得所要的利益，永遠都不忘攀附他人，即使自己一個人經商、衣食無虞，還是會設法依附別人以取得更多好處。她們嫁爲人婦後，如果不幸死了丈夫而得到一份丈夫的遺產，在西藏很少看到婦人就此守寡，安分守己地養兒育女；除了太老或太醜之外，沒有人會守寡，只要有點姿色，一定會再找個丈夫。藏族婦女到了四十、五十歲都還可以嫁人，她們畢竟缺乏獨立自主的想法，總把自己的幸福托付在他人身上，永遠不會滿足；雖說這是人性的本然，而且對生涯也不能不有所打算……然而一點不知守節，也不考慮自己的身分，丈夫死去未滿四十九天就急著再嫁，也實在令人不知道要說什麼好。在西藏即使受到良好教養的婦人，也很少聽說願意從一而終守寡一輩子的。

接下來談談婦女生產後的習俗。藏人如果產子，就會舉辦慶祝儀式，若是生女，多半不會有什麼慶祝活動。儀式因地方不同而有所差別，不過通常是在男嬰產下後第三天舉行命名儀式。最教人感到驚異不置的是，嬰兒出了娘胎是既不洗也不擦，只會將身上沾的一些髒污拿掉而已；當然他們也沒有專門接生的人（產婆）。嬰兒出生後，每天會用酥油塗抹全身兩次，尤其頭部塗得特別多，稱之爲「酥油浴」也不爲過。

第三天的命名儀式上，首先舉行灌頂式，把鬱金香放到高僧以密法加持過的淨水中，再將此純淨呈黃色的水淋在嬰兒頭上，同時念誦諸佛菩薩名號，並在佛前禮拜，然後由主持儀式的僧侶爲嬰兒命名。命名的法則很不一樣，多半依出生的日子命名，例如禮拜日（日曜日）出生的小孩不拘男女都取名爲「尼瑪」（意爲「太陽」），禮拜一（月曜日）生的叫「達娃」（月亮），禮拜六（土曜日）生的名爲「平巴」、禮拜五（金曜日）生的叫「帕桑」，以七曜（日、月、火、水、木、金、土）來命名。

這樣一來同名的人會很多，容易混淆，於是再在前後多加一個名字以資區別，比方說尼瑪．且林是「日曜長壽」，達娃．朋措是「月曜圓滿」。名字有時由主持儀式的喇嘛來取，有時由降神的巫師命名，當然由父母依自己喜愛而決定的也有，直接以動物爲名的也有，林林統統，但整體看來，像日本出家人一樣取個抽象名字的最多。如果小孩長大進入寺院成爲僧侶，另外有叫做「吹銘」的法號命名儀式。

命名式當天，親戚、朋友會前來送禮，或是酒、肉，或是衣服、銀子，而主人則招待他們喝茶、喝酒、吃飯、吃肉；不過這種祝賀和饗宴的儀節僅限於都會及其周邊地區，其他偏遠地區除非是有錢人家否則是沒有的。命名式之後，就由僧侶向地方及家族的守護神祭告，謂「今賜名爲某某的小孩在這個家裡誕生了，此後希望能在各位尊神的庇佑下平安成長」，然後誦經供養。誦經供養儀式可以由新派〔格魯巴〕僧侶主持，也可以是古派〔寧瑪巴〕或苯教僧侶，沒有一定。如果是巫師自己家裡的小孩，則不必經由僧侶，而是由巫師本人來主持命名儀式。

104・兒女與病人

男孩子到了八、九歲大的時候，就送到老師那邊就學，多半住在老師家裡；如果距離不很遠，也可以通學。開始上學的日期會先行通知親朋好友，於是這些人當天會送哈達絲巾給這個孩子，一一披掛在孩子的身上，祝願學業有成。孩子的父母除了會在就學日宴請這些親友外，孩子學成後也會再度舉辦慶祝的宴席；若是哪一天孩子當官了，更是大宴親朋，客人送來可觀的賀儀，主人則獻上最豐盛的美食。

女孩八、九歲時，則會選擇一個吉日良辰舉辦弱冠禮，在頭上戴起髮飾，同樣也有哈達和酒宴。說是髮飾，也不是大人所戴的那種，只是很單純像康區婦女那樣將頭髮往後梳，然後把四股頭髮編成一條辮子垂在背後，辮子上插著由美麗的珊瑚珠、綠松石鑲成的髮飾，非常可愛。

這些小孩子在拉薩的空地上都玩些什麼遊戲呢？他們也是和各地的小孩一樣天眞無邪，冬天最喜歡打雪仗，夏天則愛玩摔跤，比賽丟擲石頭的遠近或準頭。比較壞的小孩則有樣學樣地模仿大人賭博，以土塊丟擲對方的土塊，或是在地上畫格子，格子裡放錢，如果能把錢打出格子外就算贏。他們也玩跳繩，有時自己跳，有時由兩個小孩各執長繩一端讓十個人一起跳，小孩必須算好節拍跳過繩子，如果絆到了繩子，就要去當甩繩子的人；跳繩不限男孩子玩，女孩也玩。

另外他們也玩阿杰哈模（Aje-lhamo），模仿舞台上的歌舞戲劇表演；偶爾也看到他們踢毽子。藏人喜歡騎馬，貴族家庭的小孩常年以騎馬比賽為樂，窮人家小孩玩不起，只能挑個像馬背的岩石，坐在上面模擬騎馬奔馳過乾癮。

女孩的遊戲比較文靜優雅，她們玩扮家家酒，唱阿杰哈模的歌謠，或是拿拉瑪瑪尼，也就是畫了佛、菩薩、古代高僧、國王故事的圖片，以歌唱般的語調，或悲傷、或幽默、或活潑，將畫中的故事說出來：一個女孩先起個頭，其他女孩聽了跟著接下去唱，有如西藏式誦經的腔調，非常動聽，也非常可愛。

西藏很流行拉瑪瑪尼，但冬季在拉薩就很少會看到，因為到了冬天大家都到地方上賺錢去了。五月左右正是地方上農耕或畜牧最忙碌的時節，雖然有拉瑪瑪尼，在地方上卻賺不了錢，於是都在農忙後集中到拉薩去。拉瑪瑪尼來的時候，正當拉薩原野上小小紅蜻蜓紛飛的時節；只要紅蜻蜓開始在青草之間翱翔，拉瑪瑪尼就來了，於是這些紅蜻蜓也被叫做拉瑪瑪尼。小孩很喜歡捉拉瑪瑪尼玩，大家在野地上奔跑，有時還會跳到水裡弄得全身濕透，於是就脫光了衣服照樣玩。這大概是小孩最歡樂的時光了。

我也想談談西藏婦女讓人感動的地方。藏人要是生病了，他們的習慣是不管病情輕重都不許在白天平躺在床上，而是在床頭墊個東西靠坐著，這時旁邊一定有個婦人負責照看，而且不會隨便走開；通常是白天夜晚交替輪班。貴族人家是由兩、三個人輪替絕不中斷，而看護者總是盡量保持安靜不打擾到病人，更不會說些刺激病人的話。

而且病人如果有什麼需要，心裡才那麼一動，不待說出口，她們馬上就知道，如果病人想方便她們早已將便器準備好，若是病人口渴她們早已將水碗捧到病人面前；病人的便後穢物她們也一定毫不遲疑地幫忙清理，一點沒有厭惡的樣子。藏人的病房和日本不一樣，一進去就會聞到一股異味，不隨身帶個麝香簡直受不了，可是她們卻可以長時間在裡面待著而沒有怨言。

藏人相信病人如果在白天躺著睡覺，體溫一定會升高，本來治得好的病也會變成藥石罔效，因此在一旁看護的婦人最重要的任務之一就是防止病人大白天躺下去睡。除了看護的婦人外，有時還會另外再找一個監視者，專門注意病人睡著了沒，病人一有睡意，他們就把病人喚醒；他們的前面還會放一碗冰冷的水，水裡有一只樹枝做的刷子，一旦病人昏睡，他們就把刷子沾了冰水灑在病人臉上，這樣一來病人自然會警醒。由於病人知道別人這樣做是一片好意，非但不生氣，還會感激對方的用心。

如果這樣做病人還是昏昏欲睡，監視人就會走到病人後方，以雙手在病人背上施壓，讓病人因爲壓迫感而睜開眼睛；有時則只是大聲叫喚。在外人看來這簡直是在虐待病人，可是藏人絕不是故意整病人，而是希望病人早日痊癒。這種觀念深植藏人心中，醫生去看病人的時候，就問病人白天有沒有睡覺，如果聽說病人睡了，就會叫看護人多加留意，不要讓病人睡著；醫生也會向患者說：「如果你想死的話就睡吧，要是還不想死那麼大白天就不要睡覺！」這是每個醫生都會告訴病人的第一個大禁忌。

有人來探病，先拿出慰問的禮物或禮金，然後鄭重告訴病人：「白天不要睡喔，一睡著我們以後就不能再見面說話了，請你謹記在心。」也會對看護的人交代：「我相信你們一定非常留意，不過時間一久難免會疲倦，所以還是請注意不要疏忽了；病人要睡也沒有辦法，但你們可得千萬當心。」對其他家人也會加以提醒。要是病人意外早死了，大家就會說：「這家人實在太糟了，多半是白天沒有好好留神而讓病人睡著才會這樣。」把病人的死亡歸罪於這件事。

藏人如此堅持這個觀念絕非沒有來由，因爲我自己也扮演郎中的角色，接觸的病人不算少，所以經過一番觀察研究後，終於瞭解了其中道理。西藏的某些病症，患者如果白天睡覺的話體溫會逐漸升高，使得病情惡化，甚至危及生命。不過藏人罹患的主要是感冒之類的毛病，還有就是水腫病；我們感冒的時候，白天實在不能不休息，由於睡的時候注意保暖，反而讓感冒好得更快。藏人不會區別其間差異，讓所有病人都遵守白天不睡覺的規定，並且成爲看護者首當留神的事情。

105．迷信與園遊

藏人認爲要讓病人早日痊癒，主要不是依賴醫藥，最有效的反而是祈禱，因爲他們相信人之所以會生病乃是受到惡魔、厲鬼或死靈加害有以致之，所以如果不通過密法、密咒袪除那些壞東西，即使有耆婆、扁鵲的神藥也沒有用。一般人並不知道病人是被什麼樣的惡鬼所祟，所以一定會先去請教喇嘛，或寫封信去問，或派個僕役去探詢，有時也會親自前往。

喇嘛知道了就去翻閱相關的書籍，並指出致病原因，說這是羅剎鬼所害，或是鳩槃陀鬼或夜叉鬼所害，也可能是死靈、惡魔或地方的惡神的傑作云云，接著指示，對治的方法就是要去請哪裡的某某喇嘛爲病人念誦某某經文。有時會寫上那位喇嘛的名字，有時則否；如果是大家都知道的方法就不必特別指定哪一位喇嘛，要是難度較高，才會特別指定是誰誰誰。

喇嘛還會詳細說明：先修三天或四天的密法，然後再去找哪裡的哪一位醫生來看病；或者一邊修法一邊就把醫生找來。甚至說這個病人其實並不需要吃藥，現在吃的藥都不要再服用了，只要祈禱病就會好。那些會親口答覆種種問題的，通常都不是什麼高等喇嘛，而是中等以下的喇嘛；中等以上的喇嘛一定會叫自己的侍者來寫對治的方法，然後再由喇嘛自己蓋上印章，交給前來請示的人。

本來應該當天就趕快找個醫生來診治病人，卻因爲喇嘛的處方書上寫著五天後再去請某某醫生看病，所以病人家屬就專心一意誦經祈禱，不去找醫生給病人投藥；即使病人因未得到及時診治而死去，家屬對喇嘛或巫師也不會心生不滿或怨懟，反而會安慰說：「果然是了不起的喇嘛，他知道病人今天必死無疑，根本不需要麻煩醫生，所以故意寫五天以後才去找醫生，眞是太體貼了。」

如果有人頭腦比較清醒，指責道：「那個喇嘛簡直草菅人命！病人要是能及早吃藥就沒事了，卻因爲喇嘛寫的騙人的處方書，結果反而害死病人。」別人聽到了，反而會生氣地罵這個人說：「這樣說是外道，是大罪人！說喇嘛的壞話實在太大逆不道了。」很多人就是因爲怕被人指責，明明知道不對也噤聲不語。

不過很多名爲醫生的人其實一點也沒有醫學知識，他們所學的無非古代印度「五明」中的醫方明❶，在今日已經不夠用了；儘管醫學知識不夠完整，如果稍稍有些心得，對病人好歹有些助益，可惜他們知道的大多只是口耳相傳的一些粗淺常識，並不瞭解所謂醫學。

西藏醫生所開的藥方很少沒有添加楂茶（tsa-tuk）的。楂茶是一種植物根莖所含的毒素，吃進一定分量就會要人命，它類似興奮劑，稍微放多些會引起病人身體各部的痲痹，有時只放一些些，也會導致某些症狀的病人嚴重下痢。這種藥到底有效無效不知道，可以確定的是會造成生理上的變化，有了變化看起來就好像有效的樣子，於是醫生爲了證明他開的藥有效常常不分青紅皀白加進楂茶，就好像古來的漢醫都會在藥方中加入甘草以爲藥引。

與其服用這些郎中亂開的藥，眞的還不如虔誠祈禱來得有效；至少心會得到平靜。我認爲就今日西藏的醫療環境看來，所謂自然療法或信仰療法還比較實際些。

藏人舉辦強薩（酒宴）有許多種樣式，我覺得最有意思、藏人自己也最爲喜愛的一種，就是到林卡園遊時舉行的酒宴了❷。這也是藏人表現出最高尙飲酒文化的場合，其他大家聚集喝酒的場合則無非大聲喧譁甚至吵架，而園遊飲酒的時候，不管如何潦倒的破落戶、無賴漢也很少看到他們爭吵。那些雜役僧到林卡園遊雖然玩得很野，但絕不至於打架。

園遊的地點是哪些地方呢？只要離開拉薩市中心半公里左右，除了南面有拉薩河外，西、北、東三個方向都是山林。有的山林屬於貴族或巨富的別莊，被高牆緊密圍繞，無法隨便進出；有的山林雖然也有主人，卻容許別人自由進出遊玩。其中最理想的園林位於拉薩河畔，雖然樹木繁茂，却也有廣大的青翠毛毯般草坪，景致非常秀麗。

雖然園林的植物到了冬天一片荒枯寥落，可一到四、五月間開始冒出嫩芽後，特別是河岸上的一排排垂柳新綠，極爲優美動人；桃樹也很多，桃花盛開時節美得不得了。西藏冬天的山野光禿而枯槁，只能說是一片灰，唯一可觀的是雪地上無數鶴群踟躕起降。拉薩下了雪後頂多兩、三天就化了，很少積雪超過三十公分以上，所以美好的雪景不可多得；到了地方上則處處雪景，但拉薩是沒有的。

在漫長的冬季裡，不只景色荒涼，看多了這種荒涼的人心也變得了無生氣，而且沒有了歡樂。當野地開始長滿青草，翠綠的葉子漫山遍野時，每個人都忍不住要出去踏青，於是三五成群背著裝滿酒的皮囊或酒瓶出門去。

郊遊時所帶的美食包括小麥麵包、小麥粉炸的餅、乾酪、葡萄乾、杏脯、乾肉等，由家中僕人扛著這些食物，並攜帶野外煮茶器具，朝綠意盎然的園林走去。通常早上九點出門，在園林喝酒、唱歌玩到下午四點甚至六點始回。酒有內嗆（青稞酒）和貝嗆（米酒）兩種，但喝米酒的極少，大多喝青稞酒。青稞酒（麥酒）的作法非常簡單，並不像啤酒那樣。

首先將青稞煮熟，煮之前並不加以清洗；煮熟後攤開冷卻，冷卻的同時加入麥芽攪拌，之後裝入壺中，三天後變爲酒麴。在酒麴中加水攪拌，然後將浮在上方的液體舀出，或者將酒糟濾掉，就是青稞酒。由於一升青稞可以釀出五升酒，其純度之低可以想像；特別好的青稞酒是一升青稞釀成兩升酒，不過一般商店買不到。

以三天時間釀造的新酒再濾過一次，並貯藏個六、七天，就成爲貴族喝的上等酒；一般不會放那麼久。要是放上一個月，就變成很醇的老酒，這種酒除非喝過量，否則不怎麼醉人，何況西藏氣候較冷，即使喝醉了也醒得很快。不過很多人從早喝到晚，或是從晚上喝到天亮，要不醉也很難。

【注釋】

❶參見本書第五十五章。

❷參見本書第六十九章及其注釋。

106・舞蹈

到園林冶遊的時候，先在樹下青草地上鋪上花毯，上面擺滿各種好吃的食物，然後一邊吃一邊喝酒或唱歌、跳舞。藏族婦女和男子沒有不喜歡跳舞的，除了比較偏僻的地帶因爲沒有學的機會所以不會跳以外，大家都以跳舞爲最大歡樂；即使不會跳也很喜歡看。

看他們唱歌跳舞確實很有意思，雖然不見得有他們以爲的那樣好玩。在歡樂的歌舞飲酒享受之外，更加令人心曠神怡的就是無限美景，以及拉薩河和支流清澈水湄旁孩童的嬉鬧了。不只小孩，連大人也在那裡追逐奔跑，一片天眞無邪，充滿歡笑。在這一切之上，是矗立遙遠彼方、除頂上冠雪外皆綠意盎然的壯麗雪山，此情此景，讓人頓覺拉薩眞是名副其實的「諸神的國度」。

以上形容的算是中上人家的園遊概況，至於下等社會就不出來園遊了嗎？他們當然去的。只不過他們除了喝酒還會一邊賭博、摔角；摔角並不像日本的相撲，而是兩人分開有一段距離，以手腕互相拉扯，比較手勁，並不會將對方摔倒在地。雜役僧則會比賽丟石頭，有時也會賽跑；下等社會的人是不做這些活動的。不過藏人最最喜好的還是舞蹈，不拘上流社會、下等社會都一樣，只不過上流社會的人跳起舞來比較講究格調，下等社會跳的舞則有些猥褻，教人不敢恭維。

藏人在園林遊樂一景

這些下等社會的婦人女子和喜歡吵架鬧事的下等社會男子群聚飲酒作樂，照說更容易出狀況才對，可就像我前面說的，完全不會；我想他們是在不知不覺中被這種歡樂的情境所感化的緣故，所以可以相安無事。

酒宴還有很多種，但這是最美好的一種；婚宴在前面已經提到過，另外親人死去的時候也有酒宴，不過常常伴隨著爭奪財產的鬧劇，完全沒有園遊那種清靜的優閒。

在談論西藏的外交政策之前，必須對西藏人民一般的個人主義心態加以描述。西藏人民總是優先考量個人的利害，很少想到國家整體的利害；也就是說，對一己的利害一目了然，卻看不清楚國家的利害所在。或者可以說，一般藏人甚至很少意識到國家的存在。政府官員或一些知識分子多少有國家觀念，但說到以國家利益爲重或個人利益爲重，我想他們還是會把自己的利益放在前面，把國家利益擺在一邊。

不只如此，今日許多西藏政治家還會爲了自身利益而不惜犧牲國家的利益。眞正關心國家的命運，爲了國家以及佛法的存續而願意犧牲一己利益的人，就我所知少之又少。也許有些人口頭上說得冠冕堂皇，但骨子裡想的都是自己。在上位者都這個樣子，一般人就更不用說了。不過在下位者心裡還是認同佛教，也願意爲佛教做任何事，因此政府很善於利用這種心態，不管要做什麼，都先把佛教抬出來；想對誰不利，也一定先攻擊這個人所作所爲對佛教的發展如何如何有害。

不管政府這樣做是否眞爲了佛法，但到最後大多是在妨害佛法。他們的統治如果沒有佛教當作大義名分也無法教人民心服，可是在佛教的名義下他們常常做些殘虐人民的事，而人民只能偷偷含恨飲泣。也許有人因此認爲與其這樣倒不如沒有佛教，不過眞正敢說出來的人恐怕沒有。

前面也說過，西藏婦女爲了自身利益很工於算計，很少想到他人的利益，一般民眾在這樣的婦女養育下成長，眼界自然很難超出狹隘的範圍。有人或許會想男性畢竟有別於女性，說不定觀念不太一樣，稍加注意一看，半斤八兩！有些人對朋友的事很重視，極愛護與自己有利害關係的人，但僅止於此，他們對國家大事完全置之度外，不曉得國家大事對自身利害的影響。

那些想對西藏搞外交策略的國家於是抓住這一點，只要對相關大臣加以籠絡，就可以輕易達成外交目的，因為那些大臣只知為自己家裡打算，不惜犧牲國家全體的利益。所以說到西藏的外交政策，其實牽涉的反而多是個人的利害或好惡問題。外國人很清楚這一點，為了達到目的，於是大量賄賂高官，以為這樣就可以搞定，其實不盡然。理由很簡單，個人的利害、好惡是一種情緒性表現，並沒有主義或方針的一貫性，是善變、捉摸不定的。因此要和這樣的國家維持良好的外交關係，一定要使用其他的方法。

俄羅斯對西藏下工夫並不是今天才開始，而是三十年前就逐步著手進行；或者開始得還更早些，只是到三十年前才顯露無遺。西藏北方的西伯利亞，也就是青海湖東北方向，住著原中國（清政府）所屬蒙古地方的布里亞特族，後來為俄羅斯征服，如今已成為俄國領地❶。

俄國本身以基督教為國教，在國內採高壓統治，不容許宗教自由，可是對布里亞特人的佛教信仰卻採取寬大政策，不只准許他們保有原來的宗教信仰，而且對寺廟加以保護，還實施扶持佛教發展的政策。這並不表示俄國政府也信仰了佛教，而是表現對佛教的支持，以籠絡僧侶的心。

這個部族有許多喇嘛來西藏的學問寺進修，甘丹寺、哲蚌寺、色拉寺以及日喀則的扎什倫布寺都有。總數多少不是很確定，估計約一百五十到兩百名左右。如此大量的俄屬蒙古利亞僧侶當中，近來出現一位非常傑出的人物，他就是取得藏尼堪布（定義教師）位階並成爲當今達賴喇嘛侍講（教義問答老師）的德爾智（Dorjieff）。「藏尼」是佛教法義問答的意思，「堪布」即老師。這位藏尼堪布和法王關係非常密切，他升任藏尼堪布是在十八、九年前，也就是法王還是個孩子的時候，就開始教導年幼的法王辯經技巧，從此法王就很喜歡他，也非常信任他。他才華洋溢，而且度量寬宏，在睿智而好學的法王眼中，一定是個很了不起的老師，因爲法王另外還有三個定義教師，可是最爲推重的還是他。

當法王漸漸長大成人，辯經的訓練不再需要，於是這位定義教師一度回返故國；由於他在西藏的傑出表現，俄羅斯政府希望他幫忙在西藏做些事情，於是給了他大筆機密經費。藏尼堪布並沒有把這些錢留爲己用，他把錢帶到西藏，然後善加使用。他不只運用了大筆經費，而且從俄羅斯首都❷帶來許多西洋珍玩，包括時鐘、懷錶、手槍等，他不只上貢法王，也送了不少給當時最有勢力的年輕宰相倫青霞札。

他總共給了霞札多少錢沒有人知道，但從他給其他大臣的數目十分可觀看來，給霞札的一定相當驚人，何況後來兩人關係比親兄弟還親。不只如此，由於法王對他言聽計從，所以他的權勢之大難以想像。

西藏社會最有影響力的無非僧侶集團，因此他也必須對僧侶下工夫。他對各大寺院的僧侶布施大量金錢，而且不只一次，由於僧侶對政治毫無概念，因此他們滿心只想「藏尼堪布是個大富豪，而且他把所有財產拿來供養西藏的僧侶，真是太了不起了，沒有人能夠比得上他」，從來沒想過藏尼堪布的錢從哪裡來。

如果有些僧侶感到懷疑，特別跑去問政府方面的人，他們得到的回答是：「藏尼堪布在他的故鄉被當作國王般尊敬，大家都拿錢給他以表示敬意，所以才會有這麼多錢，沒什麼好奇怪的。」於是這些僧侶也不再懷疑，加上人人有份，沒有人會感到不滿；更不要說藏人對切身利害那樣機敏，有人常常給錢高興都來不及，對這個人所講的話不管是好是壞自然都不會有意見了。藏尼堪布就是這樣把西藏工作做得很成功。

當然也必須取得一般人民的支持，這方面藏尼堪布的作法也很高明。他完全能夠入境隨俗，充分掌握民情風俗，隨順每個人的慾望、性格，最後取得外交上的成果，實在令我非常欽佩。他在我入藏之前不久開始做一件事，這件事不需要花錢，但效果非常顯著。古代一位格魯派喇嘛在他的著作中寫下了關於未來的預言，也就是讖諱，而這個讖諱不只是這位喇嘛一個人說而已，歷代應和他這個預言的論著非常多，到最後深入了人心；一般民眾不是從哪本著作，而是從民間傳說中得知的。

【注釋】

❶布里亞特人（Buryat）爲位居最北邊的蒙古部族，其活動範圍在貝加爾湖以南、以西地區，此區清政府在尼布楚條約中已經割讓給俄羅斯帝國。

❷指聖彼得堡。

107·西藏與俄羅斯

讖諱的來龍去脈如下：距今兩千年到一千二、三百年之間，迦濕彌羅（喀什米爾）地方的佛教非常興盛。這裡物產豐富、景色優美、氣候絕佳，一年到頭杜鵑啼聲不絕；迦濕彌羅北方就是傳說中許多羅漢或菩薩居住的地方。如此美好的國度有一天被伊斯蘭教徒所滅，佛教也跟著消失，但因爲一度繁榮昌盛過，以正因正果的道理推論，每個人都堅信佛教必將於此國度再起。雖然迦濕彌羅北方的菩薩國土爲伊斯蘭教徒所蹂躪，但是未來這塊菩薩國土將出現一位一統世界的救世主；這位王者會是西藏格魯派始創者宗喀巴的轉世，而他的輔佐就是宗喀巴的弟子妙音法王（Jam yang Choe Je）、大慈法王（Cham Chen Choe Je）或根敦朱巴（一世達賴喇嘛）等人的轉世，他們將復興這個國度，並將佛法之光普照天下。所謂讖諱所論示就是這樣的未來之書。

這個國度的名字叫羌·香巴拉。「羌」是北方的意思，「香巴拉」指的是迦濕彌羅北方的都城或地區。歷代格魯派的許多喇嘛在預言書所說的救世主誕生之前，就相率前往尋找這個國度，其路途、里程在讖諱中都有交代：位於印度菩提迦耶（釋迦牟尼成道處）西北約兩千公里的地方；這與迦濕彌羅相去不遠。雖然怎麼走法讖諱裡說得很清楚，但這不過是想像的烏托邦，不用去一一求證。在西藏的佛教衰微而充滿亂象的時刻，說將有以佛法一統天下的救世主降誕，對藏人而言當然是歡迎而且相信的。

在這個預言書的影響基礎上，藏尼堪布寫了一本書，主張所謂羌・香巴拉就是俄羅斯，而俄羅斯的皇帝即宗喀巴轉世；他說俄羅斯的皇帝常以人民福祉爲念，給予人民自由，對外國也非常友善，其人格的殊勝處連古代德慧兼備的金輪王❶都比不上。不管從皇帝的人格、言行，或國家的方位、距離等等全與讖諱若合符節，如果有人狐疑不信，就是與佛教爲敵，也就是與宗喀巴開創格魯派的偉大旨趣爲敵。

藏尼堪布又說，由於有這個讖諱，我輩才能知道宗喀巴轉世的國度所在，以及他的化身是誰，眞是可喜可賀的事。俄羅斯的皇帝就是昌楚顯巴千波（菩提薩埵、摩訶薩埵❷之意），大家必須服從他、尊敬他，絕不可與之爲敵。藏尼堪布將這種說法與藏人的信仰緊密結合，書裡除了藏文還有蒙文，令藏、蒙大眾信以爲眞。

我無法直接讀到他的著作，但讀過的人曾經跟我詳細說明了內容。當我設法取得這本書的時候，已經是我不得不離開西藏的當口，最後還是無緣目睹，不過聽說書裡還有一種沒有人看得懂的文字，我想那大概是俄文吧；如此說來這是一本藏、蒙、俄三種語文對照的版本。這本書雖然在西藏大量流通，但藏人都把它當作尊貴的經典那樣加以密藏，如果我硬要人家取出來給我看，恐怕會招惹疑慮，所以不敢勉強，不過內容大概就是這樣了。

現在藏人的觀念裡，都認爲把北方的俄羅斯譯爲藏文就是羌・香巴拉，並且深信俄羅斯皇帝在不久的將來將統治世界，並成爲世界佛教之王。就當今的形勢看來，一般大眾比政府更加傾心於俄國。這種對俄國抱持好感甚至崇俄的現象非常明顯，而其原因還不只一端。從俄國輸入的日常用品都是高級貨，不過都是非賣品，是拿來送人的；不像從英屬印度進口的都是便宜貨。因爲西藏的商隊或者個別的貿易商如果到印度購買高價物品運回西藏，幾乎都賣不出去，而且運送成本高昂，即使賣出去了也沒什麼利潤，所以盡可能進口便宜貨，薄利多銷。從俄國進口的東西從一開始就不是爲了販賣賺錢，而是拿來贈與有力人士，所以再貴的東西都可以進來。最後藏人產生一種印象，就是英國貨一用就壞，而俄國製品很耐用，同樣是西洋的東西，但俄國貨比較好，很多人因此認爲俄國是個值得信賴的國家。

大約四年前，俄皇透過藏尼堪布贈與達賴喇嘛一襲主教（bishop）的法衣；聽說達賴喇嘛非常欣喜地接受了這襲金色法衣。他不僅接受法衣的贈與，也受封爲大主教。這件事說來有些奇怪：以基督教爲國教的國家，她的皇帝將基督教僧侶最高職階「大主教」授與佛教僧侶，亦即西藏法王。接受贈與、封號的達賴喇嘛由於不諳外國狀況，以爲俄國也是一個佛教普傳的國度，而他的受贈、受封乃是來自這個國度的最高僧侶，亦即俄皇。如果他知道他所收到的是基督教大主教的法衣，不要說穿上，大概連看都不能看一眼，現在卻因爲被蒙蔽而犯錯，這全是因爲藏尼堪布的誤導。對這件事的形成有決定性影響的就是首席宰相霞札。

這裡必須先談談霞札的來歷。霞札在高官及貴族這一階層中地位非常突出，前面曾提到過，霞札和丹吉林寺向來關係不睦；當今達賴喇嘛親政之前，由丹吉林寺的第穆呼圖克圖攝政期間❸，霞札在西藏無容身之地，於是長期流亡大吉嶺、錫金一帶。他這時目睹英國政府所作所為，又聽聞了大英帝國征服印度地方的歷史，於是對英國政府心懷顧忌。

今天整個西藏國內沒有一個人比霞札更瞭解英國以及英屬印度殖民地的狀況，這位年輕的宰相深知，除非與中國或其他大國聯手，否則與英國作戰毫無勝算；他也常常在別人面前提出這個觀點。當丹吉林寺的第穆呼圖克圖退位、十三世達賴喇嘛主政後，霞札回到了西藏並就任宰相；可想而知他也會設法消滅丹吉林寺的勢力。

霞札外表看起來很溫和，不過骨子裡陰謀詭計無法勝數，當丹吉林寺的僧侶所做的一些不利達賴喇嘛的事情爆發，必然連累到第穆呼圖克圖，以致橫死獄中。就在霞札就任宰相那一刻，第穆呼圖克圖已經預見了這個結果。

霞札在國內對付政敵的手段非常果決殘酷，想當然耳處理外交事務的時候也不會手軟。他和藏尼堪布的關係極為親密，對俄羅斯也抱著孺慕之心，藏尼堪布當然會善加利用這一點。其實達賴喇嘛接受大主教法衣這件事有些大臣並不知情，知道的人則抱著相當的疑慮，因為不清楚俄國的底細就展開這種形式的交往，對西藏來說是很不利的。不過西藏政府內閣的決斷權幾乎在首席宰相手上，而不是由所有閣員共同做出決定；何況閣員也很少不識時務地表露自己的看法，只知道以前任的意見為意見。對俄國懷著疑忌之心的大臣不少，我就親口聽過一名大臣對我說，他覺得霞札和藏尼堪布的親密關係非常可疑，但是當達賴喇嘛接受大主教法衣的時候，他也沒有表示反對的勇氣。

另外西藏一心傾向俄國的原因，乃是日清〔甲午〕戰爭之後，中國的國勢日衰，其影響力不再能及於西藏地區。過去西藏的達賴喇嘛要做任何事，總是害怕中國方面會強烈表示異議，甚至對西藏加以懲罰，完全是君臣關係；但現在無論做什麼中國都管不著，包括丹吉林寺勢力被殲滅、第穆呼圖克圖橫死這樣的大事件，中國根本沒有插手餘地。

不只如此，如果中國政府有所踰越激怒了藏方，則駐藏的中國軍隊或居留西藏的漢人就會被藏人所殺。從這點就可以知道，中國政府如今已無力顧及西藏事務，更不要說征服西藏了。這種情形藏人也心知肚明，所以達賴喇嘛明瞭與中國攜手並不實際，而英國的懷柔手段無非想把他國納入自己的勢力範疇，因此與英國親善也非上策；反而和反英態度明顯的俄國聯合，在外交上最為有利。

我相信對深謀遠慮的達賴喇嘛而言，他絕非看上那襲漂亮的大主教法衣而欣然接納，其實是別有所圖。為了答謝俄皇贈送那襲法衣，達賴喇嘛派遣了以侍從長為首的四名特使，於明治三十三年〔一九〇〇〕十二月自拉薩北行，藉道藏尼堪布的故鄉，最後搭上火車，於數月的旅程之後抵達俄羅斯的首府，致贈西藏的各種珍寶給俄皇❹以示感謝並致敬意，同時與俄國簽訂條約。

條約的內容無從得知，只知道特使團在明治三十四年十二月或翌年一月啓程返藏；兩個月之後，當我騎馬前往拉薩東北方三十餘公里處散策運動時（說是運動其實是想觀察當地人民的生活實態），看到兩百匹駱駝從東北方走下來，駱駝背上馱的都是箱子，上面蓋著皮革，內容物不明，不過相對於大型駱駝的搬運能力而言，那些箱子尺寸未免太小了些，但又像很重的樣子。

我立刻想到這可能是蒙古人要運送銀錠到西藏，於是向趕駱駝的詢問那些沉重的貨物是什麼，對方答道：「不是很清楚，大概是銀錠吧。」我又問：「從哪兒來的？」他說：「我們是半途接下這批貨的，所以無從知道，多半是從北邊的蒙古地方過來的吧；肯定不是從中國那邊過來的就是。」他也不知道隊伍裡有沒有一路從俄國前來的人。我在那一帶繞了繞才回到財政大臣宅邸，正好現任財政大臣也回來了，聽他說道：「今天從俄羅斯運來了不少貨物。」

我問是什麼貨物，他叫我不要問比較好，我想他有所顧忌，於是閉口不談，因此對那批貨物的內容無從知曉。不過也有口風守得不實的高級官員，當我有意無意提到駱駝的事「我看可能有兩百匹」，他一聽就說：「兩百匹是最近這一次，上一次有三百匹呢。這件事其實不應該說的……。」我追問：「到底都運些什麼，銀錠嗎？」

「銀錠有可能那麼多嗎？那是侍從長所帶領的特使團到俄國達成的協議。」

「結果運回了什麼？」

這位高官意氣揚揚地說：「大砲的砲彈，還有很多西洋製的珍玩，今後我們不會害怕英國的侵略了；英國要是挑起戰端，我們將立刻予以還擊，因爲我們取得了不少精良的武器，可以充分應付外侮。」

其後我在一個地方看到他所說的一挺大砲，確實是新式武器，但射程不會太遠，眞正打起仗來並不會太管用，不過藏人卻把這個當作祕密武器。藏人多半無法解讀羅馬字，因此也不知道大砲是哪裡製造的，以爲就是俄國首都所生產的；其實一看上面所刻的字就明白大砲爲美國所造。我並不知道總共進口了多少千挺大砲，但五百匹駱駝所馱運的貨品中有半數以上是大砲。這件事中國政府即使知道了也無計可施，雖然駐藏大臣用盡辦法想逮捕藏尼堪布，卻因爲西藏政府的迴護而功虧一簣。就在中、藏關係趨於緊張之際，藏尼堪布突然逃往大吉嶺，有時又跑到尼泊爾。英方對他非常注意，尼泊爾政府對他的一舉一動也很留心。

俄國和西藏的關係因爲經營得法而越來越緊密，可以說是俄國在外交上的一大成功，她因此可以西藏爲踏腳石，從喜馬拉雅山居高臨下面向英屬印度，慢慢建立對印度的影響力，雖然今天看來她還難以掌握印度。不過仔細推敲西藏政府內部，眞正打從心底寄望於俄國的，大概只有達賴喇嘛和霞札兩個人而已，其他人只是盲從附和罷了。

如果俄國從此在西藏取得絕對的影響力，那麼西藏也只有和俄國聯手了，只是俄國政府是否就此如願以償，將勢力順利伸入英屬印度，我想這還需要相當長的時間，因爲西藏政府內部已經有不少人對藏、俄關係充滿疑慮，並心生反對的傾向。我就聽到有人這樣說：「先別說俄羅斯是不是大菩薩所統治的國度，在這個人人爲己的世界上，他們卻無條件地將大量金錢和武器送給西藏，我想這一定是他們想要奪取西藏的誘餌，如果我們吞下這個誘餌，就會成爲俄國的禁臠，這種事絕不可雲淡風清來看待啊。」

如此憂心國家前途的人在西藏雖不是很多，但我確實常常聽到這樣的呼聲；這些人在政府中位居要津，他們的想法也非常務實，在政府內部已經形成一種有力的聲音。這些聲音雖然還沒有傳入法王和宰相耳中，但其他人多少都聽過，只是沒有明白表示出自己的意見；藏尼堪布的計畫一路暢通無阻，反而容易疏忽西藏政府內部的變化，俄國政府花費大量金錢的結果，或許到最後只是一場大笑話也說不定。

【注釋】

❶輪王：或稱爲轉輪聖王（cakravarti-rāja），其形象爲駕駛戰車或日輪，爲主持正義、統治世界的王者。轉輪聖王分金、銀、銅、鐵四種，金輪王統治四大洲全體，鐵輪王則只統治贍部洲（閻浮提）。

❷菩提薩埵 (bodhi-sattva)：簡稱菩薩，摩訶薩埵 (mahā-sattva) 即大士或大菩薩。

❸參見本書第七、第八十四兩章。

❹此時在位者爲尼古拉二世 (Nicholas II of Russia, 1868-1918)，在位期間爲一八九四至一九一七年。

108・西藏與英屬印度

藏人對外國人一向很熱情，現在雖然對英國懷著怨憎之心，其實他們不管對哪一國人都充滿好意，所以英國政府這些年來要是能夠稍稍對西藏好些，就不會像如今這樣，造成讓俄國以西藏爲跳板謀取英屬印度的麻煩情勢，而且對西藏的外交工作也一定成果豐碩。不過這是後見之明，我要說的是，英屬印度當局因爲不能掌握西藏的國情和政府的意向，而陷入錯誤的泥淖。

西藏人民自從與英屬印度軍隊發生戰事之後❶，對英國就抱著強烈的反感，加上普遍受到西藏人民尊崇、學德兼備的高僧大獅子金剛寶因爲薩拉特居士入藏事件的連累而被處死❷，更加讓藏人感到痛恨，於是採取嚴厲的鎖國政策。鎖國政策不只針對英屬印度，更擴及北方的俄羅斯、西北方的波斯，最後連印度教徒都不准入藏朝聖。因此現在英國除非大軍壓境，否則對西藏是無可奈何的。從這一點看來，俄國的處境就比英國好多了。

不過英屬印度政府對西藏的政策也有所修正，試圖恢復與藏人的感情，從大吉嶺、錫金等地的現狀看來，確實有所進展，他們對從西藏來到這兩地的藏人給予比當地人還周全的照護。舉其中一個例子，藏人子女只要進入政府所設的學校就讀即一律免費；不只如此，他們還頒贈獎學金給成績優異者，即公費生，學成之後大多在英屬印度政府治下擔任土地測量、郵政業務或教育等工作，其中以土地測量員最多。他們對一般藏人也很優厚，比方說大吉嶺的登山挑伕或嚮導是收入很高的職業，這都是藏人的專利，其他種族無法分一杯羹；警察或官吏對藏人也比較寬大。

因此在大吉嶺的藏人大多對英屬印度政府的處置非常滿意，而且打從心裡願意爲他們服務。只待個半年一年的人也許不會這樣，但住個三、五年之後，都會認爲英屬印度政府是公正、廉明而且寬厚的，成爲這種政府的子民最是理想。在西藏如果偷竊被抓，很可能被處以斷手、挖眼的酷刑，但在英屬印度不管犯下多重大的罪業，最起碼不會被處以極刑。

道路建設也很出色，有如前往神之國度的道路；生病的時候有設備精良的醫院診療，而且藥是免費的，對窮苦大眾也有生活補助。沒有比這個更理想的政府了。在西藏如果沒有東西可以吃，誰也不會施予救濟，唯有餓死一途，因此藏人一旦踏上大吉嶺的土地，多半不忍離去。當然西藏的巨富來到大吉嶺大多不會長住，很多都會再回去，但是這些人也都是在領教了當地道路、醫院、學校的建設之後帶著佩服的心理回到西藏的。還有很多令藏人驚異不置的事物，像火車、電報、電話以及其他很多快捷而充滿效率的機械，在他們看來只有具備神的知識才能做出這些東西來。

這些從英屬印度轄下地區回到西藏內地的人，雖然不會將所見所聞告訴政府官員，但私底下卻到處傳播讚嘆之詞，於是更加讓藏人爭先恐後前往印度，做生意賺了錢再回來吹嘘。

如今那些往來印度經商的民眾對英屬印度政府已經不懷惡感，不過因爲說英印政府的好話會受到懲罰，所以表面上還是一副痛恨英印政府的樣子。英國的這套懷柔措施在一般西藏民眾裡發揮了極大效用，只是對西藏政府還是無轍。然而西藏政府內部還是有許多人抱持和民眾一樣的想法，並且還想從與英國的往來中謀取利益中飽私囊，就跟拿俄國政府的賄賂一樣，只要有就要，誰給的都沒關係，一點也不須躊躇。

一些知道我曾經遍歷了印度的菩提伽耶及尼泊爾等地的學者、格西，常常向我打聽有關英屬印度相關的訊息。不過我若答得太詳細的話，他們免不了起疑，所以我總是含糊其詞地說：「那是個很奇怪的地方。」而學者們的看法是這樣的：「英國人要麼是惡魔的化身，要麼是神的化身，或者就是兩者的混合，他們建造鐵路、醫院以造福人群，這跟佛教的旨趣是一致的，可是他們又想奪取別人的國家、搾取他國的利益；英屬印度一定集合了惡魔的化身和神的化身於一堂，否則怎麼能做出那麼多不可思議的事情來呢？」

不僅如此，西藏民眾甚至還相信英國女王維多利亞原來是拉薩大昭寺的守護女神，亦即具有征服世界各國之神力的旁登拉莫（神聖的戰鬥女神）的化身，因此英國女王對西藏人民特別具有好感，也充滿愛護藏人的心念，只不過女王陛下——也就是佛菩薩——的身側還有很多惡魔化身的大臣，他們主張征伐西藏，讓西藏成爲惡魔的宗教（基督教）教化的國家。所以說應該崇仰女王，而憎惡那些惡魔化身的大臣。以上這種無稽的說法，不是一、兩個人的妄語而已，而是西藏各地都有人深信不疑。因此後來女王駕崩的消息傳來，西藏人民表示了深刻的哀悼之情，但同時也因爲旁登拉莫將回到西藏而感到高興。

【注釋】

❶英國殖民印度後，一直要求西藏開放通商，而且認爲西藏是印度屏障，必須與西藏有緊密連結；一八八八年英國與西藏在錫金發生第一次武力衝突，西藏開始鎖國政策，並急遽與俄國親善，讓英屬印度方面倍感威脅。一九〇三年底，英屬印度強派楊赫斯本（Sir Francis Edward Younghusband, 1863-1942，中方文件稱榮赫鵬）上校率領「武裝使節團」再度侵攻入藏，翌年四月在江孜遭遇藏軍頑強抵抗，六月中解圍，繼續進軍，終於在八月三日進入拉薩，達賴喇嘛十三世土登嘉措逃往蒙古，噶廈（西藏政府）與英軍簽訂城下之盟「拉薩條約」，奠定英國在西藏的優勢地位。河口慧海書中所說的應該是第一次武裝衝突；本書當年在日本報紙連載期間，正好爆發了第二次英、藏武裝衝突。

❷詳細請參閱本書第五章。

109・輿論

假使俄國政府試圖利用北邊的西伯利亞鐵路運送軍隊到西藏，從有火車通行的地方到拉薩至少還需要五、六個月的日程，中間會遇到下大雪，也會經過安多地方或康區等強悍無視政府或任何人命令的無法地帶，那裡的部落很可能向俄軍發動狙擊，或者設下許多陷阱、路障以坑殺之。何況西藏高原深處非常廣袤，很難瞭解其確切的地勢，俄國政府到底有沒有可資利用的地圖資料令人懷疑。

我認爲能夠完全掌握地形地物的土著，足以制伏擁有先進武器裝備的俄國軍隊，因此俄國想以優勢的兵力征服土著、迅速進軍拉薩的可能性極小。儘管藏尼堪布使用了種種高明的手段籠絡西藏人心，但最近也傳出了很難聽的話來。主要是藏人還是比較對中國政府心悅誠服，這並不自今日始，而是因爲西藏從立國以來就一直與中國保持密切關係。率先將佛教引入西藏的松贊干布迎娶了中國的文成公主，西藏百姓感念這位來自中國的佛教之母，對中國也就懷著孺慕之心，有什麼事總要以中國的意見爲依歸。儘管今天的中國積弱不振，但藏人還是普遍心向中國。

他們認爲中國是文殊菩薩的國度，文殊菩薩的道場就在山西的五台山，而中國皇帝就是文殊的化身，因此儘管藏尼堪布把讖諱加以巧妙地穿鑿附會以達到他的政治目的，但畢竟要取得保守的一般藏人的信任還是很不容易；儘管西藏沒有報紙，但民眾之間還是盛傳政府中哪個哪個頭腦比較清楚的高官對俄國的西藏政策感到很不以爲然云云。

僧侶之中也有不少人抱持同樣的觀感，附和者更眾。此外大家對霞札非常反感，大學的僧侶和雜役僧更是恨透了他；丹吉林寺的第穆呼圖克圖冤死一事，大家都認爲霞札難脫干係。總之只要與霞札有關，不拘好壞，僧侶一定先反對再說。霞札是首席大臣，他很信任曲均神諭，因此常常慫恿法王找曲均降神。除了在上位那些人頗好此道外，僧侶或稍稍有點學識的人眼中，曲均不過像瘋子、醉鬼，是造成國政腐敗的種因之一；有識之士一談到曲均總是忿恨不已，儘管有少數人是因爲忌妒曲均所得到的大量好處而發出這種意見，但所有對曲均的批判都很中肯。

藏尼堪布以爲從政府、僧侶到人民都信服於他，但這只是一時的現象，現在政府內部和民間反倒悄悄湧起一股反藏尼堪布的暗潮。所以我覺得俄國對西藏所採取的外交策略說不上是成功。接下來我也想談談英屬印度殖民政府和西藏之間的關係。

英屬印度政府自兩百年前開始一直到距今五十年前爲止，和西藏始終保持良好的關係❶；雖不能說已經收攬了西藏的民心，但彼此也沒有什麼芥蒂，這可從十八世紀英派孟加拉總督華倫·黑斯亭爲了通商派遣喬治·柏格進駐西藏第二大城日喀則一事看出❷。接著透納上校做爲第二位通商使者，在日喀則逗留了兩年時間。其後雖然不再有使者往來，但只要是印度人，一直到距今二十二、三年前都可以自由進出西藏。

當時進入西藏的多半是印度教的修行者或僧侶，他們入藏主要爲了到西藏各處靈場朝聖，而且人數頗眾。也就是說，在我的老師薩拉特．強卓．達司居士入藏之前，那些臉上塗灰、一手提水葫蘆、一手拿鐵製火箸的裸體苦行僧絡繹不絕於朝聖路上的景象，如今都還在藏人口中流傳。可見直到二十二、三年前，即使政府之間已經有些齟齬，但人民之間的交流管道仍舊暢通無阻。

如果那個時候英國殖民政府稍稍用心經營與西藏的關係，那麼說不定不會讓西藏陷入鎖國的境地。薩拉特居士也和其他印度教徒一樣，正式取得入藏許可才前往西藏內地，以學者身分做了許多調查和研究後返印。他把調查研究結果公開發表，英印政府即依此準備與藏方議定西藏和英印的保護國錫金的國界。彼時西藏政府照例請曲均降神，並遵照神諭在錫金境內建了一座城寨。

城寨最後爲英軍所破，已成廢墟的堡址位於印藏邊境城市亞東以南三十多公里的山上。當曲均神諭指示搭建城寨使之自然成爲國界的時候，西藏政府一開始有些顧忌，於是神諭又說：「若是英軍前來侵攻的話，你們就將我的神像供在城寨中，我保證他們無法接近。」經過法螺這樣一吹，西藏政府只有言聽計從，在不屬於本身領土的錫金境內築城。

這塊土地現在看起來明顯位於錫金版圖內，西藏固然沒有權利占領錫金，但錫金長期臣屬於西藏，若是英印政府染指錫金，西藏當然不甘人後。只不過強在錫金境內築城，英印政府自然無法漠視，最後導致十六、七年前的一場藏、英之戰，雙方的死傷都頗為慘重。

我問人家那次戰役的實況，他們說藏兵非常害怕英軍，不敢太接近，只能一邊躲避英軍視線一邊隨便開槍。本來藏軍占有充分的地利，只因為恐懼而無法發揮戰力，加上一些將領和參謀聽說根本沒有花時間分析戰況，若無其事般在那邊賭博作樂。那種鎮定不知道是裝出來或是眞的，但是一般而言藏人遇到大場面總是不慌不忙甚至有些傲慢的樣子，這一點正是內陸人的特性，做什麼都不疾不徐，結果搞得吃了敗仗，讓英印政府將國界推進到亞東才算沒事。另外英印政府也同意從春丕谷為錫金領土，而從那裡後撤❸。

現在看來當時英印總督雖然擴張領土有功，但對藏外交可說完全失敗，因為輕啓戰端只會招來對方的怨恨。英印當局如果忍下一口氣，失去個三、五十公里的土地，讓藏方在那邊築城，對她的威嚴並沒什麼大不了的損害，反而可以利用這個口實在外交上取得優勢，只要再效法俄國花點錢、使些手段，讓藏人嘗點甜頭，籠絡貴族的心，使得西藏當局傾心於英印方面，那麼現在西藏的大門一定為他們而開，英國人的別墅已經林立在空氣清新、風景優美的拉薩了。

【注釋】

❶成立於一六〇〇年十二月的英國東印度公司，自十八世紀初以迄十九世紀中葉止，一直是大英帝國在印度的代理人，但一直到一八五八年，英國國會才正式通過法案，將印度轉交英國國王管理，從此印度成爲大英帝國直轄殖民地。作者所回溯的歷史，應該是指東印度公司而不是殖民政府。

❷喬治·柏格於乾隆三十九（一七七四）年到日喀則晉見班禪六世；由於噶廈（在拉薩的西藏政府內閣）反對，加上未經清廷批准，柏格未能到達拉薩。

❸光緒十二（一八八六）年，爲了防制英印進一步威脅西藏，藏方派軍在原屬西藏、後劃歸哲孟雄（錫金）的隆吐地方建立卡房、設置砲台；英國向清廷抗議，清廷因鴉片戰爭、英法聯軍之役連連敗北，不敢對英強硬，於是多次迫藏方從隆吐撤兵，而藏方不從，英軍終在次年三月向隆吐進攻，藏軍也三次反擊，但都被擊退；至十月戰事抵定。光緒十六年駐藏大臣升泰在加爾各答與印度總督蘭士頓簽訂「藏印條約」，英國正式領有錫金。

110・清廷與西藏

西藏與中國之間有著長遠的歷史關係，說來話長，我想只就今日的狀況略述一二。西藏必須向中國納稅，因爲她以屬國身分接受中國保護；這筆年貢金過去一直都有繳納，但近幾年卻一次也沒繳，理由是西藏年年爲中國皇帝舉辦默朗木祈願法會，所費不貲，必須由中國政府提供。藏方認爲中國政府拿錢辦法會，藏方則向中國納稅，一往一來太費事了，不如就以稅款當作法會的經費來抵用。

歷來中國在西藏擁有絕對的勢力，因此即使做些無理要求藏人也無不遵從，造成中國在西藏越來越跋扈。甲午戰後，中國在西藏的勢力急遽下落，導致今日藏人不只對漢人毫無敬意，還多了份輕蔑之意。這使得居留西藏的漢人憂心忡忡，總想做點什麼來重振聲威，但是藏人早看穿了中國政府對西藏已經無能爲力的事實，因此漢人只能眼睜睜看著對西藏影響力的消失。

中國今後將繼續積弱不振，自然無能恢復在西藏的地位，藏方對中國政府的命令也就陽奉陰違。當中國在八國聯軍之役敗戰後與各國簽訂辛丑合約，合約議成即在中國全境十八行省以及西藏、蒙古兩地方頒布寫在黃絹上的皇帝聖旨，內容大致是「歷來我國民多次陷外國人於危殆之中，乃因不明外人眞相故。彼外國人來至我國，無非從事實業或布教，皆爲謀相互之利益者。職是之故不應危害彼外國人，從今而後勿犯是盼；犯之者處以重刑。我國已對諸外國開放，今後外人足跡所至之處愼勿違礙使自由進出通行無阻」云云。這份詔書首先一份送達拉薩，就張貼在大昭寺旁邊商家的石牆上；後來又送來若干份，公布在許多地方，內容大同小異，無非告知百姓中國政府已經和外國講和，希望人民遵守合約。我在拉薩好幾次讀到這種詔書，才確知八國聯軍攻陷北京、光緒皇帝和慈禧太后遠走他方，直到議和後才鑾駕回京，並頒布了這份詔書。

即使是這樣緊要的詔書，藏人看了也一副事不關己的樣子，我曾問一位高官：「這樣的詔書頒布了，今後英國人會不會以此爲口實大舉入藏呢？」

他說：「哪能說來就來？」

我問他什麼意思，他答道：「什麼意思？那是大清皇帝自作主張，我們可沒有同意啊。其實稍稍想想也知道，那東西並不像是皇帝的本意，根本就是他身邊一些壞人拿了外國人好處搞出來的名堂，皇帝並不知道。我這樣說是因爲中國皇帝乃文殊菩薩化身，他絕對不會寫這種顚倒的東西，什麼讓外國人自由進出。這都是騙人的，肯定沒錯。」這不只是一、兩人的意見，而是許多人都抱持這種想法。我相信這是中國皇帝的詔書不假，不過其他人可不這麼想。堂堂大清皇帝的聖旨在西藏被視爲比娼妓的信件還不如，眞教我錯愕不已。

接下來也談談尼泊爾和西藏的關係。尼泊爾近來人口增加得很快，那是實施一夫多妻制的關係。他們認爲只有增加人口才能向外擴張勢力，於是非常鼓勵一夫多妻，稍堪溫飽的家庭至少會娶兩個太太，富裕一點的話則娶三、四個不等，所以小孩越生越多。同樣是喜馬拉雅山區的國家，沒有一個像尼泊爾人那樣會生，不管走到哪個角落，都會看到許多大腹便便的婦女，這可是別處沒有的景象。尼泊爾多山，許多山區都已經開闢爲梯田，而且人煙已經深入到喜馬拉雅山深處，除了像海子大森林這種棲息大量猛獸的地方以外，很多山區的樹木都被大量砍伐銷往印度。

在尼泊爾的感覺就是人口密度很高，西藏的土地面積至少有尼泊爾的十二倍，但人口卻比尼泊爾少。地狹人稠導致很多人生計困難，必須遠赴國外謀生，其中有的到印度從軍或經商，有的前往大吉嶺、錫金一帶墾荒，因此生活有了顯著改善。尼泊爾政府也瞭解到人口過剩所帶來的壓力，爲了解決這個難題，他們自有策略。對英印政府發動戰爭以取得土地俾便移民是最快的方法，但實際做起來有困難，因爲是以小敵大、易守難攻，於是他們把目標放在西藏，密切等待進軍的時機。尼泊爾軍隊人數遠多於鎭壓國民所需，這是尼泊爾政府刻意建軍的結果。

111・尼泊爾的外交

尼泊爾在教育方面，或是其他文明事業如醫院的建立、法院的設置、法律的整備等都沒什進展，唯有軍隊的訓練素質僅次於英屬印度；至於在山區的戰鬥力則遠在英印軍之上，因爲他們都生長在山區，每天背負重物爬上爬下的緣故。尤其氣候不像印度那麼炎熱，人民都非常勤奮。

印度人是著名的懶散，而尼泊爾人正好相反，可以說與日本人極爲類似。就其容貌、矮小的體型、膚色、富於俠義感以及不畏死種種特點看來，簡直要讓人誤以爲和日本人是同一個種族。

從這等強悍的國民當中挑選出來並加以訓練，其戰力當然不容忽視。這些士兵在國內並無用武之地，只有在移植其國民、擴張其領地的時候才派得上用場。那會是在什麼地方呢？以今天尼泊爾政府的立場，只有北方此外無他。

在這種情勢下，如今又碰上尼泊爾政府不得不發動戰爭的局面，因爲俄國不但和西藏政府簽訂密約、贈與西藏法王主教的榮銜，還提供西藏大量武器，這種種跡象當然會引起尼泊爾政府相當大的注意，並且懷著強烈的戒心。畢竟脣亡齒寒，俄國若是侵攻西藏，接下來第一個受威脅的就是尼泊爾，因此得早做防備。

不久之前尼國政府好像對西藏政府提出了一個說帖，意思大約是說：「如果貴國與俄國締約是事實，而且兩國關係將日益親密的話，我們必不能坐視；為了保護我國安全，只好與貴國一戰。」這當然不是公開提出的，而是非正式表態，否則兩國開戰勢將難免。

然而尼泊爾向西藏威脅要開啓戰端，眞的是尼泊爾本身的意思嗎？最期望這件事情發生的，其實正是英屬印度政府，因為英印方面如果直接和西藏開戰並不符合他們的最大利益，於是他們在暗地裡和尼泊爾接洽，並且給予尼國相當的援助，想讓尼、藏之戰成為事實。

若是尼、藏開戰，以大量士兵生命為賭注的尼泊爾人恐怕只能得到有限的好處，眞正的大贏家將是英印政府；只不知尼國政府瞭不瞭解這一點。對尼國而言，即使現在對藏方有很多不滿，但如果能積極派遣實業上的專才前往西藏，以厚植尼國在西藏的經濟基礎，進而掌握工商業方面的實權，才是最明智的作法，因為這將不費一兵一卒而達到完全相同的目的。

等尼國在藏地贏得經濟上的穩固地位之後，即使將來俄國勢力進入西藏，尼國再名正言順地以保護本國僑民利益之名義對俄國宣戰，可能更有充分勝算。倘若現在慌忙出兵，怎麼看都是下下策，只不過變成英印政府的馬前卒。但考慮尼國國王也是個頗有見地的人，我認為他不至於鹵莽地發動一場毫無利益可言的戰事。我曾經多次面見尼國國王，聽他說了許多話，深深覺得他不但有很高的道德修養，也充滿睿智；何況輔佐他的一群高級官員都是一些精通國際局勢的人，不是那麼容易為人所左右。因此我的結論是尼國並不會在英印政府的教唆下對西藏發動戰爭。

一般觀察家的看法，即使尼泊爾向西藏下最後通牒，應該也只是一時的外交策略而已。藏人對尼國百姓沒什麼偏見，同時也不會害怕，唯一擔心的是尼國一直擴充軍隊的規模，而他們又是如此驍勇善戰，一旦真的有事，將會有不可逆料的後果。

西藏政府方面則致力於取得尼國政府的歡心，從一件事可以看出端倪。幾年前尼國國王想要請一部《大藏經》，於是指派邊境上一個名叫施巴·哈爾克曼的縣長偷偷入藏購買。這位縣長行事輕浮，到了印經的那塘寺即公開宣稱他是奉尼國國王之命前來請經，要寺方無條件奉送一部。那唐寺住持一聽不敢等閒視之，說必須先向西藏政府請示。

本來尼泊爾北部喜馬拉雅山區住了不少藏族人，他們歷來即有從西藏購藏《大藏經》的習慣，所以各寺廟以及豪族家中多半有一部《大藏經》，而藏方也一向供應無缺。由於哈爾克曼也是尼國北境的人，以前就曾經入藏買過《大藏經》，自己家中就藏有祖師部《大藏經》，我在他供經的經堂住過一個月因此很清楚。

噶廈知道這件事以後，指示那塘寺方不可向對方拿一毛錢，並說拉薩這邊已經有一部精印的《大藏經》，將直接以這部現成的藏經無償贈與尼國國王云云。這部《大藏經》如今收藏在尼國國王圖書館裡。藏方就是如此苦心經營雙邊關係的。尼國方面也做了不少努力以取得藏人的好感，尼國國王本身是印度教徒，卻允許信教自由，對尼國境內的藏族佛教徒不只加以保護，而且對佛寺以及聖蹟也都妥加照顧，或是布施金錢，或是提供建築材料，實質上幫了不少忙。

雖然這是針對尼國境內藏人所做的事，但內地西藏人看到同文同種的同胞受到如此照顧，佛法得到這般護持，當然也會覺得窩心。如果現在尼國政府能夠更加積極，多花些錢做西藏工作，必能收攬西藏民心並取得噶廈官員的好感。

不過尼泊爾政府內部亂象不少，掌握實權的總理大臣屢屢遭受暗殺，或是被強迫退位，引起了各種騷動，導致不但無暇顧及西藏事務，也沒有多餘資金可以使用在西藏事務上。所以當今尼泊爾雖因軍事上的實力而沾沾自喜，在外交策略上則是乏善可陳。

112・西藏外交的將來

一如上述，西藏正受到三大強國的脅迫，而世人也非常關注最後將由哪一個強國入主西藏。當然三國聯手侵攻西藏是不可能發生的事，英印和尼泊爾攜手作戰也許還有可能；而一般認爲俄國勢將南下牧馬。

俄國入侵西藏的目的，當然不是想治理這片乾燥不毛之地，而是以此取得銅牆鐵壁般的喜馬拉雅山脈做爲天然萬里長城，進而征服山脈南麓世界知名的富饒之地印度。正因爲如此，英國與俄國不可能聯手染指西藏。

然而未來在西藏必定是英、俄兩強相爭的局面，尼泊爾身處其間，與其對藏用兵不如厚植在西藏的經濟實力，不管將來誰控制西藏，尼泊爾在藏地的利益都不會有所損失；若是拿武力強奪，將不免於和英、俄兩強兵戎相見。

前面已提到，西藏政府內部極爲腐敗，只要有賄賂就可以隨時見風轉舵，因此不能以西藏政府做爲交涉的對象。目前對西藏政府高官籠絡最爲積極，並取得足以動搖西藏之實力的非俄國莫屬；不過若說要讓一般民眾都心服口服的話，只有英國做到了，俄國根本瞠乎其後。英國方面的西藏事務處理得最爲成熟，但不管使用外交手段或權謀運作，都不能保證最後的成功。也許未來勝出的是比較誠實那一方吧。

若是外力果眞入侵西藏，則西藏將束手無策，因爲西藏人民篤信佛法、心地善良，遇到這種變故只會以消極的因果觀來看待，把它當作前世所注定，缺乏積極的精神，完全不思致力於本國的獨立自主，建設一個富強之邦。因此俄國若入侵西藏，藏人將會坐以待斃，放棄抵抗，而英國的西藏策略將面臨最大的挫敗。

掌控海權而發動海戰固然可怕，以喜馬拉雅山脈爲橋頭堡，居高臨下發動戰爭，其勢亦不可擋。到那一天，俄國就眞的實現了彼得大帝著名的遺願了。也許有人會覺得這種說法太誇張，這是不瞭解西藏地勢之堅固程度才會說的話。

但是西藏眞的就完全沒有獨立自主的可能性了嗎？那也不見得，只不過今天藏人的依賴心不是一朝一夕所養成，全國上下有如孱弱的婦人女子，一下向印度靠攏，一下又把希望寄託在中國，看不到獨立的決心。就我在西藏的觀察，確實有不可言表的地方，那就是儘管當今法王非常銳敏果斷，度量寬宏，能力亦強，幾乎可說是一個完美的人類典型，但最大的不足在於缺乏文明教育。不過他致力於通達民情、察納雅言以收攬民心，並且講求法治，賄賂對他完全產生不了作用，因此我認爲法王依舊有能力領導藏人走向獨立自主之路。

過去英印政府要是對西藏採取什麼行動，只要面臨武力侵攻的威脅，法王就會非常恐懼，甚至食不下嚥，日夜煩憂，但最近有些跡象可以看出他已經變得比過去強硬。英印政府最近在與藏方訂定新邊界線的過程中，想在某些地域多占些便宜。這是英印方面眼看俄國在西藏的策略已經取得可觀成效，想以這件事試探藏方的態度，沒想到法王毫無懼色，並且聲言不惜與英印開戰，充分表現了豪快的英雄本色，令許多人非常激動。由於以前我常聽人說法王如何如何怯懦，因此看到他這種反應，頗感驚詫。

過去我常為西藏的命運而悲歎，現在法王之所以從昔日的處子變身為意氣昂揚的脫兔，一方面是已經和俄國締盟，約定對英印方面採取一致行動，同時又取得大量武器的緣故。藏方相信，當今之世唯一能夠一挫大英帝國雄風的唯俄國而已，因此他們再也不擔心英印方面的威脅。

所以說在我所認識的藏人裡，還沒有看到有誰致力謀求西藏的獨立自主，總覺得不找個強國來依靠不行，這就像一個人，不管長得多高多壯，終究還是個稻草人；沒有自立自強決心的豪傑，不過是人家的奴隸而已。也許將來會有一個不世出的眞豪傑出現，應用佛法因果理法的積極面，推動富國強兵之策——雖然這只是一個夢想——也許西藏可以得到最後的獨立自主。

113・默朗木祈願法會（一）

默朗木大會是西藏最著名的祭典，每年從藏曆元月三日（偶爾會從四日）開始，一直進行到二十四日，然後在二十五日舉行結束的儀式。這是西藏規模最大的盛典，也是一場大祈願會。「默朗木」直譯爲「許願」，並沒有祈禱的意思，但法會實際上是爲了祝願中國皇帝政躬康泰而舉行，因此把它的實際意義翻譯出來的話就是「大祈禱會」。

藏曆元月一日到默朗木開始爲止，即是藏人的春節，雖然各地過春節的儀禮有異，但慶祝一元復始的意思則一。各寺僧侶因爲必須從三日開始出席默朗木的大法會，一直忙著誦經及其他各種相關行事，因此大概從年底十二月二十日到春節期間會讓他們先放假休養。假期中寺院的景象老實說非常嚇人，我一開始還不相信在西藏會有這種事：僧侶們竟然公然丟骰子賭博。

這段期間不管玩鬧到多晚也沒有人會加以制止。小沙彌也是盡情吃喝玩樂，幫我打雜的沙彌平日非常聽話，但到了這時根本不聽我使喚，晚上也不知道到哪裡玩去了，徹夜不歸。這時如果有什麼事需要差遣眞的很不方便。我另外雇用的一名沙彌也是一樣，什麼忙都幫不上。據我觀察很可能都是去做前面提到過的見不得人的事情。

到了這時節，如果還堅持誡律、謹守清規簡直就像個笨蛋，因此即使平生不苟言笑的學者型僧侶，也是通宵達旦飲酒作樂，喝到精神渙散、不成人形。有的熱中於呼蘆喝雉，有的猜酒拳，一些很體面的僧侶也拿著食物對賭。看他們的樣子都充滿了歡樂，尤其是雜役僧，或是唱歌，或是角力，總之寺院中變得毫無章法、亂成一片。近年來這種現象更加嚴重，一到春節前後，把平生嚴持的誡律宗規徹底丟在一邊，就像魚群逃出網羅再度游回大海一樣，爲所欲爲。

不過即使如此，可也沒有發生把女性偷偷帶入寺院的事，反之，那些清秀俊美的年輕僧侶則忙得不可開交，聽說收入頗豐。一些有心的喇嘛博士對這種現象感歎不已，還著書立說勸戒寺中僧侶有所不爲；可見並非所有人都認同這些行爲。在勸戒之作中，他們認爲偶爾稍稍放鬆一下尚情有可原，但對賭博及男色行爲則期期以爲不可，把本應保持神聖清淨的寺院弄得比市場還喧譁騷亂，這種種教人說不出口的現象根本是佛法滅亡的前兆。這類忠告勸戒的著作不少，不過多數僧侶都當作馬耳東風，充耳不聞，好像人家說的是遙不可及的寶貝，與自己沒有關係似的。

上述的淫亂行爲等一直持續了十二天，等到元月三日開始，各寺僧侶全趕赴拉薩市區；色拉大寺離拉薩城只有六公里路，三日早上出發就來得及了。哲蚌寺入城要走十二公里，也是當天出發即可。甘丹寺距拉薩六十餘公里，必須提早兩天出發，在二日晚上或三日一早抵達。其他較小寺院的僧侶也一併出席，因此這時拉薩城裡共集結了約兩萬五、六千人。

法會期間僧侶們都租住城裡的人家，把家裡一個乃至兩個房間空出來供僧侶住宿是拉薩市民的義務。地位較崇高的僧侶在五到十名的弟子陪同下，可以單獨租到兩個專用的房間，一般僧侶則必須二十個人共用一個小小房間，再加上五、六個幫忙打雜的沙彌，簡直像擠沙丁魚；甚至還有人就在室外打地舖。只要不下雪，打地舖的人基本上還經得起外頭的酷寒。平日只有三萬居民左右的拉薩府，突然間湧進兩萬五、六千名僧侶，更不要說從各地前來參拜的大量朝聖客，使得城裡一片人山人海，好不熱鬧。

不過所謂各地前來朝聖的現象是當今法王的時代才有的，以前很少地方上的人來參加默朗木的祭典，不只如此，過去在默朗木期間拉薩市民甚至要逃往城外。也許有人會問：「這不是很奇怪嗎？默朗木大祈禱會時人潮洶湧，住在市區正好做生意大賺一筆，為什麼反而還要跑出城去呢？」這是因為不瞭解當今法王主政之前拉薩默朗木的狀況。

過去的默朗木期間，執法僧官對老百姓欺壓得很厲害。執法僧官來自三大寺中最大的哲蚌寺，任期一年，每次有兩位，稱為協敖（大鐵棒喇嘛），意思是哲蚌寺的司法官。為了獲得這個職位，必須先向政府官員行賄，其金額非常龐大。他們就任後，在任期中除了擔任哲蚌寺的司法官，同時在拉薩府舉辦默朗木（傳大召）和「錯卻」法行祭（傳小召）期間（領導法僧隊）負責整個拉薩府的治安。

因為舉行默朗木時，整個拉薩府變成一個僧侶充斥的大道場，因此包括百姓都必須服從協敖的管理。由於協敖爲了買官投資了不少金錢，法會期間必得趁機會大賺一票，除了取回賄賂的本錢外，順便再狠狠撈一筆供未來享用。爲了達到目的，當然對老百姓苛虐無比，手段也狠，連門口沒掃乾淨都要罰，而且金額不小；若是有人吵架鬧事，罰金更高，不僅罰款，還要揍人。

有些人欠債不還，債主就拜託協敖幫忙催討，即使最後只能分到一半債款也聊勝於無。另一方面，欠債的人不只財產會被沒收，還會連累其他親屬。那時的協敖幾乎擁有無限的權力，所作所爲簡直跟強盜沒什麼兩樣。

老百姓受不了這種荼毒，於是默朗木開始前幾天，就把家私種種收起來鎖好，然後扶老攜幼逃到鄉下去，只留下一個人看家，把房間通通租借給僧侶暫住，到最後全城留下不到十分之一人口，往來全是僧侶。

114・默朗木祈願法會（二）

跑掉的人固然無法剝削，但協敖仍舊會找各種口實，向僧侶以及仍羈留城內的百姓要錢。因此即使任期僅僅一年，由於收入相當誘人，每年爭取這個職位的人非常踴躍。協敖不只在法會期間需索無度，回到寺內還是盡可能搜刮，其橫行跋扈之惡形惡狀，可以說是諸佛殿堂中的大強盜、大惡魔。

關於這有個好玩的說法。有一個喇嘛擁有相當的神通力，可以自由往返地獄與天堂，很受社會大眾的信賴。一個拉薩商人前去找他，問道：「聽說您可以到地獄走一遭再回來，請問什麼樣的人在地獄中受到最大的苦刑呢？您一定看過吧？」

喇嘛說：「沒錯，我看過。」

「那麼是誰呢？」

「說來挺嚇人的，地獄裡和尚還不少呢，到處都有光頭和尚被小鬼以鐵臼、鐵杵折磨，弄得血肉模糊、苦不堪言。不過一般的和尚在地獄所受的待遇還算客氣的，最最嚴酷的人你道是誰？」

商人睜大了眼睛：「是誰呢？」

「是哲蚌寺的協敖吶，他正在無間地獄受著極大苦楚。這協敖在我們這裡連飛鳥看到都會怕得掉到地上來，可到了地獄就完全不是那麼回事了。」

默朗木一開始，拉薩城裡原來遍地都是的糞便被清除一空，變得格外乾淨；位於鬧市平常爲供人排泄而挖的溝渠這時也全部掩埋起來，成爲平坦的通道；拉薩經過打掃整容之後，眞的成爲名副其實的諸神之國度。對僧侶而言，此時的拉薩風光最爲迷人，走到哪裡一看都很賞心悅目。而不拘僧侶、婦人，平日一向隨便一蹲就拉了起來，這個時候都乖乖找個廁所才敢方便了。

雖是鄙俗的話題，談到拉薩的廁所，一般一棟房子設有一處或兩處，而且是設在很寬敞的房間中，大小約四公尺見方。入口很窄，但一進到裡面就看到四面塗了漆的土牆之間，挖了兩道乃至三道深三公尺、長約兩公尺、寬十五公分的坑穴，坑穴兩側均豎有四方形大柱。每一個坑穴可以容兩人或三人並排，最多可容九個甚至十個人一起使用。

在西藏一般除了在家的男子外都不站著小便，僧侶、婦人以及一些比較文雅的在家男子一律是蹲著小便。廁所的坑穴之間並沒有隔板之類的東西，家人無論男女同時使用也習以爲常。比較過分的是市區的偏僻處有條小河，當僧侶到河邊小便時，對岸就會有婦人也蹲下來小便，其實是故意撩起裙子給這邊的僧侶看。難怪有些出家人會笑說，這是默朗木期間最可口的美食。

默朗木的大祈禱會主要會場在大昭寺的釋迦堂。釋迦堂是三層樓的大伽藍，但法會時擁擠不堪超乎想像。如果是小孩子則會被夾著連動都動不了，有時法會散場一片雜沓，不小心還會有小孩被踩死。

依例僧侶每天集會三次，首先是清晨五點到七點爲止，第二場十點到下午一點，第三場從三點到四點半左右；領取布施金是在第二場的時候，有信眾的布施，有些則來自政府發放，數目不定，有時一章卡（二十四錢），多的時候四十八錢或七十二錢。若遇到法王即位、出生、圓寂的年分則例外，普通僧侶的收入可以加倍；高級喇嘛的收入則相當可觀，非一般僧侶足可比擬。

不過僧侶必須自付住宿費，但很便宜，普通僧侶的話一個人大約二十五錢，好點的房間則是五十錢左右；豪華的房間則非常昂貴，只有貴族僧侶才租得起。然而不管出多少錢，僧侶不准租住賣酒的商家以及女眷較多的家——這種家裡多半就是賣酒的。另外鬧市的店舖是不能住的，除非是與店舖完全隔離的住房。祭典期間還有一種叫做康村吉根的長老教師，專司監督僧侶的品行；照說混雜中最容易發生爭吵了，怪的是並不多見，至少表面上大家還是謹守規矩。

由於每天要出席三場祈禱會，所以一定要住在拉薩市內，只有病重的僧侶才允許回自己的寺院休養。雖說滯留拉薩市區，但並沒有硬性規定一定要參加每一場法會，不過缺席的人倒也不多，尤其中午那一場祈禱會一定發放布施，而其他兩場偶爾也會有少量布施，所以多數僧侶大抵三場都會前往參加。

到了藏曆一月十五日夜間，則會舉行盛大的供燈節；慶典只在夜間進行，一直到第二天凌晨四點結束，期間僧侶不許外出，一律蟄居屋內。慶典的供養品主要是由貴族、高官等奉獻，爲高達一、二十公尺呈火焰形的酥油雕塑，上面飾有各式紋樣，兩側還有兩頭向上盤升的龍。供養品依序排列在大昭寺四周的八廓街上。

酥油雕塑的正中央有鮮花圖案組合起來的宮殿，宮殿裡有的是描繪佛菩薩濟度眾生的模樣，有的則是王公大臣的造像；稍下方則有各種人形。這一切圖樣都是以酥油捏塑而成，包括極樂世界的天人、天女、迦陵頻伽鳥、共命鳥等❶，在沒有受過正規美術教育的藏人手中，仍是製作得分外美觀，這都是從古代傳承下來的技術。

材料也不只酥油而已，上面還會包以金箔，或是塗上各種顏色，遠望有如絲綢所縫製的精美繡花衣袍。酥油本身即有光澤，添上顏色後光澤更加耀眼。在巨大的酥油雕塑前方，則擺滿小型酥油花燈；馬路正中燃著篝火，其位置遠近正好在可以爲酥油花雕塑藝品提供照明，卻又不至於融化酥油花的程度。供養進行到早上四點，然後在日出前全部撤掉，因爲太陽的熱力會將酥油花融解。酥油的光澤加上金箔、銀箔、五彩，成百上千互相輝映，其美觀與壯麗幾乎讓人懷疑不是世間所有，我也從沒在西藏看過比這更出色的供品。

藏曆元月十五日正當陽曆二月二十三日，這一晚的光景，說是將天上宮闕搬到地上人間並不為過。這不是我的一家之言，即連不識風雅的藏人也有諺語形容十五日的供養是兜率天上彌勒淨土❷在拉薩的再現。

然而僧侶並不被允許觀賞這些迷人的供養，除了與供養過程的行事有關的僧侶外，兩萬五、六千名出家人得見酥油燈供養的不過兩、三百人而已，其餘則不准外出。

【注釋】

❶迦陵頻伽鳥見第三十一章注釋。共命鳥為梵文jīvaṃ-jīvaka直譯，在經典中時時以「同一身體卻有雙頭、二心」的珍貴鳥類形象出現。

❷參見第十三章注釋。

115・默朗木祈願法會（三）

爲什麼如此盛大而罕見的慶典反而不許僧侶參加呢？因爲此時拉薩市民不分男女老少都會出門賞燈，八廓街人潮洶湧、摩肩擦踵，如果雜役僧此時惹是生非，難免危害到市民安全，畢竟人太多了，實在難以維持秩序，因此近三十年來僧侶被禁止賞燈。慶典從晚上八點持續到次晨四點左右，達賴喇嘛也會前來觀賞，各種安全檢查做得很嚴密；不過法王也有不來的時候❶，倒是中國的駐藏大臣一定會出席這個盛會。

我也是僧侶的一員，照說同樣不許觀燈，不過因爲前財政大臣的好意邀約，我乃與他同行。有大臣在旁，執法僧官和其他法僧隊的人並不會對我怎麼樣，若是一個人前往，肯定被他們體罰還要被綁起來；與大臣同行，這些執法者看到我反而要行吐舌禮以表敬意，並且立刻迴避。我受到財政大臣之邀，從巴勒布商人大房子的二樓，一同觀看安全檢查的隊伍巡視酥油雕塑。

沒有經過安全檢查就不允許開始觀燈。聽說前些年法王一定駕臨，但這一次法王並未出現，駐藏大臣則到了。駐藏大臣的行列異常華麗，乘輿上方吊掛著二十四盞薄絲宮燈，裡面點著西洋蠟燭，大臣身穿中國的豪華官服，頭上是表示其位階的頂戴，一動也不動地坐在乘輿中，前後還有數十匹馬隊護衛。

由於燃著成千上萬盞的酥油燈，以致整個城區宛如點了大量瓦斯燈般燈火通明，在這樣的時刻又乘著掛有蠟燭吊燈的轎子，實在是加倍好看。即使如此我還是覺得有些反感，理由是雕飾過火，變成了俗氣；藏人倒是看得目不轉睛，而且難掩驚訝之色。駐藏大臣之後，是西藏的高等僧官以及一般高官，殿後的則是現任宰相。

西藏政府共有四名宰相，霞札、碩康、帖康喇嘛和霍爾康，一向四人會一起出現，但這一天只來了霞札和帖康喇嘛。碩康的夫人剛剛去世，不方便參加；霍爾康則上任不久，或許還不到出現的時機。宰相出席的目的，主要是評判這些酥油雕塑的好壞與等級。酥油花主要出自拉薩府的著名貴族或大寺院，以及部分頗富資產的小寺，由他們年年提供。不過與其說這是供養還不如說是該納的稅金，因爲每一個供養物都所費不貲。

默朗木期間我寓居財政大臣宅第，只去觀了燈，並未出席法會，理由是人太多了，連坐的地方都沒有，就算勉強有得坐也完全不能動彈，想想就放棄了；可是仍想瞭解法會大致的情景，所以還是出去走走看看，果然非常好玩，尤其是雜役僧聚集的地方。

雜役僧鬧事的時候，協敖底下法僧隊的警護僧即提著長三公尺餘、粗約十五公分的柳木棒過來巡邏。當遠遠看見棒頭出現，原來在那邊哼歌、吵架或比腕力的人立刻安靜下來，裝成很虔誠模樣開始誦經，看起來眞的令人啼笑皆非。等法僧隊一走開，誦經聲立刻轉爲唱歌；在這些人心中根本沒有絲毫祈禱的念頭。

至於學問僧方面則完全是另一種景況，每個人都專注於經義問答，因爲這是他們學期考試的時刻，關係能否獲得學位，所以場面非常熱烈。這時不只色拉寺舉行考試，三大學問寺僧侶中學習成績最好的人都各自接受考試，如果通過即可獲得格西（博士）學位。應考者無一不是二十年間夙夜匪懈寒窗苦讀者，他們希望通過考試讓自己名震三大寺，即使同爲博士也期許自己是第一等的博士，因此在問答過程中，其聲勢直如獅子和老虎的殊死戰，儘管每個人仍舊是神情愉快。

發問的一方好像要用盡辦法將猛獸誘入陷阱中，而應答的一方則試圖從陷阱底部脫身，彼此手段之激烈超乎想像。此時三大學問寺出身的博士、學者們圍坐四周，不只對應考者的答問嚴加批評，如果有人答不出來，他們還會笑聲如潮湧。笑聲分成三段，「呵呵、呵、呵呵喝」，一段比一段更加高昂；只要有兩、三個人聯袂出聲譏笑，爲數百千人的僧侶即跟著大笑，聲音之大似乎要把經堂震垮似的，可以想見參加這種問答考試並非易事。

每年默朗木期間從三大學各選拔出十六名拉然巴（Lha Ramba）格西（特別的博士學位），指拉薩府默朗木時所獲得的博士，爲博士中的傑出者。參加這場問答測驗的都是從三大學挑出來的佼佼者，一般的學問僧是無法與會的。其後在二月的法行祭期間將再各選拔十六位次一級的學問僧，授予曹然巴學位。另外各寺也各自頒授博士位。

這分爲兩種，一種稱爲朵然巴，一種叫林塞❷。朵然巴裡出了不少大學問家，有時拉然

學問僧經義問答試場

巴中間也會有學行超卓之士。要直接成爲一個無上榮耀的拉然巴需要花很多錢，若是先取得朵然巴學位後再接受拉然巴的大考，則不需要花什麼錢。常有一種情形是，一個非常優秀的大學者，如果一時阮囊羞澀，即使被選爲拉然巴大考的成員也無力出席測驗，只好繼續寒窗苦讀，導致有些玉石混淆的狀況；不過林塞這一級的學問僧其實並沒有什麼學問。

尤其哲蚌寺和甘丹寺裡最下等的博士學位，只要讀個五、六年書，然後就可以用錢買得，然後回返自己的故鄉；在鄉里之間只要有個博士學位，不拘學問之有無，總是會受到相當的尊敬和信賴。這種現象在日本也一樣，不過在西藏特別嚴重。即使如此，在默朗木時選拔出來的十六名博士還是很傑出的人才，而名列第一更是無上榮譽，那些只靠熟讀教科書而取得學位的人是無能承擔這種榮譽的。

除了教科書之外，沒有用心研究其他經藏的話，絕不可能順利通過默朗木大考。從這一點上看來，西藏的佛教學者比日本的佛教學者高明得多。日本固然也有不少精通天台、唯識或眞言之宗義的大學者，但能夠全面會通佛法，並且可以即席提出精密見解的，恐怕就遠遠不及西藏的博士了。

【注釋】

❶達賴在親政前，既不能參加默朗木，也不能出來觀燈；親政之後，只要有人邀請，則達賴可參加默朗木，並在十五日白天向三大寺僧眾講經說法，當晚也可以率先觀燈。

❷拉然巴指全拉薩的博學高明之士，曹然巴指全寺性的優秀學者，朵然巴意思是寺院選拔出來有才學的人，林塞則是指在佛殿門前石階上通過問難而考取的格西。

116．投秘劍會

雖說默朗木期間偶爾出去看看熱鬧是一大樂事，但我最重要的任務還是到色拉寺去聽拉康巴大博士和摩耶堪布講課。所以當其他僧侶忙著賺錢的時候，我每天忙的卻是上課。其實當時我已經到了非離開西藏不可的時候，所以只要有機會進修都會覺得很愉快。

自從我住進財政大臣宅邸之後，讀書和上課的時間比起之前忙著幫人醫病時多了許多，因此著實有不少精進；這段時間直到我離開西藏，也就是五月十五、六日前後爲止，整個人身心都處於一種非常理想的狀態，確實是用功的好時機。

陽曆的三月四日，也就是藏曆元月二十四日有一場托給（投秘劍會）儀式，我也去看了。儀式舉行時，所有僧眾都必須離開現場，幸好我認識住在大昭寺前方的貴族一家，因此得以從他們家窗戶目睹整個投秘劍法會的過程。

此時除了拉薩府及其附近所有兵士之外，連後備軍人也都出動了，總共有兩千四、五百名騎士，他們的裝束非常有意思。首先有五百名穿著類似日本古代的甲冑，還有一件紅底白條紋的披風長長垂到身後；接著是綠白相間的一隊，然後是紫色以及其他顏色的行列。他們手上有的拿著弓矢，有的持槍，甲冑上還插著各色旗幟，看起來很是華麗。與其說這是上戰場作戰的裝扮，不如說是花車遊行。他們的隊形變換也充滿儀式性質，一點感受不到戰場的緊張氣氛。這天在一聲信號砲發射後，兵士們同時出動，擺出各種陣式。最引人注目的是，在大昭寺西面釋迦堂上方設有法王的御座，達賴喇嘛就在那裡觀賞。

每五百名騎兵隊伍輪流操演之後，從本堂中魚貫走出三百名衣著鮮麗的僧眾，一隻手持裝有長柄、鼓面畫有龍首圖像的波浪鼓，一隻手拿著弓形的鼓槌，在大昭寺前方圍成圓圈；接著出來的是持鐃鈸的僧眾三百，和鼓隊圍成同心圓形。他們的法衣上都裝飾著閃亮的金屬片，有的在法衣底下穿著繡有金線圖案的貼身衣物，整體呈現出豪華而美觀的效果。

鼓隊和鈸隊圍成圈圈後，鐃鈸隊伍的領頭者即走出來，邊敲鐃鈸邊跳舞，其他人則應和他的節奏一起敲打，同時發出「嗚——嗚——」有如猛虎的吼聲，非常低沉響亮，直透雲霄。演奏告一段落後，身披西藏最耀眼錦袍、頭戴金碧輝煌冠帽的曲均靈媒被兩個人架出來，他已進入恍惚狀態，仰頭閉眼，嘴巴像魚在呼吸時那樣張闔，兩腳踉蹌好像隨時會倒下去。旁觀的民眾看到了就拚命跪拜，但也有冷眼旁觀忍不住想吐口水的僧侶，殊堪玩味。

伴隨精神狂亂的曲均一起出來的還有不少僧侶，一身裝扮也是華麗奪目，前面提到色拉寺的祈禱儀式時曾加以說明過❶，他們走在曲均之前，從兩側排成兩列，約二十四、五名手持以五色絲綢裝飾的長劍，然後是捧著金香爐及種種寶物箱的僧眾。他們和被護法神附身的曲均一直走到大昭寺前方約兩百公尺的平坦處，表示護法神將庇護整個投秘劍會的圓滿。

此時我的師父諦仁波切穿著甘丹赤巴的法服，與達賴喇嘛一起頂著黃色傘蓋慢慢走出來，原來看著曲均一臉不屑的僧侶們，現在則神情肅然以表敬意；在我等眼中，他們就像覺行圓滿的如來。儀式最後由他們兩位施放秘劍爲中國皇帝禳災祈福。

儀式雖然結束，但整個法會要到第二天早上才閉幕，此時會有一個很特別的習慣：僧侶也好拉薩的民眾也好，會購買一粒或兩粒石頭，然後扛到市區東南隅的拉薩河畔堆放，以消滅自己的罪障。石頭是特別由山上切割運到市區來賣的。

說起來這是很好的事情，因爲夏季拉薩河洪水爲患，每年都會造成極大損失，把石頭大量堆積到岸邊，等於是築堤的意思；信仰上偶然的、消極的作爲，卻有一個積極的結果。這些石頭不小，我總共搬了兩、三趟，自己覺得很得意。一些富裕人家要不自己扛，要不就雇請五、六個人代爲搬運。

【注釋】

❶參見本書第六十六章。

117・西藏的財政

西藏政府的財政狀況非常錯綜複雜，不容易釐清，政府的主計官員每年收支詳情如何，外人根本不得而知；何況財政大臣私下告訴我，這些數字甚至本身都不統一。所收的稅大多是物品，將物品換算爲金額說起來容易做起來難。因爲物品的價格隨時都可能變動，另外也有許多物品無法訂出價碼，所以統計上的問題頗多。西藏政府因此並沒有確切的統計，我當然無法做出（數字上的）說明。不過出納的方式、納稅的來源、支出的對象以及賦稅的規定等都是固定的，因此還是可以談一談。

噶廈的財政部藏語稱之爲「拉柏蘭千波」，直譯爲「喇嘛的大廚房」，他們每年從法王直轄的地方以及各莊田主那裡——一般人民採間接納稅——收取稅品，並且直接運到拉薩，不許換爲現金繳納。這些物品不拘遠近，兩百公里也好、五百公里也罷，都要一路運送到拉薩，對納稅者而言實在是一大困難，不過納稅者可以無償使用沿途驛站所提供的馬匹；馬匹做爲地方上的賦役，不能不提供出來。納稅者所納的物品主要有大麥、豆類、小麥、蕎麥、奶油和乾酪等；另外設有稅關的地方則會上繳包括珊瑚珠、寶石、布類、細紗、絲綢及葡萄乾、杏脯、棗乾等物品。有些地方則是獸皮和鹿茸等，總之西藏所產的物品也好、從國外進口的貨物也罷，都必須依一定比率上繳財政部。

不可思議的是，財政部度量奶油的工具有二十種，度量大麥、小麥、豆類的工具有三十二種，每種大小都不一樣。一種叫波趣的度量衡大約和日本的一斗相當，這是標準的量器，然而同樣稱為波趣，有的卻大到一斗五升，有的則只有一半大小，總之大大小小總共有三十二種。既然這麼混亂豈不是跟沒有一樣，為什麼不乾脆不用呢？西藏政府卻認為非常需要。

「最小的」一斗用在什麼地方呢？用在法王的出生地，或者與政府高官有特殊因緣的地域，縱使名目上每一塊田要納二斗穀物的稅，結果因為用的是特別的斗，所以最後納的只及別人的一半；反之有些地方則名目同樣為二斗，眞正繳納的卻是三斗，而法王出生地的人只要納一斗五升就可以。雖然受到特別禮遇，但這個地方若是有反政府的行為，或者出現危害社會國家的大壞蛋，則此後課稅就改用比過去大一倍的斗來量。有的只納一半，有的多納一倍，看起來正好得到一個平衡，其實不然，因為度量的升斗有三十多種大小的關係。

政府的支出用在什麼地方呢？前面曾提過要用在各寺院的維持與修葺，如堂塔伽藍的修理、油燈及其他器材雜物的購買、清掃、誦經僧侶的報酬等等，其中耗費最大的就是酥油費，因為寺裡日夜點著幾萬盞油燈，比方單單大昭寺就有兩萬五千盞以上油燈；若是遇到節慶法會，還會多點上一萬乃至十萬盞燈，所燒的都是高價的酥油，很少使用菜籽油。

一般人認為點燈供佛使用菜籽油是大不敬，聽說許多喇嘛臨死時交代「千萬不要點菜籽油燈供養我吶」。大昭寺的釋迦牟尼像前供養著二十四、五盞純金大油燈，其他也有可容一斗的油燈；全寺的用油除了由財政部供應外，也依賴信徒的布施。

西藏的財政部不只負責徵稅，還處理各類捐款和布施金，不管是大昭寺的香油錢，或是大法會的收入、信徒對僧眾的供養金等，都要先送到財政部，再聽從財政大臣的指示發放。

政府支出的第二大筆費用是法王的宮室費，這部分理論上可以無限制支用，但實際上並非如此。當今法王親政後，財政收入增加不少，支出也相對變多了。另外財政部也要支付大小官員的薪給，這部分比起其他國家數目算少，但官員們除了從政府領取莊田外，還有一項福利，就是可以用極低的利息向政府借一筆錢，然後轉借給商家週轉，從中收取利息。西藏一般借款的年利率少則一分五、六厘，多則三分左右，但政府借款利息只有五厘；他們從商家那邊至少可得到一分利的好處。如果官吏、僧官未依約還錢給政府，依照西藏法律，也不許以複利計算欠款。

政府除了給予僧俗官吏種種好處外，也大量供應三大寺茶葉與酥油，以及僧眾的俸祿。法王自己則另有財源，包括信眾的供養和法王專屬莊田與牧場。法王也有直轄的商隊，前往中國和印度行商。財政部本身也有所屬商隊，但與法王商隊是兩回事，彼此不相統屬。法王的財庫稱之爲「且拉柏蘭」（山頂上的喇嘛廚房），因爲法王的宮殿建在山頭上。法王的宮殿既是宮室也是寺院，同時還是城堡，具有三合一功能。這座城堡建築在西藏是第一流的水準，說是寺院也很突出，而做爲宮殿基本上亦是妥當，唯一的缺點是，一口井都沒有，因此一滴水也沒有。

由於城牆高聳，遇到敵人來侵攻，防守起來可說堅固異常，可是沒有水源眞是太奇怪了。布達拉宮用水必須往山腳下走約兩、三百公尺，到了平地上再走個兩百公尺，那裡有一口挖在河邊的井可以取水，然後再搬運上去。直線距離雖然只有五百多米，但其中有三百多米是非常陡斜的台階坡路。由於取水不便，因此產生了專門上山賣水的商人。

布達拉宮裡居住了一百六十五名貴族僧侶，此一特殊集團稱之爲「南給塔桑」。這些貴族僧侶外貌漂漂亮亮的，生活方面可說是全西藏的出家人中最爲養尊處優的一群。

過去從蒙古來的供養銀很多，充實了法王的財庫，但現在這部分的收入幾乎斷絕，所以西藏百姓的負擔益形沉重。當然名目上的賦稅額度還是與過去一樣，只不過用來量的升斗變大了。

地方上幫政府徵稅的單位有兩種，一個是寺院，一個是地方行政官。受寺院管轄的人向寺院納稅，屬地方官管轄的則繳稅給地方官。地方行政單位稱爲「宗」，是一種爲了軍事目的而設計的城砦，平日則當作政府辦公處，法律裁判、治安、稅賦稽徵等都由這裡執行。

宗通常建在高出地面兩、三百公尺的山頂，負責人稱爲「宗本」（Zongpon，城砦長官之意，身分爲在家人），等於日本的地方知事。出產大麥的地方徵收大麥，有小麥則徵小麥，畜牧爲主的地區則徵收酥油，因地制宜，每個地方徵收的物品都不一樣。集中到宗裡來的物品或銀錢再送繳中央政府。不過宗本並未從中央政府領取年俸或月薪，而是自地方所收租稅中取其應得部分；由中央政府向地方政府提供物品或金錢的情形很少，只有當地方上發生特別的事故，百姓陷入嚴重困境時，政府才會向地方發放救濟金。

另外由中央政府直轄地區的人民要向中央政府繳納人頭稅，而隸屬於貴族及寺院的人民分別要向貴族和寺院納稅，有的會從其中分出一部分上繳中央政府，但規定並不明確。以上是西藏中央及地方財政的概略。

當達賴喇嘛駕崩時，他遺產的一半——表面上說一半其實遠多於一半——將由他的親族承接，其餘的銀錢則分派給諸大寺僧侶及格魯派僧侶當作俸祿。普通僧侶的場合，其遺產比方有五千元的話，大概四千元要留給寺中僧侶當作俸銀及酥油錢，剩下的一千元做爲喪葬費或其他善後處理費，如有剩餘才屬於其弟子所有，這部分頂多三、五百元。有時弟子會借錢來以師父名義發放俸銀及酥油錢，做爲師父的功德，這種現象並不見諸俗人社會，但在僧侶的世界中則很平常。

118・西藏的兵制

西藏現今的常備兵名目上雖曰五千名，但據我觀察應該不足五千。以西藏人口五百萬來算，五千常備兵實在是極小的數目，不要說對外國，即使要平定內亂以保社會安寧恐怕都不太夠。

不過西藏並非以軍隊治理國家，他們不用威壓治國，只要佛教的信仰力存在，國家即能長治久安。多數平民百姓衷心以佛教爲念，深信達賴喇嘛即觀世音菩薩化身，因此絕不會和法王武力相向，打從內心沒有一絲一毫要與法王爲敵的想法，這是兵員不多卻少有內亂的理由。西藏的內亂大概都起於法王駕崩，或是法王年紀尚幼不能親政時，有野心的大臣趁機專擅弄權，甚至篡奪法王的權柄，苛虐人民，這時老百姓才會因爲憤激而發動內亂。等法王長大親政後，即使偶爾發生矛盾，也會當作是對觀音菩薩的供養與奉獻，一切仍舊以法王是賴，所以根本不太需要軍隊。

但是我在西藏感到他們迫切需要軍隊，尤其是和尼泊爾兩度發生戰事又與英印交鋒之後。現在他們只有雇傭兵五千名，義務役一個也沒有。這些募集而來的軍人都分遣到要塞或重要地域，拉薩只剩下一千名，日喀則有兩千，近尼泊爾交界處最重要的防禦點定日號稱有五百，實際可能不到三百；定日的城砦還有中國軍隊約兩、三百名。另外江孜、樟木、芒康地方各有五百，共計五千。西藏全境共駐有中國軍隊兩千名，其中拉薩、日喀則、定日、靖西各五百（定日只有兩、三百），計兩千名。西藏兵制中，每五百名有一位大將統領，稱爲「代本」；每兩百五十人設一將官（如本），每二十五人設一軍官（甲本），每五人有一隊長（定本）。

西藏雇傭兵月俸大麥二斗多一些，城市的軍隊沒有營房，軍人散居城中，他們很多是生意人，平常還兼做生意，或做其他營生。軍人的房子由市民負擔建築費，引起不少民怨；中國軍人也是住在市民提供的一般房子裡。有的雇傭兵經營理髮店，有的開飲食店，還帶著妻子和小孩，每個月二斗大麥當然養不活妻小，所以才要兼差。

拿了二斗大麥的月俸，相對的義務是每個月要參加五到六次操練，然後一年參加一次大演習，演習地點在拉薩前往色拉大學的路上，一個叫扎普几（Dabchi）的小村，那裡祀有中國的關公。藏人稱關公爲格薩爾吉．嘉樂波（意思是「花蕊之王」），因爲能夠驅除惡魔神通廣大，受到相當的尊崇。去祭拜的多半是在藏的漢人。關公祠堂也養了許多雞，旁邊是扎普几大寺，有幾個僧侶負責祭祀格薩爾吉．嘉樂波。關公祠堂中有一些有趣的東西：青面獠牙等地獄鬼卒的雕像非常多，它們被當作關公的手下，美術方面的表現很傑出，姿勢、表情都生動異常。

經過關公祠堂和七、八戶人家的小村後，稍稍往北走就看到高出平地的兩百米見方台地，武器庫就建在這裡。然後再往北郊走去，那裡有一大片平野，軍隊在此舉行大型演習。開始兩天是中國軍隊的操演，後兩天由藏兵操演，時間多半在夏末，陽曆八、九月間，此時麥作都已經收割完畢，因此不管怎麼奔跑都不會影響收成。

演習時中國駐藏大臣、西藏各高級將領全部出動，對表現良好的兵士賞給現金或銀盾。藏兵至今仍必須修習射箭技術，也學槍炮的操作，但看不出有什麼實力；這個部分由中國軍人或是曾經赴印度受訓的藏軍擔任教官。

就我的觀察，不管中國駐軍或西藏士兵都沒有什麼軍人應有的氣概，甚至比一般老百姓還不如。中國駐軍中瘦弱而臉色不好的比比皆是，藏兵雖不至於如此，但還是缺乏英挺氣概，想來乃是待遇太低，必須爲生計煩惱有關。比起這些一臉沮喪的軍人，寺院雜役僧勇武多了。雜役僧既無妻子也無兒女，沒有後顧之憂，所以總是勇氣凜然，一無所懼。從這一點看來，雜役僧反而比較可以信賴。總之一旦有事，這些軍人恐怕成不了什麼大氣候。

他們最在行的，是發生騷亂的時候混水摸魚，藉機搜刮國人的財產，對於保家衛國根本起不了什麼作用，主要還是攜家帶眷的關係，沒有比攜家帶眷更容易讓士氣低落的了。藏人的情感非常濃烈，思念妻子的心也最強，相對的戰力就最弱。就這一點而言，康區的藏人可說是天生的士兵，雖然他們有些太無情了些。說那裡全民皆兵並不爲過，即使婦人也一個個是女中丈夫。他們當然也從事各種職業，買賣、耕作、畜牧等，但最令他們勇氣百倍而且最喜歡做的事，就是強盜搶劫。他們最爲讚歎的好玩工作就是去當強盜，或者去攻打其他部落、殺人放火。康區到處流傳強盜之歌，俗謠也很有趣，唱起來充滿勇壯活潑之感，一副死而後已的氣概，連小孩都很喜歡唱，而這些歌謠頗能振奮小孩的心性。

西藏沒有軍歌這類東西，於是就以康區的強盜之歌代替，現在試著抄錄幾首即可見一斑。

一望無際的草原上，巉岩嶙峋的險崖高處，
騎著鐵蹄駿馬，我們一心趕赴戰場。

不管槍林彈雨、風雪狂暴，
無畏地穿著鐵鞋，我們一心勇往直前。
沒有想念我的妻子，也沒有等待我的父母，
什麼艱辛苦難都不怕，我一心期待勝利！

唱這些歌謠的時候，一開始會先發出「啊、拉、蠟——拉、喇、莫」的聲音，並以「拉、喇、莫拉——拉、喇、莫」結束，從頭到尾充滿豪邁之情。

這一類氣魄凜凜的歌謠很多，曲調也非常活潑，每個人不知不覺間都會被激發出高昂的鬥志，不管身在環境多麼險惡的曠野、荒漠或積雪的高山峻嶺，都會帶著拋卻一身、勇往直前的決心赴戰。這樣的歌曲對人心真的很有幫助，因爲沒有這樣的決心與勇氣畢竟無法殲滅來犯敵人、拯救國家的危難。在強盜搶劫的時候，這樣的歌就像凶器，唱的人變得凶惡無比，如果用在戰場，則唱的人會變成武勇忠臣，爲國家奮不顧身。

勇敢奮進的心雖然一樣，但因爲目的不同，所以結果不一定都是好的。最近一些淺薄學者、無知僧侶以及半吊子才俊都被一種有毒的觀念迷惑了，那是一句非常可厭的話：爲達目的可以不擇手段。這句話的極端解釋，就是說爲了達到自己幸福的目的，只要不觸犯法律，縱使迫害他人、白晝公然搶劫也沒關係。如果用這種方法達致成功，那是可悲的惡魔得勝。因此我斷然認爲，爲達目的，唯一手段就是誠實。就目的而言，如果只爲謀求自身的利益，那還是算了；以利益他人爲目的，並且出之誠實的手段，則最後連自己也可以受惠。爲政者能夠誠實利他的話，則國民將團結一致，國家也可以治理得很圓滿。所以康區強盜之歌積極勇敢的一面仍舊很可取，拿來當軍歌也非常適合。

119・西藏宗教的未來（一）

我想在這裡談談西藏宗教的未來。前面說過，對西藏一般國民而言，生活中最主要的部分就是佛教。許多學者看待這件事，無非理解爲迷信。當然迷信的成分也不少，我常會爲了許多人的迷信執妄而感嘆扼腕，但我必須說，這種信仰中也有相當程度的眞實，把他們的信仰當作完全的錯誤並加以否定，實在是太輕率的判斷。就像眾多小石粒中間藏有寶石那樣，如果玉石俱棄，識者不爲。

西藏國民的眞實信仰主要有兩個部分。一是超越人類的實存之物，而此實存無可置疑地保護著人們；通過信仰，人們和實存之間得以溝通往來。由於對此一實存的信仰，產生了許多不正確的祭祀與儀式，但這是小小寶石周圍的巨岩，信仰的本心乃是對佛陀與菩薩的信念，以爲彼等可以拯救世人的危難、賜予眾生幸福。

此一信仰中也承認神的存在，而任何神都會憤怒並加害或懲罰人類，例如基督教的神由於人類陷入罪惡的淵藪難以救贖，於是憤怒地降下大洪水奪取罪人的性命，但善人即挪亞獨能受到憐恬疼愛度過此一劫難；西藏諸神亦然，都具有人類喜怒安樂的情緒並且毫不保留地表現出來。唯獨佛不憂不怒，藏人相信世上沒有像佛般擁有深厚慈悲和圓滿智慧的人。可見即使蒙昧的人民也能夠瞭解神與佛的相異處，亦即神是可怕的而佛是可親的。

即使藏人抱持許多毫無價值的迷信，但仍舊保有此一非凡的信仰，理解因緣果報的道理，知道自己所做的惡事將會使自己爲此受到苦難的報應，而所爲善事將帶來快樂與幸福；此一因果律將持續至未來永劫之際，就宛如種籽將會結實，而果實又將生出種籽。

同樣地，他們也深信人類儘管肉身終會銷亡，但心識、靈魂不滅，必將再度轉生到這個世界上，這種觀念可謂瓦礫中的美玉。儘管如此，對因果輪迴之信仰，發展出喇嘛轉世的一套誇張作法，不能不說是超過了正信的範疇，而進入了迷信的境地。因果的道理是佛教徒最重要的一個觀念，藏人從小就從母親口中像聽童話故事聽了很多這樣的道理，可以說，他們的家庭就是道場，不管神話或傳說無一不和佛教有關，因此迷信的程度既深，眞實的信仰也同樣普及，以致連古來自有的苯教也佛教化，即使教義完全不同，也必須用佛教式的說明來解釋自身的義理，而發展出新的苯教系統，使得傳統苯教的面目消失無蹤。

新苯教的教義類似佛教，同時仍帶著萬物有靈的思想，一如日本的兩部神道[1]，而且更加酷似佛教，主張苯即是眞如的本體、法身，然後全面性進行佛教化的解釋。這可以說是一種以大化小的現象。

頗令我感到驚奇的是，西藏也有伊斯蘭教的存在，其信徒都是漢人以及往昔喀什米爾人的後裔，集中在拉薩和日喀則兩地，共約三百人。這些穆斯林至今仍謹守教義，在拉薩郊外還有兩座清眞寺，郊山上也有兩處伊斯蘭教墓園。其中一座寺院爲喀什米爾伊斯蘭教徒的聚會所，另一座則爲漢族穆斯林的集會處。在佛教鼎盛的國度，竟還有保持著微弱勢力的伊斯蘭教存在，令人不禁嘖嘖稱奇。

聽他們談伊斯蘭教教義很有趣，他們說伊斯蘭教和佛教一樣，都相信前世與來生，而現世生而爲人，來生也必生而爲人，動物則同樣轉生爲動物，不像佛教主張人可能轉生爲其他下等動物。至於轉世的終結，則或是去到神的國度，或是墮入地獄。

我跟他們說：「你們所信仰的伊斯蘭教中並沒有你們所說的這種教義，這恐怕是來自基督教的道理吧。《古蘭經》中雖提及前世，卻沒有談到來生轉世等等事情。基督教《聖經》中可以看到近似的說法，但你們的教會中並沒有談到這類問題。你們這樣說不是有些奇怪嗎？」不過他們倒是堅持絕對有，看來是受到了佛教教義的影響有以致之。

最近歐美的傳教士以百折不撓的精神希望將基督教傳入西藏，他們布教的熱誠眞令我非常佩服，不過西藏嚴格實行鎖國政策，所以他們的布教活動終究無法及於西藏內地，只能退而求其次，先對住在大吉嶺及錫金的藏人展開宣教活動。爲了達到目的，他們已經花費了相當大的一筆經費，藏文《聖經》已經翻譯出來，此外不少出版品都譯成了藏文；另外他們也以藏文出版一些針對西藏佛教的迷信加以批判的宣傳品。數十年來隨著大吉嶺對外人開放，他們在那裡得到初步的成效，對當地藏人進行熱心而親切的布教。

【注釋】

❶簡單說即是以眞言密宗金剛界、胎藏界兩部教義系統解釋日本傳統的神道教，代表著作有吉田兼俱（1435-1511）的《唯一神道名法要集》和假托空海所著的《天地麗氣記》。

120・西藏宗教的未來（二）

儘管基督教傳教士費盡苦心，但在藏地的傳教企圖可說完全失敗。他們在西藏內地以外藏族聚居地的傳教，所吸收的少量信徒可說是不誠實的信徒，絕非眞正的信眾；有些比較虔誠的信徒，則是自稱藏人的錫金人。總之沒有一名信徒眞正來自西藏內地。

那些信眾裡有些人純粹是爲了餬口而受洗入教，並非眞的信仰基督；我曾到一個看起來非常虔誠的信徒家中，發現在比較隱蔽的房間裡還是恭奉著佛陀，而且日夜點燈供養，對外則自稱是基督徒，禮拜日抱著《聖經》到教堂做禮拜。這種人無非以基督教尊貴的《聖經》爲道具，誆騙歐美傳教士以達到謀取個人利益的目的，令人看了非常驚訝。有些長期擔任傳教士助手，對基督教義已經能夠琅琅上口的藏人，等他們弄到了一點錢，就會說自己本來就是個佛教徒，然後逃出教堂不再回頭。

這些狀況其實也是可以理解的。一個正信的佛教徒很難改信基督教，因爲佛教所謂解脫，是指自身的解放，也就是精神上的絕對自由，而基督教有一個高高在上、具有無限權柄的上帝，人因此無法得到絕對的自由。此外基督教中沒有明顯的因緣果報說，雖然有類似良木結出好果實、朽木結出壞果實的說法，但觀點還是過分狹隘。如果他們能夠將這種道理推而擴之，既包含前世，也及於來生，則一定可以打開在藏地的局面。

其實基督教義中也不是沒有因果的說法，耶穌基督說「爾等的信仰將治癒爾等自身」就有這個意思，但並未特別強調其眞實意義，所以不太合乎深信因果的藏人口味。如果基督教想在西藏達成宣教的目的，則必須將救世主所說義理的眞實意味加以發揮才有可能，否則爲了感化西藏人，以數十年時間、經過數十名優秀傳教士的努力、花費鉅萬，卻連一、兩個信徒都無法獲得，實在不得不教人驚訝其失敗之徹底。

關於西藏宗教未來的前景，看來苯教、伊斯蘭教和基督教如果繼續維持現狀的話，在可預見的將來仍無法撼搖佛教的地位。雖說佛教在西藏已經腐敗，但因爲藏人可說天生傾向於佛法，加上藏傳佛教仍存有許多不錯的現象，只要出現一位眞正的大菩薩，一洗佛教界的腐敗，並發揮佛教的眞面目亦即活潑潑的身心解放之道理，則佛教將再度得到復興。

佛教界如果繼續當今的局面，必將式微；只是基督教若仍奉行其教會系統陳腐的教條，那麼在西藏也不會有得到宣揚的可能。只要西藏沒有戲劇性出現一位大菩薩，藏傳佛教將只能維持一種形式上的存在。

前一年到印度經商的查龍巴於明治三十五年（一九〇二）四月三十日回到了拉薩。我曾託他幫我帶信到大吉嶺轉給薩拉特師和夏波增喇嘛，並替我寄信回故鄉。他到我在色拉寺的僧舍報知歸來的消息，但那時我借住財政大臣處，不在色拉。僧舍的沙彌特地過來通知我這件事，於是我在五月一日早上前去找他聽取回音。

他正好在家，我們寒暄話舊之後，查龍巴告訴我：「我剛到大吉嶺的時候，薩拉特師恰好回印度去了，來不及將信交給他，沒辦法只好託夏波增喇嘛轉交，沒想到喇嘛也正好到加德滿都朝聖。等我去加爾各答辦完事重返大吉嶺，薩拉特師和夏波增喇嘛已經先後都回來了，於是將信件交到他們手上。薩拉特師要我過幾天再到他那裡，他說他要給您寫封回函，可是我實在沒辦法再去一趟他那裡，理由是我奉西藏政府的命令暗地裡買了很多鐵砂，要是這件事被英印當局知道了，一定會將我逮捕並且懲罰我，因此我在大吉嶺無法久留，隔天就走了。不過夏波增喇嘛的回信倒是幫您帶回來了。我想夏波增喇嘛的信中也會有詳細交代的。」說完就把信拿給我。

上面寫道：「給薩拉特師的信收到，裡面要寄回故鄉的信我也以掛號寄出去了。謝謝您特地寫信給我並送我禮物。」在西藏如果寄信給人家，一定同時附上禮物，如果沒有適當的禮物，通常會奉上一條哈達絲巾。我送出相當的禮物，對方則回我西洋白砂糖以及另外兩、三樣珍品。我又聽查龍巴談了英杜戰爭❶以及其他從大吉嶺帶回來的各種外界消息才回去。

五月十三日即藏曆四月四日，此時後藏首府日喀則扎什倫布寺的班禪喇嘛來到拉薩，因爲他年滿二十歲，已經有受具足戒的資格，所以將由當今法王土登嘉措爲他授具足戒❷。

這是非比尋常的大典，和達賴喇嘛的坐床大典以及授戒大典爲同一等級，僧俗官員與各界代表都前往拉薩市郊、法王宮殿西方的帕麻里地方迎接。我也隨藥舖老闆李之楫一家出去看熱鬧，整個迎接儀式非常盛大，與我在日喀則時所看到的大典行列一模一樣。

看過迎接行列後，因爲查龍巴說要送我茶葉，於是就順道去他府上。我剛在上座的墊子上坐下，一個紳士走了進來，他是法王直屬商隊的隊長，名叫拓波宗拜泉追。由於查龍巴常幫政府赴國外購買鐵砂等物品，所以彼此都有往來。泉追走進來之後，以銳利的眼神瞪著我看。我看他的模樣，知道他一定是個凶惡之人，但也是個能力很強的人。

【注釋】

❶「杜」指南部非洲的杜蘭斯瓦（Transvaal）地方，因在十九世紀末發現黃金而爲英國所覬覦，於一九〇二年以武力納入管轄；後成爲南非共和國最北的一個行省，北臨辛巴威和波扎那。

❷比丘、比丘尼等出家眾在教團內必須遵守的戒律總稱，通常比丘爲二五〇戒、比丘尼爲三四八戒，南方上座部則各爲二二七戒與三一一戒。受具足戒儀式梵文稱爲upasaṃpadā（受戒），受戒完成正式獲得出家許可，稱upasaṃpanna（得戒）。受戒儀式必須有三師七證，即戒和尚、教授師、羯磨師以及七名僧侶在場。

【第七部】

身分曝光

121・祕密開始曝光

商隊長一直走到我面前坐下，在座的還有查龍巴和他的夫人。此時正有個危機在孕育中，其原因不能不詳加說明。查龍巴要前往印度行商前，對我當時在西藏的發展前景寄以厚望，一旦我成爲法王的御醫，他覺得他也會得到不少好處。等他從印度回來，我的聲望甚至比從前更高。

有些人誇大了我眞正的名聲或所做的事，明明治好三個人的病，卻說成好像治好了五十個人。不只如此，由於我寄寓財政大臣府邸，與所有高官、高僧都有往來和交情，查龍巴於是一直認爲我前途看好。等他到了加爾各答，又聽人講起日本人如何講義氣，對中國發動的〔甲午〕戰爭其實都是爲了中國著想等等，他更覺得日本人了不起，回到西藏後還跟我提起過這個想法。

拓波宗拜泉追這個人除了擔任西藏大富豪拓波宗拜的總管之外，過去也不時帶著法王的商隊前往北京做生意。八國聯軍事件發生時他正好人在北京，手頭的貨物被日本兵沒收，他向那名兵士解釋這些貨品絕對不是北京政府所有，請對方把貨品還給他，但對方不予理會。眼看這些貨物就要被運走，他趕忙直接找日本軍統帥請願。

他向日本將軍說明，這些東西完全與北京政府無關，希望日軍能退還給他。那位將軍聽說他是西藏人，大表同情，立刻以漢字和一種奇怪的文字（應該是平假名、片假名）寫了一紙命令狀，在上面蓋了章，叫他拿給那位日本士兵。泉追把這份文件拿給那名士兵看，順利取回了所有貨品，回來後屢次向查龍巴稱讚日本人的義氣。

查龍巴的想法是，泉追身爲法王的商隊長，親身感受到日本人的義氣，又知道日本在世界上的軍事實力，此時如果找個機會把我日本喇嘛的身分對他明講是再好不過了。我可是作夢都想不到查龍巴有這種想法。

此時泉追注視了我好一陣子，也沒打招呼，脫口就說：「你看起來很奇怪。」我默不作答，他接著又說道：「我第一個念頭以爲你是蒙古人，可是怎麼看都不像是純粹的蒙古人；說是中國人嘛也是一點都不像。當然更不會是歐美人了。你到底是哪裡人呢？」

我正要應答，沒想到查龍巴就自作聰明搶著說：「這個人可是個日本人呢。」

這事情可嚴重了。有一個日本人在拉薩的事，這是第一次被揭露出來。我雖知道這下子會有麻煩，可是又沒辦法辯解，只好閉口不語，而泉追一副釋然的表情，有些激動地說：「我明白了。其實我也想到你可能是日本人，但日本人哪有那麼容易來到我國呢？因此沒敢說出口，等聽說你是日本人，就越看越像，因爲我在北京見過幾個日本人。」

泉追確定了我的日本人身分；當然不用他確定我本來就是日本人，可是到今天爲止隱藏得很好的事就此曝光。我靜觀其變，泉追則繼續對我說道：「這眞是一件大好的事情。我曾經想過如果能夠前往日本，買一些珍奇的物品回來拉薩賣，一定可以大賺一票，不過我聽說做買賣的地方中國話多少還可以通，可是一到了日本內地，幾乎就沒有人懂中國話了。我中國話講得不錯，但在日本行不通，而且以一個外國人的身分去談買賣，也很容易吃虧上當，所以一直沒有成行。如果能得到像您這樣優秀的人幫忙那就太好了。您這位色來・安契（色拉寺的醫生）現在紅透半邊天，而且聽說您很樂於幫助別人，有幸在這裡認識您我眞的感到很滿足。您是一個可以完全信賴的人，能不能讓我跟您一起回日本去呢？」他的態度倒是意外地充滿善意。

我說：「您說得也是，我早晚要回日本去，到時就一起走吧。」算是答覆了他。彼此又談了許多有關日本的話題，商隊長這時才提起在北京的遭遇，如何從日軍手上取回自己的貨物，日軍如何比歐美的士兵更勇敢善戰云云說個不休，並且對日本表示極大的好感。從他的語氣知道他並不是在奉承。

接著我告訴他們：「現在整個拉薩府知道我眞正身分的只有你和查龍巴兩個人，如果你們將這件事傳出去的話，我擔心反過來會給你們增添麻煩，所以你們一定要多加留意。」

泉追說：「那是當然，我一定會等對您有利的時候再對外宣布您的身分，這樣子也可以因爲您而讓日本人傑出的一面在西藏大大彰顯。」

整個談話過程非常愉快；當晚我就住在天和堂藥舖。隔天中國駐藏大臣的馬秘書又過來閒聊，談話中有些事情喚起了我的警覺。他說：「您說您是福州人，我當然相信您，可是您的氣質和一般中國人的氣質眞的很不一樣，會不會您的祖先是打從哪個外國來的？」

「我祖先從哪裡來的我從來就不知道，但您爲什麼說我的氣質和一般中國人不一樣呢？」我反問他。

他答道：「像日本人的個性就顯得比較機敏，做事的時候懂得分析判斷，而且沉穩，中國人雖則也埋頭苦幹，卻少了點機敏。像您這樣的人眞的很少見。還有我們中國人無論做什麼總是一派意態優閒，比較不那麼說一是一、說二是二，但您卻不一樣，不管怎麼瑣碎的事情都不放過。一言以蔽之，看不出是中國人的樣子。到底您老祖宗是哪裡人呢？」

他這樣問我目的只有一個，他想看我的反應再做判斷。馬秘書先前跟我談話就非常注意一些跡象，並且幾乎認定我根本不可能是中國人，而且一定是日本人；過去我總是故意把話岔開，或藉機告辭結束談話，也就唬弄過去，但時日一久，他的疑竇益深。

和馬秘書這一席話談過沒多久，有一天藥鋪的老闆娘跟我說的話更是意外。她先開個頭說道：「哎呀，先生您眞是無妄之災啊，碰到個瘋子亂說話。」

我問：「什麼事啊？」

她說：「帕喇（攝政）家那個精神錯亂的公子說了些很奇怪的話；他瘋了，說的話當然不必當眞。他說他知道一個天大的祕密，這在我國是個不得了的事。大家就問他是什麼事，他說從日本來了一個和尚，這個人身分雖是和尚，卻同時是政府的重要官員，為了探查我國的底細而來；這個人是誰呢，就是色來．安契（色拉的醫生），我在大吉嶺就遇見過他。您看他說的話是不是很怪？根本沒有人知道他去過大吉嶺，您說呢，他眞的去過嗎？」

我說：「他精神不正常，講的是夢話，不必當眞。」

老闆娘說：「他家裡的人平常固然會把他的話當作是瘋言瘋語，但這件事倒是信的。總之我在外頭聽到了這些傳聞，想想還是告訴您，您自己要當心些吶。」

這是五月十四日的事。當晚我回到財政大臣家，第二天即刻前往我在色拉寺的僧舍，然後在夜深人靜時擬了封給法王的奏章，準備事機一旦敗露時上書法王。

122・商隊長洩漏祕密

我之所以必須先準備好寫給法王的奏章，乃是因爲不知道事態會如何發展，而身分已經開始曝光，屆時若被揭發卻沒有任何對處的話，恐怕會有難以逆料的禍事臨身。我想到的就是設法證明自己是爲了佛教修行才來到西藏，於是擬了這封奏章；這份文件至今仍保留在我手上。

我覺得奏章寫得不錯。過去我以藏文寫過許多文章和詩歌，但從沒有像寫這封奏章時那樣愉快過。我很有信心奏章的遣詞造句既彰顯了我求道的熱心，也足以產生感動人的氣勢。我總共花了三個晚上才寫好奏章。

內容大概是這樣的：首先以西藏的習慣向法王表示敬意，然後再向這位白雪般清淨而優美的主人說明，我是爲了拯救世人精神上的苦痛、發揚眞實佛教的法義才來到這個國度。當今奉行佛教的國家雖然不少，但多爲小乘佛教，而奉行大乘佛教的中國、朝鮮及尼泊爾等國則沒有太好的表現，眞正維持大乘佛教眞面目、保留佛法菁華的，全世界只剩下日本佛教與藏傳佛教而已。

我認爲將此尊貴的純粹佛教之眞理種籽播撒到世界各國的時機已經成熟，因爲全世界人類已經厭惡了感官的滿足，開始熱中於追求精神上的最大自由。在這種時刻如果不設法以眞實佛教塡滿精神上的匱乏，做爲大乘佛教之國的我們就沒有盡到該盡的義務，也是我們的羞恥。而我就是爲了確認到底藏傳佛教與日本的佛教在精神上是否一脈相承，才前來藏地。

所幸西藏新教派（格魯派）的佛教確實與日本的正統眞言宗一致，其教主（龍樹菩薩）也是同一個人。兩國的佛教徒應該聯合起來努力將眞實佛教普及全世界。這正是我忍受千辛萬苦，越過雪原、雪山，涉渡河流險阻來到這個國家的理由。這種虔誠的精神連佛陀都感應到了，在佛陀神力護持下，我通過重重嚴格封鎖順利抵達了目的地，並且進行佛教的修行至今。這個國家守護佛教諸神，也接納了我誠摯的願望，允許我留下來追求佛道。

因此如果法王殿下也能夠像佛陀及護法諸神的庇佑那樣照拂我，並且攜手致力於佛教光輝的普傳，這不正是佛教徒最大的義務嗎？我深切盼望這件事情的實現，因此有不可已於言者。另外我在奏章的最後提到，我在印度菩提迦耶金剛道場受錫蘭法護居士之託，要將釋迦牟尼如來的舍利和銀製舍利塔敬呈法王云云。

奏章擬妥後，我只知急著搜尋比較高級的紙張抄寫上去，渾然忘了呈遞這份奏章將曝露我的身分，使自己面臨死刑的危機。五月二十日我再度回到拉薩市內，住進財政大臣府邸。當天我和前財政大臣一起前往賈瑪林卡❶遊園，這是我在西藏最後一次歡樂的冶遊了。我們在那邊無拘無束地交談，說了許多西藏古代高僧的故事，也說了其他許多話，度過愉快又自在的一天。這段期間由於班禪喇嘛來拉薩受戒，不論政府官員或老百姓都非常忙碌，從各地來了很多人，各商家都生意鼎盛。

正好在我遊林卡那天，商隊長泉追也去找雅布西．薩爾巴（貴族身分的達賴喇嘛家人）遊玩。當今法王的父母已經亡故，家族只剩下一位胞兄；達賴的胞兄於是代表他們的父母獲得中國皇帝公爵的封號，住進拉薩府南邊新建的宅邸。由於法王的威光，他的哥哥在藏人之間非常顯赫。泉追見了法王胞兄，談了許多話，不知怎的說得興起，竟把我的事情說了出來。他們當時的談話過程，查龍巴後來對我做了大致的追述。

泉追對法王胞兄說：「您知道嗎，我們國家來了個很特別的客人？」

法王胞兄問道：「什麼樣的人呢？」

泉追說：「他是從日本來的，是日本正式出家的喇嘛，這種喇嘛和中國的和尚很像，但是比中國出家人還了不起。他是眞正的出家修行人，每天吃兩餐，過午不食，既不吃肉也不飲酒，實在令人佩服。」

法王胞兄又問：「這個人到底住在哪裡呢？」

「您肯定知道的，色來．安契，就是那位著名的色拉的醫生。」

法王胞兄聽了，想一想說道：「色來．安契這陣子評價非常高，連法王都接待過他，貴族和高僧們也爭相延請這位名醫，短短一、兩年之間就能以醫術博得如此響亮名聲，怎麼看都不像是中國人的樣子。我甚至想他會不會是西洋人，聽你這樣一講我終於明白了；日本人確實不比西洋人來得遜色。不過這下子可麻煩了。」說著表情有些困惑的樣子。

泉追問他：「您說的麻煩是什麼呢？」

「沒有別的，據我所知日本和英國關係非常密切，這一點很要命。而且這個國家還是個可以將大中國打得落花流水的強國呢。不用說他們一定想將我們這個小小的佛教國納入自己的勢力範圍，而首先一定會派遣情報員來從事國情調查，這是毋庸置疑的。現在事情可棘手了，和色來・安契有關係的那些貴族恐怕會遭遇和當年薩拉特・強卓・達司入藏時一樣的大麻煩吶；色拉大學也同樣會受到難以想像的打擊啊。這可傷腦筋了，不過不能當作沒這回事，一定要想想辦法才行。」

泉追原以為把我的眞實身分說出來法王的胞兄聽了會很高興，沒想到完全不是這麼回事，馬上開始擔心起來。本來就沒什麼特殊主張和見識的泉追，由於充滿恐懼而開始為我辯護，他說：「色來・安契不可能是政府派來的情報員，因為他住在每天一定要吃肉的拉薩，尤其色拉大寺是最常獲得信眾布施肉粥或其他肉類供養的地方，可是他照舊只吃他的糌粑，如果他不是日本修行成就的出家人，絕不可能這個樣子。」

法王胞兄聽了說道：「這就是你不懂的地方了。這世界上有一些看似如來的惡魔，釋迦牟尼滅後，有一位優婆掬多尊者（Upagupta）由於從來沒有見過佛陀，一心想看看佛陀眞正的面貌，也就是具三十二相、八十種好❷金色圓滿的模樣，可是毫無辦法。後來他聽說第六天的魔王❸於佛陀世尊在世時，曾經多次親見那種莊嚴相好，於是請求魔王運用神通讓他一睹佛陀的尊容。魔王一聽馬上變成佛陀世尊的模樣，端坐尊貴的金剛道場。優婆掬多尊者見了不自禁對他行三拜之禮。對惡魔而言，化身爲佛陀的模樣非常容易，恐怕色來・安契的眞實身分是日本政府的情報員，喬裝成純正僧侶模樣只是爲了混淆我們的判斷罷了，你絕對不可以相信他。何況我們邊境封鎖得非常嚴密，他卻能通過重重考驗來到這裡，可見絕非一般的人。說不定從哪裡飛進來，或運用不可思議的方法潛入的，所以不可掉以輕心，哎，這下可麻煩了。」

泉追聽了滿臉蒼白，喝的酒全醒了。

【注釋】

❶賈瑪林卡：位於拉薩市區南邊拉薩河的河中島上，林蔭扶疏，藏人喜至此遊園、玩水、沐浴。

❷三十二相：梵文作Dvātriṃśa Mahāpuruṣa-lakṣaṇāni，指佛或轉輪聖王的三十二種完美的外貌特徵，如足下安平立相（扁平足）、正立手摩膝相（手長及膝）、馬陰藏相（性器不外露）、四十齒相（四十顆牙齒具足）、廣

長舌相、頂髻相、眉間白毫相等。八十種好：又稱八十種隨形好，梵文作Aśīty ānuvyañjanāni，指佛、菩薩所具八十種形象特徵，如舉止如獅子王（威儀如獅子）、具象聲雷音（聲音和雅美妙）、眼青白分明形如青蓮華葉、指色滑澤、諸指豐滿、身無痣點、耳輪相（耳肉厚、耳垂修長）、額廣圓滿等。

❸第六天的魔王：佛教中眾生世界分爲六道，其中之一爲天界，天界又分爲欲、色、無色三界，欲界有六天（六欲天），其最上層即第六層爲他化自在天，又稱第六天，住有天魔波旬及其眷屬，常相率到人間界妨害佛道。

123・決意離開西藏

泉追憂心忡忡地到查龍巴家去，但似乎並不打算談這件事。因爲是晚上，查龍巴就請他喝酒，兩個人喝了不少。查龍巴看泉追一直喝悶酒，因爲已經是老朋友，他很瞭解泉追，就問他：「我看你一定有什麼心事才會一直喝悶酒，到底發生了什麼事？」

泉追一開始不說，回道：「沒什麼事啊。」

等他越喝越多，帶著強烈醉意本來不想說的事情到這時也就滑出口來，他把和法王胞兄的談話一五一十告訴了查龍巴。等說完這件事情，時間已經是半夜十二點，他才施施然離去。隔天一早查龍巴立刻派了一名僕役牽了匹馬到色拉寺接我去他家，可那時我不在色拉的僧舍。查龍巴其實知道我比較可能在財政大臣府上，不過他不太敢直接派人去那邊接我。

前一晚泉追回去後，查龍巴夫婦兩個人心亂如麻，一晚沒有闔眼。到色拉接不到我，又派人到財政大臣家想偷偷叫我出去，那天是二十一日，我因爲有事人在外頭；這使得他更加慌亂。他怕的是我手上有他從大吉嶺帶回來的信件，要是我被逮捕，那封信就會被當作證據，讓他琅璫入獄；同時他也很擔心我的處境。

由於惟恐災難將降臨身上，加上對我放心不下，他們夫婦拚了老命在拉薩到處找我，找到筋疲力盡却仍不見我的蹤影，不知如何是好，甚至已經有被人捉拿入獄的心理準備。那天傍晚，我又順道去他家走走，沒想到他們看到我就飛也似跑到我跟前，淚眼婆娑地說道：「您終於出現了，這一定是佛菩薩把您帶來的！」

我不知道事情又有了什麼發展，於是勸他們說：「不要慌，你們這樣子話講不清楚。」於是三個人坐下來，然後查龍巴詳細轉述了泉追的話。

兩個人輪流把事情說完，然後問我：「您現在有什麼打算呢？不管怎麼樣我們幫您帶回來的那些信件趕快燒了吧。我們也想聽聽您接下來要怎麼做。」

我告訴他們：「我已經決定好了。這些天我也寫了給法王的報告，不管發生什麼事我都不會連累你們，所有事情我都想過了。」

他們又問：「原來您都知道了？」

我說：「我都知道，你所聽說的那些事我還不至於不知道。」

「所以說您是個很不簡單的人吶，難怪法王的胞兄認為您具有超乎想像的神通力。」

「這跟神通一點關係也沒有，我不過是推理得知這些事必然發生，因此預先做了些準備。」

雖聽我這麼說，可是查龍巴拙於推理，還是堅持道：「哪裡是這樣，您一定是憑藉神通得知商隊長和法王胞兄的談話，您現在會來到這裡也是對那件事有所感應的緣故。如果您早就知道了，怎麼不快點來，害得我們一整晚都睡不著。」眞是冥頑不靈。

他又問：「您給法王的報告已經送上去了嗎？這樣子處理我們會很慘的。您固然毫無疑問是修行成就的喇嘛，但法王的胞兄是個心狠手辣的人，天曉得他會怎麼說。要是法王聽信他哥哥的話，接下去會怎麼發展難以逆料，我們也會有大麻煩，你說怎麼辦？」

我說：「總之今天晚上不先打坐進入斷事觀三昧來做判斷的話，我是沒辦法決定什麼的。現在我先告訴你們我的處理原則。第一個想法是，我是第一個進入拉薩的日本人，事到如今我的身分、想法如果無法讓藏人充分理解，我會覺得很可惜，所以即使我遭遇任何災難，只要不連累你們以及財政大臣還有色拉大寺的話，我就留在此地並且向法王上奏章。第二個原則是，如果上奏法王能保住我自身卻會殃及無辜，我就絕對不做這件事。

「第三，如果不上奏章就離開西藏前往印度，最後也不會害到各位，那我就這麼做。第四，不管上不上奏章，如果我出走印度，結果留下各位承受各種災難的話，那我就絕對不離開西藏；人留在西藏，然後上奏法王請求諒解。要是我走人也好不走人也好都會連累各位的話，那麼留下來和我的朋友們一起受苦並且死在這個地方是我的義務。我絕對不會只為了自保而逃走就是。如果斷事觀三昧的結果，知道出走印度不會對這裡的朋友造成太大的困難，或者完全不會有影響，那麼我就走。

「今天晚上我會就這四個可能性入斷事觀三昧以尋求正確的判斷。不過這只是我個人的判斷，也許會有不周延的地方，因此我還會向我的師父甘丹赤巴仁波切請示。當然我不會說我是日本人，因爲出了事想問問他好不好就這樣回去，而是問他，我必須離開前往外地朝聖，但離開後對此間的病人會不會有不好的影響，請他幫我判斷一下。如果他的答案和我的想法一致那就依此採行，倘若不一樣，我再找徹滿林寺的喇嘛問，答案和我師父一致，就採用師父所說那一案，答案和我的想法相同，就用我決定的辦法。」

查龍巴夫婦聽了說：「根本不必向其他不知情的人請教，只要您決定了就照著做不就好了嗎？無論如何請您一個人下判斷吧。」

我說：「這樣不好，像這麼重要的事情不能不聽聽別人的意見，我一定要這麼做。」

他們說：「既然如此，那就越快越好。」

說完我就回去了。當晚我在財政大臣的別殿中獨自一人靜坐以入斷事觀三昧，希望明確求得一個最好的處理方式。

經過很長一段時間我才開始進入無我之境，不久答案就浮現出來了：如果我留在西藏，即使不遞上奏章向法王解釋也會有麻煩，而前往別的國家並不會嚴重連累這裡的人。這是我自己得出的結論。第二天起床後，我火速前往甘丹赤巴的住處，向他請示出去朝聖的事。師父笑著告訴我他的想法，他說：「我想你出去朝聖的話，到現在還在受苦的病人反而會變好。不過你所說的病人大概不是眞正的病人吧？反正你留在這邊拉薩其他醫生就沒錢好賺，就算是幫他們好了。」

他眞的很厲害，知道我將離開這個國家。西藏固然還有許多修行成就的大喇嘛，不過我對曾經親炙其教誨的甘丹赤巴特別感到敬服。這也是我的師父甘丹赤巴和我最後一次見面。

124・恩人的義烈

這一天我仍舊回財政大臣府邸，本來打算直接向他坦陳我的祕密，不過正好是五月二十二日，藏曆的四月十三日，法王要從羅布林卡離宮返回拉薩城裡的日子，前財政大臣必須去加入奉迎的行列。我一時也沒什麼辦法，於是跟著他出去參觀法王的鑾駕。這一天法王的鑾駕特別盛大，以四名宰相爲首，包括各部會大臣等都穿了換季服裝，全副行頭穿戴整齊前往出席歡迎的行列。不過鑾駕還沒進入拉薩市街就開始下起雨來。

這場雨眞是凶得很，教人頭疼，因爲它不只是雨水，還夾雜著冰雹，打得看熱鬧的和奉迎的人都苦不堪言。遇到這種場合是嚴禁穿上雨具的，一些僕役及馬伕因爲披著斗篷所以不受影響，但那些一身織金繡銀的大臣，從頭到腳被雨水和冰雹打得濕淋淋一片，一行人騎著馬過來的模樣眞的狼狽極了。

等法王鑾駕繞了拉薩城一圈進入大昭寺的時候，雨停了下來，天氣突然放晴，叫人心情感到非常愉快。有些幸災樂禍的中國人，看到法王一行在途中淋成落湯雞高興得邊笑邊罵。不過這種下雨的方式確實有些奇特，很不可思議。當晚我特意去拜訪前財政大臣和他的尼僧伴侶，打算稍稍提及我的祕密。

尼僧待我就像母親，雖然只有一年的相處，卻好像已經認識了十年、十五年般感情深厚。現在已經到了不能不向他們陳明我眞正身分的時候了。我決定離開拉薩府遠颺，但不向恩義深重的他們說出一切眞相就走，我是無論如何也不忍的。

我見到他們，向他們報告：「其實我並不是中國人，而是日本人。今天突然這樣說或許您們不會相信，不過我可以讓兩位看個證據。」然後把日本政府發出的護照拿給他們看。前財政大臣粗通中文，一看到兩頭飛龍中間「大日本帝國外務省之印」的字樣，就確認了我的日本人身分。

前大臣說：「我終於明白了。其實我一直不認爲你是中國人，雖然一開始還這樣想，但我從未遇到任何像你這樣熱中修習佛法的中國人。中國的出家人雖然爲數甚多，但具備佛法修養的人卻很少。有些甚具名望的中國高僧，在我眼裡卻不怎麼樣。但是你和他們不一樣，是個眞正在佛教上下工夫的人，我想也許你根本不是中國人，但你又自稱福州人，說不定福州這個地方佛教特別興盛而我不知道。總之心裡一直有股疑惑。現在總算釋疑了。」說完他接著又問：「有人說日本人和西洋人一模一樣，這是眞的嗎？」

我答道：「完全是不一樣的人種，日本人和貴國的人民是同一個種族，也就是蒙古種，絕非歐羅巴人種；另外宗教也和西洋不同。」

前大臣多少知道一點，因此立刻相信了我，又說：「好吧，那麼所謂祕密就單單是日本人這件事，還有其他特別的嗎？」

我說：「現在有些狀況使得我不得不將我的眞實身分向法王政府坦白。」

他問：「到底怎麼回事？應該沒有這個必要吧？」

於是我將事情的來龍去脈詳細向他訴說了一遍，唯有我使用斷事觀三昧做判斷，以及其結果和請示甘丹赤巴的結果一致這兩件事沒有說，理由是這樣一講他們就會覺得我很想離開西藏前往印度。

前大臣想了想，說道：「那麼接下來有什麼打算呢？」

我斷然答道：「既然專程遠道來到這裡，我想向法王陳明我的日本人身分，所以寫了這個東西。」我從懷裡拿出寫好的奏章，交到大臣手上。接著我又說：「把這封奏章上呈法王是很容易的事，可是這樣做說不定會爲您們惹來巨禍，不如您們把我這個外國人綁起來交給噶廈，這樣我就不擔心您們會被我連累到。然後我還是會對噶廈說明我眞實的意圖，也就是爲了佛法修行而來到這裡。」

大臣聽了縐起眉頭說道：「這樣做不行，這樣一來你肯定會被關起來，最後不是餓死就是凍死；就算沒有餓死、凍死，也會被殺死。當然對你這個外國人是不會公開處刑的，而是偷偷把你毒殺。所以你不要這樣自己去送死，死了就什麼事也完成不了了。」他的語氣非常嚴峻。

我解釋道：「即使成了什麼大事，如果禍及他人就不算什麼了。雖然自己失去性命卻不至殃及無辜，我反而比較能接受。您們把我當作親生的孩子一樣疼愛，我卻自己逃走，丟下您們在這裡受難，這我無論如何做不到。」

老尼僧本來只是稍稍顫抖，滿眶淚水憂心地聽著，這時卻忍不住趴下來痛哭失聲。

大臣嚴正說道：「殺害一個懷有大志的人以保全我們這去日無多的老命有什麼用？我雖不肖，但也是眞實信仰佛法的人，爲了免除自己的災難而送人去死是不可能的，更何況我從各種方面觀察，確知你既不是政府情報員，也不是前來盜取我國佛法的外道。縱使我們性命難保，也不能爲了保命而讓一個眞實爲佛教修行而來的人受苦。以我國目前的狀況，絕非你表明本籍的時機，所以你還是暫時回國，等待其他機會再來吧。我是個無能的人，但我是甘丹赤巴的親弟弟，也是他的弟子，從他那裡學習了大慈大悲之心，不會只想到自己而拋棄他人。就算你走了後我們遭遇什麼不測，也會當作是前世的因緣果報。」說著看了看老尼僧，說：「你說對不對啊，寧皆依瑟（悲智尼）？」

老尼僧聽了這才抬起頭來，面露喜色說：「您說得很對。事情很危急，能夠的話您還是早點離開吧，絕對不要擔心我們的事，我們自有辦法。不要再講些沒有用的道理了，最好是快點走。現在正好是偷偷離開的最好時機，因爲班禪喇嘛駕臨拉薩，這個月拉薩到處亂烘烘的，您走的話不會有人注意到，眞是再好不過了。要不是這種時候，即使您沒有受到什麼懷疑也是寸步難行，理由是法王的御醫認爲無論如何應該將您留下來，而他已經向法王提出這個建議。所以現在正是最理想的時候，趕快加緊準備好早點離開吧。」她的語氣一片眞摯，帶著眼淚殷殷規勸。

125・出發的準備

兩位長者眞摯的慈悲讓我打從心底感到喜悅，不知不覺流下淚來。他們所說的話確實非常受用，不過暫時還不能聽從他們，所以我再一次勸他們：「為了兩位日後著想，還是請將我解送給政府吧。」

他們無論如何不接受，最後老尼僧對我說：「這樣爭執下去對事情毫無幫助，乾脆我們去找甘丹赤巴仁波切看他怎麼說吧。只要對雙方都不會造成危害，就依照您的辦法上奏章給法王也無妨。我們這樣僵持不下，問題永遠解決不了。」大臣聽了也表示同意。

這時我才將剛才一直沒有提起的，去找甘丹赤巴請示以及斷事觀三昧的事和盤托出，他們聽了就笑著說：「如果是這樣那還擔心什麼，不過就是你必須盡早離去罷了，還說什麼把你綁起來送到政府那邊去。雖然你說了很多道理，但這樣做一點好處也沒有。只要甘丹赤巴也確認過，那就沒有問題了。你的判斷竟然和甘丹赤巴的指示若合符節，實在是佛的旨意，如果你不照著做反而會發生不好的事。你就早點歸國吧，雖然你回去的一路上我們無法為你做些什麼，但要是事情敗露後有追兵，我們一定全力為你祈禱，祝願你能平安離開這個國家。」

他們眞是完全不以自身的禍福為慮，一心只想到我的安危，這種心意我一輩子都忘不了。於是我將放在大臣府上的經書類物品全部收拾起來，然後拿到天和堂藥舖寄放。我對天和堂老闆李之楫說，我目前有些計畫，而且還需要購買一些東西，所以想去一趟加爾各答；去了加爾各答，如果運氣好能收到從國內匯來的錢，我就立刻回返拉薩來買書，如果收不到錢，我將回國一趟，等明年或後年再來西藏。現在事情會怎麼發展完全無法判斷，但我必須盡速出發。最頭痛的是行李的問題，我必須將這些書籍、經典一一帶回去向國人展示我此行的眞實性；可是行李這麼多就必須購買馬匹或想其他辦法運送，我問他有什麼建議。

李之楫氏和我交情匪淺，信任我到可以爲我拋擲身命的程度。只要有這樣一個人什麼事情都可以順利解決，要是他對我信心不足，則不但幫不了忙，說不定還會惹禍上身。不過他對我眞是充分信賴，我想他大概也知道我是日本人吧，因爲他幾度到我的住處，看到日文的圖書，就覺得有些蹊蹺，後來在這方面特別注意各種蛛絲馬跡，所以我看他雖然不說，但心裡似乎已經確定我是日本人。

當我向他說我要走，而關於我的一些流言也開始四處傳播的時候，一般人多半會覺得危險而不願幫我，但他並不是這樣的人，反而爽快地答應了，他說：「這麼說有件事很巧，我有一個雲南同鄉四天後要出發到加爾各答做買賣，你跟他一起去怎麼樣？把行李託給他搬運也可以便宜一些。」

我說：「太好了，那就請你幫我說一聲。」

他說：「沒問題，他是我的好朋友，不會不答應的，何況他回程要運載許多貨物，因此去的時候有很多馬背是空的。」

我們正商量著，李老闆那位雲南同鄉正好來了。李老闆跟他說：「說曹操曹操就到。是這樣子的，有一些行李想請你幫忙運到加爾各答去，不知道方不方便？」

這個商人原來和我也有生意上的往來，因為我常向他購買麝香、鹿茸及其他藥材，而我和他之間的銀錢往來一向清清楚楚，所以他一口就答應了，不過他又說：「其實我這邊空著的馬匹倒是沒有，幸好還有一個機會，有個生意人也是四、五天後要出發，而且會比我早日抵達加爾各答。他受到駐藏大臣行轅委託，要順便送補給到卓木❶給守城的官兵，他的馬匹大多沒馱什麼東西，如果由他來運送說不定更加合適，但是可能要稍稍多花點錢，您有沒有問題？」

我說：「這樣也很好，只要我的行李能夠早日送達，多花點錢是應該的。」於是事情就這樣說定了。大家又談了些話直到傍晚，然後我回到色拉的僧舍，開始整理放在那邊的各式經卷，準備送到拉薩城內。

我徹夜將所有經卷打包，並在次日也就是五月二十四日上午雇人搬到拉薩城裡的天和堂。那些天寺院裡特別安靜，原來六、七千名僧侶活動的地方變得每個康村只剩下兩、三人，所以行李搬出的動作並沒有引起特別的注意，不管徹夜打包或雇人搬運都很順利。

有一個沙彌昌百依瑟（慈智）長期幫我料理僧舍裡的大小雜務，我必須給他個交代。這些日子我不在僧舍的時候，就把他託給一個師父教他讀書，等我回到僧舍，他就過來幫我打水、燒茶；現在我不能說走就走，必須正式將他辭退。何況我突然把書籍行李都取走，如果不跟他說一聲，也會令他起疑。

我告訴他：「現在我有一個很好的機會，必須馬上出發去朝聖。西藏有三座大聖山，一座是羌塘高原的岡仁波齊峰，也就是凱拉斯山；另一座是西藏和印度阿薩姆省交界上的察利雪山；還有一座就是世界最高峰珠穆朗瑪，也就是埃佛勒斯峰。現在我打算前往財政大臣的弟弟所住的察利雪山那邊朝聖，大概要花四個月時間，所以我會把四個月的學費和食物留給你。」於是我把昌百依瑟四個月分的學費和糧食託放在他老師那邊，如果留給小孩子，他會一下子花光光。

我進色拉大學時有一個師父充當我的保證人，我留給他一套法衣和少許金錢；還有其他照顧過我的，或是教授過我佛法的師父，我也留了一些物品以及金錢當作紀念。把這些事情都料理完畢時，已經過了下午四點。我前往我所屬的吉札倉大經堂敬獻供品，並且點酥油燈供養。我在釋尊像前朗讀告別的祈願文，我念道：「在西藏國色拉大寺吉札倉的大經堂上，慧海仁廣向本師釋迦牟尼佛稽首百拜。佛法本來無礙而遍在，然因眾生業力差別而不識解脫之道。慧海仁廣宿業拙劣，今天無能促成日、藏佛教徒的和合成就，只能空手離去，但願依今日的善緣繼續努力，以期未來日、藏佛教徒能圓滿和合成就，顯揚眞實佛教的光輝於世界之上，謹此至心祈禱奉聞。」念誦完畢後，又口唱釋迦牟尼名號，行五體投地之禮十遍，才辭別經堂。

【注釋】

❶卓木：位於西藏與錫金、不丹邊境的城砦，在今亞東縣境内。卓木爲藏名，清廷方面則稱此城爲靖西或仁進崗。

126・出發準備完畢

我走下經堂的石階，從青石板的院子左轉，一路走過去底下是一段很陡的石板路，那是位於法林道場（辯經處）旁邊的階梯，走下去就會抵達法林道場漂亮的大門。大門比平地稍高，走上三公尺高的石階，迎面一座中國式山門，裡面就是法義問答的場所。道場周圍都是低低的石牆，牆面塗抹白灰。進門處非常寬闊，是等級較低的僧侶做辯經前練習的地方，四處植滿了榆樹、柳樹等一片翠綠，而此時西藏的木蓮花正散放迷人香氣。

對不甚講究的西藏人而言，這個地方大概是他們所建造出來最最風雅的場所。我一一參訪過三大寺，但沒有一個地方比得上這裡。法林道場的後方，就是高高聳峙的巖山，陽光照射在岩石間流水上，風景非常優美；天然美景搭配上人工的優雅，自成一種風流。

來到這個法林道場，我的心情非常激動。馬上就要訣別這個難忘的地方回去日本，而好不容易來這麼一趟，卻不能坦陳我的日本人身分就要低聲下氣離開，實在感到很遺憾。我也不知道接下來會不會連累這裡的朋友。死亡終歸不可避免，不管走到哪裡，不管早或晚，人生終有一死，只是在面臨死亡的威脅之前，我到底要不要將奏章上呈噶廈表明身分呢？這麼有力的文章都已經寫出來了，卻來不及拿出去就被殺掉，這將多麼令我飲恨啊。我在極度的激動中走出法林道場，竟聽到道場一角傳出很大聲的「覺布培卜」。

那是藏語「快點走」的意思。到底這是誰在對誰說話呢？我環視四周，但一無所見，只有夕陽照著法林的樹枝發出綠光……也不是黃鶯的聲音；難道是我內心迷惘的呼聲？我邊想邊走了兩、三步，不可思議地又清楚聽到「覺布培卜」這美麗的聲響。這一定是誰在跟我說話，我又遠方近處仔細搜尋了一遍，連法林道場後方都過去看了，但一個人影也沒有……實在太奇妙了。

等到我非常確定不宜再滯留西藏，歸國的時刻已到，整個心非常篤定而沒有猶疑時，那奇妙的聲音也消失了。那時我正走在解脫佛母小堂側面的石階上。然後我又通過色拉寺的大經堂，回到我的僧寮，把剩下的少許行李帶在身邊，當晚即回到拉薩城裡，住在天和堂。翌日亦即二十五日我出門去取訂購的圖書，因爲已經訂購且經卷難得，我想至少要把付過錢的取回。當天及隔天我又蒐羅不少經卷回來，李老闆幫著我一一打包。

又次日，因爲每天下午兩點會宰殺很多犛牛，我請賣皮革的商家幫我到屠宰場買了三張犛牛皮。剛剝下來的犛牛皮非常柔軟，上面還帶著血，我用這些皮包覆在箱子外面——經卷已經捲起來且層層緊密包妥，不擔心會弄髒——內皮朝外，有毛的那一面向內，然後仔細縫牢。等到皮革乾燥後，就會跟木板一樣堅固，對行李起了很好的保護作用。打包完畢已經是五月二十七日，而二十八日雲南商人一行就要出發，我向他借了匹馬，準備和他同行。那天晚上，我前往財政大臣府上辭行。

由於我把法衣、袈裟等一般衣物都裝進了行李包，出門變得有些不方便，於是向前財政大臣借了一套法衣，而大臣也贈我一百盧比餞行。他說這是為了答謝我這些時日來給他們的幫助，其實他們照顧我才多呢，我致贈他們禮金還差不多，但當時情況下一百盧比對我幫助非常大，也就不客氣收下了。和他們殷殷話別後，又回到天和堂去。

沒想到當天發生了一則變故，那就是我此行依賴至深的人開始反悔答應我的事。這名中國商人和駐藏大臣的秘書馬詮關係非常親密，當馬秘書知道了我要隨著他離藏的事，就向他分析了利害關係。

他說：「那個喇嘛肯定不是中國人，而看起來多半是個日本人；我不知道他哪來的膽識敢於深入藏地，雖然他在佛法方面根基很深厚，但這種敏感時期單單為了佛法入藏實在有些令人難以相信，說不定是受了英國人的委託前來探查西藏國情。如果讓他和你同行會要了你的腦袋啊。」

這名中國商人聽了非常驚慌。馬秘書在拉薩中國人當中是最懂道理、做人最練達的一個，平日很受眾人尊敬，因此經他這麼一說商人就聽信於他，以致我原來與他講好的事情完全泡了湯。

花了那麼多工夫溝通，結果既不能與他隨行，行李的運送也沒有了著落。李之楫君告訴我：「儘管如此至少行李部分還是有可能說動他幫個忙，也許要多花點錢；我用藥舖的名義向駐藏大臣的下屬關說一下，讓他們祕密帶著走。到底要花多少錢不知道，不過我會跟他們說這是我的藥材，這樣一來他們應該不會獅子大開口才對。」

我說：「至少請他們幫忙運走一箱吧。至於我也必須緊急出發，能否請你幫我準備一下禦寒衣物和食物，否則路上很不方便；另外我也需要找個挑伕。」李老闆即刻出去幫我交涉，不過對方人不在，只有訕訕地回來。

隔天五月二十八日，平日睡得很遲的李老闆特地早起幫我交涉行李搬運事宜，順利達成協議：付給行李的監督者二十盧比特別報酬，另外兩匹馬把行李運到靖西也就是卓木爲止的運費是四十盧比。我把錢交給李老闆，他即刻拿去付給對方；行李則在當晚偷偷先搬到對方那裡。原來中國商人赴印度行商，若是順便接受駐藏大臣委託運送補給，明明只需要十匹牲口，卻會徵發十五、六匹，然後把多餘的馬拿來私下幫人運貨，以賺取多餘的利潤。這種外快在中國人之間已形成默契。

於是我的行李就被當作天和堂的藥材委託給他們運送。行李的問題解決了，但和我同行的嚮導兼挑伕則還沒有著落。天和堂的李老闆非常擔心，他太太也努力爲我奔走，終於找到一個不錯的人。他是個叫做田巴的還俗僧人，原來是丹吉林寺很出眾的僧侶，只因第穆事件後，第穆呼圖克圖死於牢獄，丹吉林寺被毀，寺中僧侶四散流浪。

田巴也是其中之一，潦倒的結果還俗娶妻。他是個正直的人，不只如此，年輕時還去過大吉嶺三趟，對大吉嶺一帶的地勢瞭如指掌。我告訴他的行程大致是這樣的：先到大吉嶺，然後前往附近不丹、錫金的雪山聖地朝聖，再回到大吉嶺，南下加爾各答，順道參訪菩提迦耶、瓦拉那西等聖地，回程再去尼泊爾巡禮，然後返回拉薩。

整個行程前後預計四個月時間，他的食物和衣服由主人提供，另外每個月另有工資若干，出發前預付一半工資。田巴把預付工資全部交給他的妻子，做爲今後四個月的家用。第二天五月二十九日，就是藏曆的四月二十日，應該處理的行李都處理好了，於是整裝準備從拉薩出發。

【第八部】

離開西藏

127・辭別拉薩

這段期間拉薩城裡一片混亂，全城上下鬧哄哄的程度教人瞠目結舌。三十名寇察巴（警官）加上三十名喇恰巴（巡警）就是拉薩所有的警力。他們平常主要負責抓小偷或揭發不法，但這時全部擔任達賴喇嘛和班禪喇嘛的貼身保鏢去了，對其他亂象根本管不著。另外所有高等俗人官吏及高等僧官也都各忙各的忙得昏頭轉向，無暇顧及別的事情。這眞是我離開的最好時機。

拉薩來了很多外地人，我所屬的色拉寺僧侶也都進城了，這時要離開拉薩如果穿著旅行裝束反而容易招人懷疑，所以我還是穿上向財政大臣所借的法衣，看來就像很普通的一名色拉寺僧模樣。早上十一點左右，天和堂李老闆夫婦特別準備了豐富的精進料理（素食）爲我餞別。

最叫我不忍的是李家十一歲的女兒和五歲的小兒子，兩個人因爲我即將離去而啜泣不已，尤其姊姊更是低著頭一直哭，不讓我看到她的臉。等我終於要出發了，她媽媽叫她起來向我道個別，她才忍不住放聲大哭。由於感情太親了，即使只是小孩，這時也深深感受到離別的痛苦。

李老闆的弟弟（藥鋪總管）、內弟、內弟的女兒，還有田巴的太太四個人說要送我們一程，不過一伙人如果走在一起太惹人注目，於是約好在拉薩城郊離哲蚌寺不遠的樹林中會面，然後分別出門。我穿上僧服，和嚮導慢慢往拉薩市外走去。到了離大昭寺不遠的地方，一個巡警大喇喇向我走來，由於正是敏感時刻，我擔心會不會他已經發現異狀要逮捕我，沒想到他走到我跟前注視著我，然後說了聲：「恭喜。」我不知道他爲什麼原因和我打招呼，只好不做回應，他又說：「眞是可喜可賀，一切都很圓滿，恭喜恭喜。」我依舊滿頭霧水，只能支吾地應一聲「是啊」，結果他竟對我行了三拜。

我想：「他這樣子應該不至於會抓我，可是幹嘛還對我行禮？」突然我想通了，我身上穿的可是向大臣借來的法衣，只有高官或御醫才可以穿。因爲那時我的評價很高，謠傳我將擔任法王御醫，現在我穿著如此堂皇的服裝，他大概以爲我已經就任御醫了，所以才說「一切都很圓滿，恭喜恭喜」。

我想我應該給他一點賞錢。他三拜之後，又吐舌爲禮並且向我低下頭，我就伸出一隻手摸摸他的頭，給了他一章卡。他舌頭也沒縮進去，高興地回頭就走了。離城途中來到大昭寺，聽到那麼吉利的話，我覺得是好的徵兆。

我想稍稍提一下西藏巡警的狀況。這裡的巡警風氣很壞，教人頭痛。首先他們沒有固定薪水，所有收入都是在市區到處向人要的。他們可不像乞丐那樣低聲下氣討錢，多半三個人一起站在商家門前大聲地又吼又唱。他們口中吼出來的內容很有趣。

「接受有千萬金銀財寶的人施捨的是我們，接受身無長物的人要求把千萬金銀毫不手軟地施捨出來的人就是您！給家徒四壁的大爺三十大洋吧，給茅屋裡住的大娘三十大洋吧！您是世間的救主，體恤下民、慈悲爲懷的救世主！把今天您所賞賜的東西晚上拿回家裡，讓饑腸轆轆的老婆高興高興。在空空的碗裡不斷斟滿美酒，讓我們喝到不省人事，讓我們喝到喝不下爲止吧。拉迦羅（願眞神得勝）！」

他們這樣又唱又吼，一遍接著一遍，門裡就有人在金屬的盆子裡裝了糌粑，有錢人家就在正中央放三枚銀幣，一般人家則放一枚或半枚銀幣，加上一條哈達絲巾，拿出來賞給門口賴著不走的三個人。如果賞的東西太少，他們就會開始討價還價，說以前不是這樣，以前你們家都是每個月賞兩枚銀幣云云。由於會弄得人很煩，所以大部分人家都不會少給免得惡鬼纏身。

他們也會到寺院去要錢。寺院一般不准乞丐入內，只有特定時候才准許；但如果平日不賞些錢，在特定時候被這些人騷擾很沒面子，所以平常遇到討賞的還是會給。他們所要到的錢全部交到巡警頭目手上，然後再按照每個人每月應得的數額分發，絕對不能多拿一分一毫，否則立刻會被發覺……。

這些巡警不只靠這種手法要錢，他們也會向鄉下來的朝聖者索討。如果朝聖者以爲給一章卡已經很多了，巡警就會很不客氣地說，你穿得這麼好，怎麼就給這一點點錢。我在鄉下的時候曾聽人家說，這時你若挺身理論，他們就會出手打人，錢也不會少拿。大家爲了減少麻煩並避免挨打，都會乖乖把錢拿出來。

我剛到拉薩的時候，穿的不是正規的僧衣，而是旅行的服裝，就有巡警過來跟我要錢，我很識趣地馬上給他一章卡，也就沒事了。這次要離開拉薩，因爲穿得太富麗堂皇，才會有人過來討賞，照說他們是不許向僧侶收錢的，不過有喜事的時候，比方這人的等級提升了，他們就會討喜錢。這人就是以爲我升等了才過來要錢的。

這些巡警出門去抓小偷強盜的時候隨身絕對不會帶錢，到任何地方都是白吃白喝。要是到三、四天都看不到人影的地方，就會預先向附近的百姓多要些東西一路上吃。警官的身分比較尊貴，不會像巡警那樣做這種事，他們領取政府的薪俸，所以在外頭的行事格調也很不一樣。

離開那個巡警後，我到大昭寺參拜，向佛菩薩一一辭別。接著走過布達拉宮山腳下，繼續往城外前進。跨越一道橋，前面就是廣袤的平原。快到哲蚌寺的時候我們彎進一座小樹林中，藥舖的總管和其餘三人正等在那裡。我一向不喝酒，飯也已經吃過，所以不用再吃什麼東西，但必須把衣服換下來。我脫下法衣改穿旅行裝，法衣則託他們幫我送還財政大臣。

他們帶了不少酒來，邊喝邊和我話別，大家心情都很沉重。有的說：「雖然只是四個月的旅行，但印度那邊燠熱難當，一定要活著回來。」有的說：「您對我們有照顧之恩，現在要離開了，不知道什麼時候才能再見。」說著說著大家都哭了起來。我雖然沒有像他們那麼激動，可是看到他們那樣哀傷地來送別，我和嚮導田巴還是忍不住哭了。依依不捨地別過之後，我們走過哲蚌寺前面；等抵達辛喀宗驛站，已經是黃昏時分。

128．剛巴拉的絕頂

五月三十日我雇了一匹驛馬，從辛喀宗出發。昨天我邊走就邊提醒田巴一些事情。西藏人講話比較誇張，常會做些吹噓，如果田巴在半路上逢人就說我是達賴喇嘛的侍從醫師，反而會招來不必要的麻煩。我耳提面命，要田巴絕對不可以這樣講，結果昨晚在驛站當別人問他我是誰時，我聽到他回答說：「他是一個轉世活佛。」這樣一說人家就會幫我們換個比較好的房間，床鋪還有其他東西都不必跟別人共用，雖然會帶來一時的方便，但說謊騙人到頭來一定會惹上大麻煩。

我跟田巴說：「我明明不是轉世活佛，你卻騙人家說我是，這就跟拿毒藥去害別人一樣，以後絕對不可以再這樣說了。」

田巴辯解道：「就算我什麼都不說，人家也會問我您是不是轉世活佛，我覺得最好說是；底下的日子不這樣說實在不划算。在這一帶說是轉世活佛固然沒什麼用，但是到了鄉下人家會特別恭敬，甚至會禮拜供養，到時可以賺不少錢。像您這樣不知變通永遠賺不到錢。」

我有些生氣，說：「我不是爲了撈一筆才出門遠行的，更別說誑騙別人來賺錢了。犯妄語的罪孽向人騙錢，你知道你在做什麼嗎？」

經我一指責，田巴點頭稱是，可嘴裡還是念念有詞：「還不是因爲需要錢。」

這一天我們在聶唐吃過中飯，又走了十公里就到了南木村。我曾寫道在我抵達拉薩府之前在南木村唯一的人家借宿，聽說有人指出這和薩拉特居士的著書不一致。我寫旅行記文字盡量精簡，有些敘述能省則省，像南木村的變遷等等並沒有特別一提的必要，但既然有人質疑，我還是稍加解釋。

距今二十二年前，我的老師薩拉特居士來西藏的時候，南木村共有三十戶人家；十六年前，拉薩河氾濫成災，席捲了整個村落，災後村民把村子遷到八、九百公尺外西邊山谷稍高的地方。這樣一來在聶唐和江堆之間的中繼驛站就沒有了，於是村人就在村落原址建了一幢房子，裡邊也賣些酒食之類的東西；我那時就是在那間房子裡住了一晚。

過了南木就是江堆。江堆住了一位我在色拉寺認識的僧侶，他的家境相當不錯。到了他家，他很高興地迎接我，又問我去哪裡，我說：「我要去朝聖。」他說：「這是很好的事。」他熱情地接待了我，還借給我一匹馬。

三十一日天還沒亮，我騎上這位僧侶所借的馬，來到恰桑（鐵橋）渡口；前面曾經提到過，這是有木頭平底船和犛牛皮筏的地方。在這裡我讓馬伕把馬牽回去，乘上平底船過渡到對岸，岸上就是帕車驛站。這是剛巴拉險峻山口底下的驛站，我們抵達時天已經快黑了。當晚我又租了匹馬，六月一日凌晨四點離開帕車驛站，騎著馬往剛巴拉攀登；走到半山腰，比我早一天出發的雲南人一行正在那邊放馬匹吃草，並煮了茶正在吃早飯。我和他們簡單打了招呼，問我的行李怎麼樣，他們說有帶著，要我放心。

和那些人道別後，又騎了馬登上剛巴拉最高處。在隘口上回頭遠望，拉薩府在東北方向隱約可見，也可以看到布達拉宮的輪廓。所幸來的時候和走的時候天氣都很好，讓我可以從這麼高的地方遙拜布達拉宮。剛巴拉海拔四千五百多公尺，拉薩則是三千六百多公尺，兩者落差九百公尺，路程卻將近八十公里，直線距離也有五十六公里。

每個西藏人都說登上這個山口就可以看到拉薩的布達拉宮，但也有人說從這裡見不到拉薩，事實並非如此。不過只要從山口背面走下去，就再也看不到拉薩了。我在這裡向拉薩告別，突然想起一個好玩的故事。

一個名叫朋巴本措非常天眞有趣的人，他在一個有錢的尼泊爾藏族人家雇傭。有一次他陪著自己的主人以及鄰近的藏族同胞一起到拉薩朝聖。他在尼泊爾的時候，那邊的食糧充足價錢又便宜，每天都可以吃到米飯；麥也是盛產。到了拉薩，發現食物很貴，因此一行人都不敢吃太多，每次都是餓著肚子去參禮高僧；由於高僧都很有錢，每餐吃得很豐盛，餐桌上肉乾成堆，還有蛋餃等等美食。反過來朝聖者只能在碗裡放一點摻雜了沙粒的糌粑，然後倒點茶攪一攪就吃了；如果這樣子能塡飽肚子就罷了，可是連這樣每餐也只能八分飽，有時甚至只有半飽，而酥油茶也喝不太起，只能喝白開水。所以大家原來一張紅通通的臉到最後變得面黃肌瘦。

當他們朝聖完畢，回程經過剛巴拉的時候，每一個人都停下來回頭遠眺拉薩，流著感激的淚水向佛菩薩祈求道：「我們有幸參謁那個神聖的地方，實在是太幸福了；但願來世也能降生在那個美好的佛國。」只有朋巴本措把自己的屁股朝著拉薩做一些猥褻不敬的動作，把同行的人嚇壞了，以爲他發神經病，就紛紛指責他，他倒是不慌不忙地說：「眞是太過癮了。沒有一個地方比拉薩更爛、更教人生氣了，那是餓鬼住的地方，也是惡魔住的地方。我是在祈求再也不要去到那種地方啊。」

「即使如此你也不用做那些難看的動作嘛。你是不是瘋了？」

「我說你們才瘋了呢。咱們在家裡每餐飯吃得飽飽的，還有肉吃；糌粑也是吃不完，而且不像拉薩那樣裡面摻著沙子。拉薩那些活佛大喇嘛，都像夜叉、羅刹鬼，乾肉堆積如山，卻只顧自己吃，從來就不會分一點給我們。這哪裡是極樂世界，簡直就是餓鬼之國、惡魔之邦。」

看他這樣大罵特罵，其他人很生氣，說：「我們不想跟你這種傢伙一起回去，否則會遇到倒楣的事。」

他說：「倒楣一點也好，我來世才不要降生在拉薩這種地方。我眞是快樂極了，就讓拉薩那些惡魔懲罰我不教我降生在那裡吧，我簡直求之不得！」眞是個天眞的傢伙，不過好像也言之成理。

俗話說「強盜也有三分理」，我看這個人至少有八分道理，因爲窮人在拉薩眞的活不下去，說拉薩是餓鬼住的地方並沒有錯。不只朋巴本措吃了很多苦頭，拉薩的貧民和乞丐也每天在飢餓邊緣掙扎。

不過同樣是當乞丐，拉薩也有放高利貸的乞丐；即使如此，放高利貸的乞丐也吃不起好吃的東西，連粗劣的食物也沒辦法把肚子塡飽，永遠是餓著肚子想盡辦法存錢放貸。等他們死了，就把埋在地底下的銀幣挖出來，布施給色拉、甘丹或哲蚌等寺院的僧侶。這就是拉薩很不一樣的放貸乞丐。畢竟是餓鬼之國的乞丐，連存錢的方式也很不一樣。看到這些怪現象，指著拉薩大罵是餓鬼之國，喇嘛都是夜叉、羅剎、吃肉的惡魔，並非無理取鬧。

129・從山路進入第三大城

我想到這個故事不禁笑了起來。這不是很久以前的事，發生還不到二十年，這個朋巴本措現在仍住在尼泊爾和西藏國境上的聶拉木附近。當然我並沒有他那麼極端的感覺。

我在拉薩府的所見所聞前面都已經說過。不管哪一個凡聖同居的淨土，一般而言總是有各式各樣的人、事、物，所以拉薩固然有很多惡魔，但除了惡魔也有很多菩薩。我但願能夠重臨此地，為日本佛教和西藏佛教的合作盡一臂之力，若是有幸能奠下世界佛教的基礎，那將是如何快慰的事！

臨別之際，為了願望的實現，我誦讀了三遍《般若波羅密多心經》。接著我和大家一起往山下走，中途則獨自趕到塔馬倫村。本來不必這樣走，不過如果不在村子吃中飯並更換馬匹的話，將到不了白地驛站。白地驛位於景色優美的羊卓雍錯湖畔，但現在看起來並沒有上次經過時感覺那麼好。

我們沿著蜿蜒起伏的路徑往南方前進，於傍晚時分抵達白地驛。到了這裡我又聽田巴跟人家說我就是色拉的醫生，結果村長來了，希望我幫村民看看病，雖然我嚴詞拒絕，不過看起來他們不會輕易罷休，想想還是答應了。我沒想到色拉的醫生到了這種地方名氣還是那樣響亮，簡直被當作藥師如來般禮拜尊崇。第二天凌晨兩點，我們從白地驛出發，乘著昨晚雇來的馬匹，於早上八點左右來到雅謝驛東方，沿途景致非常動人。

從雅謝驛東邊一公里處，有一個河流匯入湖泊有如海灣的地方，從上面所架的石橋走過，接下來即朝南面前進。到目前爲止走的都是和來程一樣的路徑，過了這道橋以後，所走的就是全新的路徑了。沿著東南方向的湖岸前進六公里，接著折向南方，走了二十公里漸漸離開湖岸，就到了浪卡子，在那邊吃中飯。

田巴看起來很疲倦，很想在那邊過一晚，但因爲我急著趕路，還是催促他出發。離開浪卡子朝西邊前進，即是一片廣漠原野，可以望見不丹國境一帶的連綿雪山。從平原漸漸走進山中，沿著非常狹隘的山谷往上攀爬，遠遠望見河邊有間屋子。由於下一個有人居住的地方離這裡還有二十公里路，所以我們就留在這裡歇腳。雖然那間屋子才在十四、五公里路外，但天快黑了，田巴又累，我們花了大半天才走到。

接著我們在半夜十二點起床準備出門，田巴這時抱怨連連，但我有我的苦衷：現在如果不走快些，要是有人追來就大事不妙。所以還是早早離開了這間獨立家屋。田巴並不知道時間，只是納悶天色爲何一點也不像要轉亮的樣子。我沒告訴他現在才半夜十二點……。

逐漸往山中攀爬上去，越走越寂寥荒涼，積雪也越來越深，田巴顯得很害怕，希望我走在前頭，幫他先探探路。他膽子很小，我問他怕什麼，他說他也說不上來，這一帶有很多惡神，想到惡神有可能整我們就無來由怕起來。我安慰他說，不用擔心，那些惡神如果看到你一個人也許會對你怎樣，和我一起的話他們很少會出來整人的，你安心地走吧。聽我這樣說，他還是怕，全身一直發抖。

我又跟他說，你年紀比我大，都四十二了，怎麼還像個小孩沒有膽量？我一直鼓舞他、安慰他，爬了二十公里山路，終於在天亮的時候安全抵達扎喇村。我們在村子用早餐，並且雇了匹馬。要雇這匹馬並不容易，如果不是碰巧有可以馱運或走長途的馬是雇不到的。雖然有驛馬，但那是專供政府每天使用的，我們根本無法取得。順利雇到馬匹帶來很多便利，因為接下來必須攀越西藏內地最高的寧金崗桑峰❶。

往上爬十二公里，再往下走十二公里之後，來到傾斜的一片野原，這一帶的山路極為苛酷，騎著馬爬得異常辛苦——當然下坡時不必騎。這裡並未修建道路，我們沿著岩石和岩石之間積雪的地面前進，馬雖然挺熟習這種地形，但不隨時保持警醒的話很可能掉進山谷裡。這一帶空氣特別稀薄，更增加了攀爬的困難度，不過騎馬趕路實是不得已。

我們走在傾斜的野原上，一路看著遠處有如刺入天空般高高聳峙的美麗雪峰，前進了十四公里，於傍晚好不容易抵達熱龍。我們早早休息了，隔天也是半夜就開始出發趕路。我們騎著馬沿山間的小河往下走，四十二公里外就是車仁村。這段路我們一直走在低低的山谷上，完全看不見雪山。在西藏如果路上望不見雪山則風景眞是乏善可陳。在車仁住一宿，隔天也就是五日我們騎著馬來到江孜。

江孜有一座規模很大的白居寺，僧侶數接近一千五百名❷。白居寺的會計長（吉索）是由噶廈直接任命的敕任官，他入贅給老尼僧（悲智尼）的姪女，曾和我一起住在財政大臣府邸，人非常好，於是我去拜訪他，他見了我非常高興。他住的地方位於寺院隔鄰，是一棟叫做謝爾曲的大房子。

主人歡迎我住個十天、二十天都沒關係，我說因為要朝聖本來明天就得離開，不過在這裡必須先採購一些用品，否則接下來的路途非常偏僻補給困難，另外我也想去參拜白居寺，所以決定多留一天。

白居寺是規模極大的寺院，內有一座西藏最大型佛塔；僧侶雖然比色拉寺少了許多，但僧舍卻有色拉寺一半大小。白居寺不只有格魯派僧侶，寧瑪、薩迦和噶瑪等派僧侶也可以來此留學。我參拜了寺中的珍藏後回到借宿的地方。江孜是個商業興隆的城鎮，每天一早在白居寺山門外就有早市，從附近各村莊來了很多人，或是購物，或是販賣，非常熱鬧。

大家在市場上各自搭起棚子設攤，排滿了蔬果、肉類、糌粑粉、牛羊乳、奶油、棉織品和羊毛織品等；從羌塘高原和藏北高原要輸出印度的羊毛和犛牛尾等也都以這裡為轉運站，或是直接運往不丹邊境上的帕里，或是再由日喀則商人轉一手賣出去。當然羊毛類輸出品並不是全部經由這裡輸出，但比例相當高就是。

【注釋】

❶寧金崗桑（Nechen Kangsang）峰：在今浪卡子縣和江孜縣境上，標高七二〇六公尺。

❷白居寺建於一四一八年，全名班廓居德寺，因寺中的班廓居德塔得名。班廓居德塔作者譯爲「聖迴塔」，塔高九層，共分爲七十七個小間，每間除了供奉各種佛菩薩像外，四壁更畫滿了佛菩薩及護法神像，總數達十萬尊，故又名「十萬佛塔」。

130．逐漸接近關哨

我們在江孜待了一天，然後於六月七日凌晨五點出發；接待我們的主人盛情悃悃，提供了五天行程的馬匹。我們騎了馬走過江孜市區，渡過年楚河，慢慢往南方前進，來到全部是尼僧的南尼寺。南尼寺中有解脫佛母（度母）的轉世者，當時年僅七歲，不過我無緣得見。

我們在南尼寺前吃中飯，然後往南方的山區走去，四十公里路外即是田巴的故鄉；我們在那裡的小寺院落腳。由於田巴遇到久違的兄弟，當晚喝了好多酒。他哥哥對他說：「那個人看起來皮膚很白，和蒙古人的淺膚色又不太一樣，會不會是西洋人啊？」田巴聽了急忙爲我解釋。

他說：「他就是尊貴的色拉寺醫生。」然後對他們詳加說明，結果他的兄弟又說：「這些我都聽說過，不過這位色拉的醫生還是很奇怪，做了很多不可思議的事情，聽說還讓死去的人復活。會做這種事的只有西洋人，你傻傻跟著走，說不定會很倒楣的。」他們甚至忘了我就在隔壁房間，說得很大聲。這些話教我很頭痛，如果影響了這個跟了我老半天的正直男子那就麻煩了。不過田巴又很熱心地對他們解釋，還說：「別多心了，他和天和堂老闆交情匪淺，是中國人沒錯。」就把從天和堂李老闆那裡聽來的話告訴了他的兄弟。

隔天早上我當作沒有聽到那些對話，凌晨五點準備出發的時候，我注意到田巴的兄弟在他耳邊不知道說些什麼。我們慢慢走上南方的山路，行進二十八公里之後抵達康馬驛，並稍作休息，看到前面有十二、三匹的馬隊，裡面有兩匹馱的正是我的行李。馬隊的人都是中國人，他們根本不知道那是我托運的行李。看到行李已經來到距邊境不遠的地方，我覺得放心了不少。

倒是田巴看到那些行李，心裡的疑惑突然加劇，因爲他曾經在天和堂看到我們打包，而且看起來我是打算寄放在藥舖的樣子，現在居然出現這裡。他一臉訝異，但並沒說什麼，走了一段路後，他跟我說：「再走不到五、六天路，就是帕里驛，與其直走帕里，我知道另一條更方便的路，因爲帕里驛的檢查非常嚴格，沒有保證人的話不會發給護照。需要保證人乃是保證出境的人不會就此留在印度，一定會返回西藏。

「保證人還得是帕里的居民，找個帕里保證人可要花很多錢，另外要順利領到護照也得賄賂驛站官員。花錢就沒事了也還好，擔心的是搞了半天還不一定通得了關。我有個很好的建議，您不用花那麼多冤枉錢：只要將那筆錢的一半左右給我買酒喝，我就帶您走一條滿理想的小路，一直走就能經由桃溪（Khambu-Rong）抵達境外。那條小路稍稍有些難走，也不敢說一定沒有野獸出沒，不過多半不會有事，那條路我走過兩次。要是覺得那條路太危險，也可以先到不丹。不丹境內雖然強盜很多，只要把行李藏好，穿上不起眼的衣服，就不太會被搶。您看這兩條路您要走哪一條？」他問道。

我立刻反問他：「爲什麼你會替我擔心到帕里會被搜刮一大筆錢呢？」他說：「我倒不擔心，只是覺得花那些冤枉錢不太値得就是。」

「話是這樣說，雖然我不知道得花多少錢，但眞正冤枉的是拿自己的生命開玩笑。如果照你說走桃溪小路然後經過不丹的話，十之八九死路一條。與其去送死，還不如給點錢走好走的路不是嗎？你眞是胡說八道！如果沒錢不得已只好走那條路，可我並不是沒有錢，不需要冒那種危險。何況走強盜成群的不丹包准被殺。你那麼需要酒錢嗎？我給你的一個月工資就夠你在西藏一整年不用工作了，而給這麼高的報酬就是因爲走這一趟路不容易，你瞭解嗎？至於說酒錢，我並不是不給，等到了目的地我自然會給你的，但到達目的地之前我是一毛錢也不會給。以後不要再講這種話了！」田巴聽了對我的疑慮似乎消解了不少。

想來他肯定是懷疑了我，故意拿話試探我，其實他一點也不想走小路；如果我答應了他，請他帶我抄小路走的話，當晚他一定等我熟睡了以後，行李拿了就逃。我很清楚他在想什麼，這一方面絕對不能相信西藏人。如果是熟識的朋友，還講交情的時候，彼此並不會我虞爾詐，可是一旦在遠離社會制裁的地方，也就是不在輿論的有效範圍時，就會變得很狡猾，不管什麼事都做得出來，千萬不能稍有疏忽。

我們邊說邊在山中走了二十公里路，然後在莎魯村過夜。六月八日凌晨一點我們再度出發，朝南方前進，不過田巴照樣一臉驚怖，一邊走一邊念念有詞。我們又往西南方走了十二公里，眼前是一個非常高峻的所在，又不能不往上走。攀爬了十八公里路，來到一個很大的池沼；池沼側旁有條小河。沿著河南岸上行，六公里外有座大湖，湖名拉姆（Lham Tso / Bam Tso）❶；我們順著走的那條小河連結了剛才的大池子和拉姆湖。到了湖畔往右邊也就是往西面走可以抵達帕里；左轉沿湖南下也就是靠著東面走一樣可以通達帕里。我們在這裡左轉。

這一帶往四面一望盡是喜馬拉雅山脈的雪峰矗立在荒原之上，特別的是並不很高，大概只比高原再高出三百公尺左右，但全部覆蓋著皚皚白雪，這麼美麗的景致恐怕在世界任何國家都看不到吧。夏天馬上就要到了，山麓一帶青草已經吐出嫩芽，湖岸邊尤其繁茂，可以想像必定是夏季的理想牧場。

沿著湖畔南下三十二公里，傍晚時分抵達尙木麥村，農曆五月二日的新月正高懸空中。我們在一個畜牧人家的石頭屋子暫歇。屋子南面可以看到一座非常高大的山峰，這就是藏語稱爲珠穆勒哈里（Chomo-Lhari，尊母神山）的著名聖山❷。西藏有很多珠穆勒哈里，因爲對藏人而言，高大的雪山都是神聖無比之地；據說共有二十一座珠穆勒哈里，也有人說是三十二座❸，到底哪一座才是眞正的珠穆勒哈里眾說紛紜，反正在西藏各處只要看到高大雪山好像都叫這個名字。

這座珠穆勒哈里大雪山聳峙曠野盡頭，像極了毗盧遮那佛端坐山巖的模樣，而沿著湖泊四周羅列的雪峰，則有如天然的白衣觀音或妙音觀音吹奏著無聲的音樂，供養毗盧遮那大佛，整片天地彷彿壯觀的天然曼陀羅。這一帶大麥、小麥都種不起來，和羌塘高原一樣只能從事畜牧，但冬天此地還是無法放牧，必須移轉到別的地方。不過拉姆湖中有很多長十五到三十五公分大小的魚，有人專門以捕撈營生，每年夏天來這裡打魚，或是直接拿去賣，或是風乾後儲存起來當冬天的食糧；這些漁夫到了冬天就前往拉薩一帶乞討。所以這裡有很多夏天捕魚、冬天討飯的人。

【注釋】

❶從地圖上看來，此湖即今日康馬縣和亞東縣交界上的多慶錯。

❷作者在第一二五章中稱此山為察利雪山。從地圖看來，可能是康馬縣與不丹交界的康說把峰（海拔六一〇二公尺）。

❸作者在去程經過薩嘎之後也看到一座珠穆勒哈里大雪山，見本書第五十章。

131．五層關卡

六月九日我們還是沿著湖畔騎著馬南下，沒想到田巴又起了妄想。他認爲明天就要抵達第一道關卡帕里，如果被發覺我們眞正的目的地是西藏境外的話，兩個人一定會被抓起來關到牢裡，於是又跟我說：「我曾經建議您繞小路走，您並不同意，可是您想想這實在沒什麼道理啊？小路沒有您說的那樣難走，我走過兩趟所以很清楚，即便一個人都不會被猛獸侵害，頂多聽到牠在不遠處吼叫會有些毛骨悚然罷了，只要升個火保證沒事，還是聽我的話改走小路吧。帕里眞的很嚴格，錢也要得兇，而且搞不好會被刁難羈留個四天甚至超過一個星期。您行程很急，爲什麼還要浪費那些時間和金錢呢？走小路只要兩天時間，您考慮考慮吧。」

我說：「你又在囉唆什麼？那些官吏愛錢也沒關係，要多少就給他們多少，就算是送給達賴喇嘛的禮物好了。」田巴一聽感到非常意外，對我的疑念幾乎全部冰消瓦解了。那一天還有件趣事，走了八公里後，突然有四個人來到我的馬前，一起對我跪拜請願。

他們說：「我們是從北方來帕里賣鹽的，前晚放犛牛吃草的時候，看守的人打起瞌睡，結果來了些人，也不知道是不丹人還是藏人，偷走我們四十五、六匹犛牛。我們現在正在追趕那些小偷，請您幫我們看看他們大概往哪個方向逃跑，若是往不丹方向，那麼我們當即回頭向南追趕；要是往西藏方向的話，我們就繼續朝北邊追去。由於沒有人能幫我們算一下，能否請您幫個忙？」

我想如果我說我不懂卜算，他們也未免太可憐，於是我就裝作占卜者的樣子，對他們說：「快點往北邊追過去的話，今天就可以追上他們。」他們聽了很高興就繼續往北走了。當晚我們在珠穆勒哈里山區赤貧的尚木堆村宿營。這座村子幾乎沒什麼吃的，也沒有向政府納稅的能力。

不過每年都有不丹人在前往拉薩納貢途中經過這裡。不丹雖然是個獨立國，但不丹國王並未能統一全境，所以是由各部落單獨向達賴喇嘛政府納貢，而不是由中央政府統一向西藏納貢。他們一方面向西藏納貢，一方面又從西藏拿許多東西回去，這種貢物交易就跟尼泊爾政府每五年以象牙、虎皮等向中國政府納貢，然後從中國獲贈許多絲綢、高級織品一樣。尼泊爾政府如果拿一萬元的貢物去中國，大概回頭可以取得五萬元的贈品，跟做生意賺錢沒有兩樣。

接下來關卡越來越近了，我雖斷然向田巴說要走官道，但心裡其實還沒能決定怎麼走，當我正想打個坐進入斷事觀三昧來做判斷的時候，剛剛聽我指示去追偷牛賊的四個人回到我們過夜的村子，而且被偷的犛牛一頭不少地牽了回來。他們把我當作佛菩薩一樣頂禮，又供養我兩章卡銀元和一條哈達絲巾。

田巴見狀更加吃驚，覺得我並非常人，因此變得很敬畏我，更不會對我有任何疑慮了。夜裡當大家都睡著的時候，我先誦了段經文，然後打坐入三昧，最後決定取官道而行。就一般性推論，走官道的話要通過五道關卡的檢查，而第一道關卡就是最嚴苛的帕里宗，將會被徹底檢查一遍；而且還得花一大筆錢找個保證人，給官吏的紅包更不能少，這樣折騰個四、五天大概可以取得護照，然後拿著護照前進到第二道關卡春丕谷。護照經過檢驗、人也經過調查後，如果得到官員許可，就可以繼續前進，到中國軍隊駐守的第三個關哨碑碑塘（Pimbithang / Pipitang），然後接受檢查並取得通行許可。

如果順利通過第三座關卡，接下來就是到第四重關卡卓木．仁進崗接受調查並取得通行證；這份通行證是出亞東城大關卡的非正式許可書。拿了這份通行證去到第五個關哨亞東，花大筆錢賄賂官員，並且接受亞東最高階官員的面談，之後才能得到一紙憑證；接著必須拿著憑證回到仁進崗，把它交出去查驗，沒問題的話當地的協敖會發給通關者兩份書面證件。

拿著這兩份文件，再往回走到第三關哨碑碑塘，然後將其中一份交給中國軍官，中國軍官這時會發放一份中文證件。把中文證件和第四關哨協敖所發的另外一份證件帶到最後一個關卡亞東，交給把關的軍人查驗，然後才可以通關出國。

出了大關卡，走過亞東小村落，又跨越一道小橋，就會碰到駐屯的中國士兵，這時要把手上的中文證件交出去，只留下仁進崗協敖所發的文件。出關者將來從印度辦完事回來後，必須出示這份文件始可重新辦理入境西藏的手續。這些一道又一道的手續雖然繁複得不得了，但基本上沒什麼好擔心的。

問題是從帕里宗到亞東之間住著一些我當年在大吉嶺認識的朋友，而認識我的人也所在不少。尤其是基督教女傳教士泰勒〔戴如意〕女士就住在亞東城對面的小村子裡，而那裡還有檢查行李的官吏，這位官吏是位藏人，對我的事情知道得很多，他本性很壞，不能不多加注意；泰勒女士的僕役也認識我。因此即使一路通關順利，也不知道會發生什麼事，唯一可以確定的是，花這麼長的時間通過這麼多關卡，不可能從頭到尾都不碰到認識的人。

另外在帕里宗至少要停留四、五天時間，如果有人在後頭追趕我那可就麻煩了。當然我很有把握最快也要等我離開拉薩十天之後才會被發現，因爲從藏曆四月二十日到三十日之間拉薩的官員都非常忙碌，大概不會發覺我失蹤的事；等班禪喇嘛受了具足戒，官員們開始喘口氣的時候，才有可能發現異狀，然後猜測我的去向，再派人追捕我。

今天還只是藏曆五月三日，今、明兩天追捕的人還不至於趕上我，但我若是在帕里宗待個四、五天，追捕的人肯定就到了。他們可是跟我不一樣，我又有挑伕、又有行李，他們攜帶令狀，騎著快馬，一行只有兩個人頂多三個，晝夜兼程趕路，我估計他們只需六天就可以趕上我。如果我在帕里宗待五天，也就是留到藏曆五月八日；追兵三日從拉薩出發的話，差不多我在關卡要出不出的時候就會被抓起來了。

從常識面判斷，要順利通過這五重關卡可以說幾乎不可能，不，應該是說完全不可能。所以說入三昧禪定所得來的指示就常識而言，我選擇的是一條不應該走的路。抄小路會有強盜及猛獸之難，走官道則難免縲紲之辱，到底要怎麼走才能平安抵達目的地呢？

132・第一道關卡

我的想法是，雖然應該依照常理上的判斷而行，但不管走哪條路其危險的程度則一。也就是說，取官道而被捕、走小路為猛獸所噬或為強盜所殺三種可能性如果都不可免的話，寧走官道；何況到目前為止依三昧的靈感而行一直都很順利，所以最後還是決定依三昧禪定所示採取行動。當晚我僅稍稍闔眼，第二天騎上馬出發，繞珠穆勒哈里大雪山山腹南下，終於走出拉姆湖的範圍，進入南邊的高原，此時東西兩方仍舊是雪山林立。高原上雖然時序已經快進入夏季，但氣溫仍舊偏低，以致寸草不生，只有地衣之類的植物，其他都是石礫地。我打算今天趕到帕里，於是催馬快走，無奈田巴徒步，無法趕上來；等我們抵達曲加村的時候，天已經完全黑了下來。

這一帶不只地勢高而已，兩側還羅列著無盡的雪山，因此氣溫極低，入夜後如果不多收集些乾犛牛糞升火取暖，實在凍得受不了；那種冷比日本隆冬時節更加厲害。從拉薩到大吉嶺之間，大概這裡最冷了。第二天六月十一日凌晨四點起來，喝了點熱茶就動身，沿高原的河流向南走去，前進了十公里左右太陽升起來的時候，我們抵達了帕里。

帕里也是把城砦建在山崗上，外型有點像拉薩的布達拉宮，當然規模不能相比。城砦底下就是家屋，全部都是黑色的。帕里位於雪山之間的平坦地帶，從大吉嶺、加爾各答和孟買輸入的貨物都經由此地入藏，因此設有海關對所有輸入品課稅。西藏的輸出品也多半在這裡轉運，輸出品的稅率從十分之一到十分之四都有。

稅率不算高，但多半以貨物取代現金；如果不方便以貨品繳稅，就換算成相當的現金繳納。從城下通過後，路旁有一個周圍三百餘米的池沼，在池畔的山腳下有一個人等在路上，爲旅館拉生意。我們一點概念也沒有，因此請他介紹一家好點的客棧。他看我像個貴族僧侶，於是就帶我們去一間比較好的旅舍。

所謂旅舍不過是間木頭搭蓋的屋子，整個西藏一家眞正的旅館都沒有。拿了乾犛牛糞然後給住宿費，說是牛糞客棧也可以。我們必須在這間牛糞客棧待個幾天。客棧主人問我們：「要去哪呢？」

「本來計畫去加爾各答，順便到菩提迦耶朝聖，現在突然有別的急事，大概去不了菩提迦耶了；恐怕必須提早回來。」

「您去那邊有什麼貴幹呢？」

「倒沒有特別重要的事，也沒有說的必要。」

「您是打哪來的？」

「我來自拉薩。」

「拉薩什麼地方？」

「色拉寺。」

他一聽就問道：「呵呵，那麼您是轉世活佛嗎？」

「不是，」田巴在一旁插嘴道：「不是活佛，比那個還要厲害。」

「那麼是誰呢？」

「他是達賴喇嘛的……。」

我連忙制止他：「閉嘴，你不要又亂說話了！」

客棧老闆看這情形覺得有些怪怪的，又問道：「那麼您是什麼人呢？噶廈的僧官嗎？」

「不是，我只是籍隸色拉寺的一個出家人而已。」越是聽我這麼搪塞，他越是好奇，又出言發問，我就說：「沒必要說那麼多吧。」

老闆說：「不說清楚可不行，這裡是很敏感的地方，一定要問清楚從哪裡來的、什麼身分等等，如果有任何可疑的地方一定要求對方拿出證明。還有您也必須找個保證人，保證您確實會從印度回來。不過保證人並不好找，如果要爲你作保，一定得問個詳細。」

「那我就向你說清楚吧，我是色拉寺的普通僧侶，在大學部讀書，進修法義問答。」

他說：「可是看起來不太像，從您的外貌還有穿著看起來，您不是高等僧官就是轉世活佛。」

「你要怎麼看是你的事，但我並沒有那種身分；你只要向我所屬的札倉打聽就知道了。」

「是嗎?」說著他就出去了,田巴則跟在他後面也走了出去。由於房子很小,他們在隔壁小聲交談我卻聽得一清二楚。

「你家主人雖然那樣說了,但我還是想聽你怎麼說。你們不老實說的話,不要說十天,就是待個二十天也沒辦法再往前一步。」

田巴對他說:「如果我跟您講,他會非常生氣的。」

「那你們這樣就算了嗎?在這裡花一個月的時間也不在乎嗎?」

「不不,我們在趕路呢。我們有急事,連晚上都趕。」

「那就怪了,連夜裡都趕路,雖然我不知道你們有什麼要緊事,不過他一定不是普通出家人,到底是誰?」

田巴說:「那我就老實對您講了,不過您可不要跟他說是我說的。其實他就是色來·安契(色拉的醫生)。」

「哦,那不就是可以把死人救活過來的醫生嗎?」

「對啊,他也到達賴喇嘛跟前行走,不知道是擔任御醫還是侍講,一般人都認爲是御醫。不過我並沒有一直擔任他的僕役,而是這次出發之前我認識的藥舖老闆介紹我擔任這個臨時性工作,所以其他詳細情況我不是很清楚,可以肯定的就是他在拉薩名聲之響亮,說飛鳥聽到他名字就會掉下來也不誇張。」

「原來如此，那就早點辦好手續，看四、五天能不能取得護照。」

「對，不快點不行。」

「說到這個名醫，我倒想起我們這裡有個病得很重的人，是我親戚，不知道能不能請他去診斷一下？」

田巴說：「他不幫人看病，眞的頑固得一榻糊塗，不管怎麼求他都不答應。跟他說沿途幫人看看病可以大大賺一筆，他卻不爲所動，我都覺得好可惜。」

「你還是幫我問問看吧。」

田巴把我的身分洩漏了出去，然後進來對我說：「啊，是這樣子的，老闆一直追問您的底細，我不小心說漏了嘴，不過只告訴他您是醫生。他聽了說這裡有個生了重病的人，反正還有四、五天時間要逗留，就請您抽空去看一下吧。」

我說：「你這樣一說，有病人找我就看，那就沒完沒了啦。我有急事在身，沒空幫人看病。」

「就算是濟度眾生吧，請您答應幫忙看一下。」他這樣一說我再拒絕也不是辦法，就答應了。

客棧的老闆聽了高興得飛奔出去，不久帶了一個人過來，然後一起領我到病人的家去。這一帶的屋子都是黑色的，仔細一看，原來是用草和著泥巴曬成長約三十五公分、寬約十八公分、厚約七、八公分的泥磚，然後堆疊起來就成了屋子。泥磚雖然很硬，但這樣疊著要是風大點就會被吹垮，所以中間又以許多柱子加以固定。雖然說是草堆起來的房屋卻滿寬敞的。這裡只有城砦是用石頭蓋成，可能是因爲離山較遠，搬運石塊很花錢，所以大家只好以乾草築房。

和拉薩那邊很不一樣的是，幾乎沒有兩層樓的房子。偶爾看到一、兩間，底下一層是石頭的牆，上面一層才是乾草泥磚；如果第二層也用乾草，可能有倒塌的危險。我要去的人家就是這種兩層樓。我單單把了脈，病人整個心情好像就輕快起來；其實病人是靠著信念而變好的。病人是這家裡的女兒，病症是神經痛，也併發了肺病，所以呼吸很不順暢，導致幾乎不能出門。

我給了她幾帖藥，並且告訴她：「把這藥吃了就會舒服起來；另外每天早晚出門去廟裡禮拜一下觀音菩薩吧。」看完了病我就回到旅舍。

不久病人氣色變得好很多，旅社老闆非常高興地來到我的房間，說了很多感謝的話，然後問我：「這裡要找個保證人很不容易，您有什麼打算呢？」

我說：「我也在爲這個煩惱，非得找個保證人的話，我想我會付相當一筆錢給他的。」

老闆聽了說道：「那麼您就和我一起去找保證人談一談吧。在這裡可不是什麼人都可以擔任保證人，如果連我們都可以當的話就方便多了，可是政府不允許。別人去拜託這位保證人，他不見得就會答應，不過我去說那就另當別論了；而且對方索取的費用也不會太離譜。」

我當即請他幫這個忙，和他前往保證人的家裡。通常藏人要是看到來人穿著好點的衣服就會獅子大開口，還好那位保證人還不錯。一路上我不忘交代老闆不要提我的身分，但沒想到老闆一看到對方就說：「他是色拉的醫生，也是達賴喇嘛的御醫，很了不起的一個人。」經他這樣一說，保證人的事情立刻就敲定了。

133・通過第一道關卡

保證人告訴我：「我不收您任何禮物或金錢的報酬，您只要出手續費一個半盧比就夠了。我們現在就得去辦手續，但今天要取得通行證是不可能的。會議可能是明天或後天舉行，但要盡早提出申請，這樣子也許四、五天後就可以出發了。我現在就帶您過去辦理。」說著帶了我前往關卡辦公室。

關卡建在城砦下方民居之間，但並沒有什麼看起來像會議室的地方，不過官員倒不少，共有十四、五人，其他還有沒有我不清楚。西藏官場有個陋習，雖然大家都在，但爲了索賄，劈頭就說今天不開會。我看如果賄賂的金額沒談妥，不要說今天，恐怕還有得拖，所以最要緊的是弄清楚他們到底要多少錢才願意及早放行。

保證人要我提出申請書後，其中一個看起來地位最高的官員過來跟我打招呼，說：「今天當然是不開會的，大概明、後天開吧，您既然已經提出了申請，開了會就會給您一個答覆。您也不用每天自己來問，明、後天問問您旅舍的老闆就知道了。」

這是擺明了今天不發通行證，但只要照規矩給一筆錢，那麼多半明、後天開會之後會把通行證發下來；總之至少要耗上五天。我想既然只要有錢就好辦事，就向他說，我有非常要緊的事，問他能否通融在今天就發給我。他說他不知道我有什麼要緊事，但當天申請當天發證沒有這種先例，而且他也不能一個人作主。這時讓我看病的女孩的父親和旅舍老闆來了，他們把官員叫到另一個房間，好像跟他說我是達賴喇嘛的御醫。不久那位官員出來問我：

「您有什麼事那麼急？」

我說：「就是非常緊急的事，能否請你們明天就開會然後把通行證發給我？」

他說：「這沒辦法。」

聽他的語氣，好像多等兩、三天也拿不到通行證的樣子。於是我打定一個主意。我對他說：「我可以多等幾天沒關係，但是請你寫個書面的證明給我，上面說我今天抵達，但因爲來不及開會，希望我等三天時間。」

他說：「沒做過這樣的事。」

我說：「也許沒有先例，但我出國並不是爲了私事，我這一趟有祕密的任務，但現在不方便明講。如果你想確認，可以想辦法向拉薩噶廈的外交部打聽。我眞正的身分現在也沒辦法透露，但你要我等我就等，只希望你寫個證明給我就行。」

「您此行的任務大致上是哪一類的呢？」

「大概告訴你也無妨，拉薩那邊有個重要的人生病了，急需一種藥物服用，我必須趕快買回去。去菩提迦耶只是順路，最要緊的還是去加爾各答買藥，然後早日回到拉薩。事情十萬火急，連在加爾各答過夜都不行，藥一買到就得趕回去。所以如果在這裡拖延兩、三天，就會嚴重影響我的行程，無法如期達成任務，必須拿個書面的證明回去交代。其實我倒想多待兩、三天，這陣子日夜兼程拚命趕路，身體累得不得了，能夠在這裡休息幾天眞是求之不得，只是這樣一來我的祕密任務就無法達成了。今天能拿到通行證我也是今天就走，但我並不想勉強你，另外幫我寫張證明就好了。」

他又問：「到底您是擔任何種職務的呢？」

「我不方便說，不過既然是去買藥，你應該可以猜得到。不過我走這一趟也不只是買藥而已，還有其他非常緊要的任務，一天都不能耽擱的。」

這位官員很是吃驚，臉色有些蒼白，說：「我沒想到事情是這樣的，那您稍等，我盡快處理。不過既然您是個醫生，我們這裡有人病得很重，想請您看一下。我知道您不能久留，不會耽擱您太久，不過通行證的事不是我一個人可以私相授受，總之要跟大家開會協商，成不成我會盡早給您個答覆。在這之前，是不是請您去看一下病人？」

我被帶到一戶人家爲一個病人診治，同時通知我下午三點過去關卡一趟。去到那裡，那位官員告訴我：「今天我們開了個特別的協議會，因爲您狀況特殊，我們決定盡早將通行證發給您；這是從來沒有過的事，請您稍等到四點。」

我在那邊稍等了一下，果然在四點取得了通行證。過去即使是西藏政府的官員或商隊，在這裡也是要經過重重的協商和行李的檢驗，至少得待個兩、三天時間，但是我當天就被放行。本想當晚就出發，但因爲途中沒有歇腳的地方，所以還是住了一晚才走。

第二天一早我們朝西南方的山區前進，這一帶四周都是高聳的雪山，雪山之間則出現一點平地。我們往上走十二公里到平地的最高處，此時帕里城已經看不見。接著我們從這個山口開始往下走，由於昨晚下了冰雹，地面非常濕滑；四邊的雪山也因爲新降冰雹而披戴一身新衣。此時空氣非常凍人，而太陽光的反射則強烈得教眼睛發痛。除了有水流的地方看得到一點短短的青草外，一棵樹也沒有，光景極爲荒涼。

河流以這個隘口爲分水嶺，一邊往西藏的曠野流去，另一邊則朝印度方向流去。越過這個隘口，在雪山的山谷出現一條非常寬闊的河流，水質非常清澈，河底的白色和黑色石頭看起來就像晶瑩的玉石。由於口渴，想用手掌舀點水來喝，才一碰到水立刻縮了回來，實在太冰了，教人一點也不想再碰到這水。馬匹這時已經回帕里城了，所以沒辦法騎馬渡河。

我對於把鞋子脫了涉水而過非常躊躇，田巴看了就先把行李送到河對岸，再回來背我過去，讓我不必涉入冷冽的水中。這河水的冰凍程度其實和我在羌塘高原所涉渡的那些河流沒什麼兩樣，但我已經在拉薩習慣了舒服的日子，頓時也就無法忍受這種冷。深感人處於艱難的環境下，再怎麼困頓的情況都可以輕易忍耐，可是安樂一久，則一點點困難也會覺得不可忍受。

134・途中的絕景和軍營城市

往下坡走八公里後，在雪山山麓疏落的小樹之間，紅、橙、紫、粉紅各色不知名的漂亮花朵像地毯般鋪滿了地面。我沒有植物學常識，對這些花一無所知，但它們的美完全征服了我。除了身邊的美景，遠方雪山頂上飛騰的白雲也是變幻莫測，好像有雪山仙人正乘雲而入遊戲三昧，四處徜徉優游。

繼續往下走去，漸漸下起小雨，原來在陽光下幻化莫測的美景突然消失無蹤，但雨中的雪峰自有它可觀之處。路旁開滿了香味馥郁的帕兒（黃色杜鵑）、絲兒（紅色杜鵑）和其他花花草草，上面水珠閃閃發亮，有如山間晶瑩的玉石。我們沿著山谷的溪流往下走，奔騰的流水在山岩間濺起飛沫，打在我們的腳上，感覺很是愉快。這些迷人的風光對不識風流的藏人而言也足以令他們津津樂道吧。

「這種地方下起雨來眞的很令人頭痛。」田巴很生氣地說：「如果老天有眼，應該讓天氣放晴才是，一下雨行李又濕又重，眞的很不是滋味，而且晚上也沒有地方可以過夜，眞衰。」一直念個不停。

這樣的旅途本來就不輕鬆，可是如果能夠欣賞沿途景致，身體的苦楚將會忘掉大半吧。可惜藏人似乎不太會欣賞自然美景，更不可思議的是藏人好像對風景沒什麼興趣。或許是他們多數生長於岩塊和荒山之間，不知如何欣賞風景。在他們的繪畫作品中，我從沒見過一幅是描寫西藏山水的；即使有也只是模仿中國水墨畫的東西。

難怪像田巴這樣的人來到景致如此優美的地方，和去到滿是犛牛糞便的曠野並沒有什麼兩樣。即使下雨把衣服打濕了，但山水奇景使我渾然忘了這一切。這裡的風光之奇之美，如果我會畫圖，我就把這裡的一山一水都畫了帶回去日本，一定會獲得許多人的喜愛；要是隨身有照相機，把沿途景致拍下來，也一定會讓許多人著迷。景色時時刻刻變化萬千，而千年老樹上以及崢嶸的巉岩之間，到處盛放喜馬拉雅山著名的山杜鵑（rhododendron），鮮豔的顏色非常誘人，而絕美的風姿更是筆墨難以形容。

放眼都是奇花異卉，伴隨著轟轟激流，讓人百看不厭，眞想在這種地方佇足，就此與風景冥合爲一；不禁想到，如果我的父母、國人也能夠看到這樣的風景，將會如何快慰。我暫棲岩端坐了許久，出神眺望這一切。那時的興奮和愉快至今想來仍舊足以洗去塵勞。雨越下越大，連吃飯的地方都沒有，倒眞有點不方便，於是繼續往前走，來到一處大岩窟，我們趕忙進入洞穴中放下行李，並且好不容易才將河邊撿來打濕的枯木點燃；我們以溪水煮茶，吃過中飯，再朝下方的達卡坡（白岩村）前進。

這天共走了三十二公里山路，白岩村居民不多甚至不像個村落，但有一座軍營，裡面有十六名士兵，此外就是一間獨立家屋，裡面住了士兵們的家眷。軍營側旁有一塊高達五十公尺的白色巨岩，看不出岩石的成分，但顏色很白，上面附生著一些青草。我們當晚就借宿軍營中，他們根本沒有檢查我們的通行證。

這裡是帕里和垂天康布之間郵遞的中繼站，西藏沒有一個地方像這裡一樣完全爲了郵遞業務而存在。其他地方大致每隔八十到一百二十公里所設的驛站也具有傳遞信件的功能，但只限於政府和地方之間的公事往返，不處理平民的郵件。老百姓如果想寫信給別人，必須自己雇人專程跑一趟。

晚上我們在軍營非常舒適的床上睡了一覺，這是我離開印度至今第一次睡在西洋式的床上。這段期間適逢雨季，從大吉嶺以北的喜馬拉雅山區雨量尤其多；第二天仍舊下著大雨，不過沒有在這裡逗留的必要，所以不管田巴如何苦苦哀求，我們還是在清晨五點冒著大雨出發，往茂密的森林中走去。

森林裡樹圍達三、四人合抱的大樹非常多，這兒雖是西藏政府的轄地，但因爲河流急湍、運搬不便，無法從這裡伐木送回內地。何況這裡的河流都是往南方的印度洋出海，完全幫不上忙，所以森林都保持原貌。走了十六公里走出森林，前方是一片平坦的地段，有來自帕里附近雪山的小河，原來只是涓涓細流，越往下游河面漸寬。不久即抵達垂天康布。

我從未在歐洲探險家的著作裡看過垂天康布的記載，大概是因爲這座城鎮的歷史還很短；或者他們知道但不明講。外邊似乎並不知道這座新城鎮裡駐有兩、三百名中國士兵，當我隨後抵達大吉嶺時，當地的官員雖然知道這座城鎮的存在，但對城鎮的其他資訊則一無所知，一直向我打聽相關的消息。

我說：「有關的消息你們應該不用問我也知道吧。」對方說：「不，祕密偵查根本到不了那裡。」也許他們說的是眞的，因爲久居大吉嶺的藏人也沒聽說過這座城鎮。藏人做生意的時候非常精明，但對於這一類軍事情報則很不在乎，只要知道就不當一回事地告訴別人，什麼有一座城門啦，裡面有多少士兵駐守啦，他們來此駐防的目的是什麼啦等等。城砦底下是往來的通路，不過我特地到城裡走了一趟，並沒有人找我麻煩。城裡有中國軍隊所形成的市街，共住了約三百名軍人，雖位於深山中卻頗爲繁華，有些軍人在幫人理髮，有些則在賣餛飩、豆腐等食品和各式雜貨。軍人好像都在做買賣，而且攜家帶眷的；整個營區就是一個市街。他們每半年換防一次，由江孜和日喀則來的軍隊彼此替換。他們不只領取中國政府的薪水，西藏政府也付給他們俸祿，收入不算少，所以生活都過得很好。

135・順利通過第四道關卡

我們來到軍營城市一座營房，向他們點了客中飯來吃。他們說有白米，於是特地爲我煮了白包括豬肉和犛牛肉的料理，田巴吃得津津有味，我說我不吃，他們就拿非常美味的泡菜給我下飯，就跟吃到日本的茶泡飯沒兩樣；他們對我與眾不同的習慣並沒說什麼。這座城砦非常堅固，南面沿著兩側的山岡砌了很高的石牆，正中設了兩道門，門上寫著告示：每天早上六點開放，下午六點關閉。

我問裡面的人這個規定是否嚴格執行，他們說沒錯，除非軍隊出任務或有其他急事，提出申請的話會特別開放，此外一律不准；尤其夜裡出去城外很容易遭遇猛獸襲擊，所以一般都不放人出去。我們出了城，跨過一道橋前進兩公里後，前面是一片往上升的平野，然後沿著原來的小河在森林中往下走兩公里，眼前就是綠意盎然的草原，上面放牧著許多馬匹。

走過草原，跨過一道橋，再向前五、六百公尺，即來到春丕橋。這座橋規模很大，長約四十五公尺，寬約三米六，兩旁沒有欄杆。橋的東側有一道門，門前有一間小屋，有士兵看守著這道門。必須把通行證交給守門的士兵，在這裡如果被認爲是有問題的人就會立刻被解送回去。這種事大概不會發生吧，但我又聽說如果不給士兵一點好處就過不了關。到了士兵面前，他看看我的樣子，問道：「到哪裡去？」

我不願說得太清楚，他就一直問個不休，田巴於是趕忙將通行證拿給裡面的軍官看，那位軍官馬上下令道：「不用問了，快讓他們過去！」

原來通行證中寫道：「絕對不要向這個人詢問不必要的問題，也不可以刁難他；如果給他帶來不便的話，以後反而會有大麻煩。最好盡快讓他通過。」於是我們順利過了這道門。

現在終於通過兩道關卡了，底下還有三道關卡，可以說是全新的考驗；目前基本上第一道試驗已經及格了。也可以說三昧所示還是最正確的，想到這裡覺得很愉快。我們沿著溪水朝南慢慢往下走，十公里外就是碑碑塘的軍營。

這一天雨下得很兇，我和田巴都非常疲倦，就在碑碑塘的營房借宿；聽說明天也不用接受軍隊的調查，只要從這裡直接到仁進崗，向那裡的長官取得一紙證明，以這張證明通過中國人看守的亞東城門，接著就去見第五個關哨，亦即亞東的守關長，接受他的查驗，並取得他的同意書，之後必須重新回到碑碑塘來。唯一要注意的是碑碑塘只有在上午十一點到十一點半之間接受申請。

這樣看來最好能夠在明天一早出發前往仁進崗，可是手續在明天之內辦好的可能性是零；恐怕得待上四、五天才行。可是這樣一耽擱，天曉得會不會被後面的追兵趕上；何況如果帕里已經接到要逮捕我的通知，一定會把這個訊息星夜送往亞東，那麼我的計畫就無法達成了。我知道我必須想出個解決的辦法。

不知道他們是哪來的消息，當晚碑碑塘守城的中國軍官夫人來找我看病，她是位藏族女性，長期被病痛所折磨，病症有點像歇斯底里。她長得很好看，她的先生很聽她的話。有一個士兵告訴我，他的長官在部隊裡固然發號施令非常威風，可是回到家卻像個小兵般聽從老婆指揮。

這多半是士兵的風言風語，不過既然對方來了，我還是幫她診斷了一下，並且向她說明病情以及必須注意的事項，然後給了她一些藥。大概我的說明和她的症狀若合符節，她大大歎服說畢竟色拉的醫生還是了不起，高興之餘問我：「我想贈送您一些禮物，請問有沒有想要的東西呢？」我答說什麼都不要，她一聽逕自往家裡走，不久拿來一包東西。

我也不管那裡面包了多少東西，直接退回給她，並說道：「我明天有急事必須趕到亞東，向亞東城守取得同意書後，將再度回到這裡申請正式通行證；也許我自己會回來，也許只叫僕役回來，總之到時候這邊的長官會拖延一些時日，不知道能否請你幫我說一聲，請他立刻將通行證發給我？」

她聽了答道：「沒問題。我丈夫是個公事公辦的人，即使他自己的部下要出關，也一定等十一點到十一點半之間才會把通行證發下；不過我保證他一定以最快速度發給您。」

「我就這件事拜託了，等我回來的時候再來看看你的病，你送我的東西我不要。」硬是把她的禮物塞回她手上。她高高興興地回去了。

如果明天能順利取得亞東發的同意書，則這邊的手續應該很快就可以辦好才是，不過還是挺不放心，於是向借宿的軍人家太太問了一下，她說：「如果她這樣說那麼您就不用擔心了，她在她老公面前一向說一是一。」果然是大女人當家沒錯。

第二天六月十四日凌晨三點，我們冒著雨走到將近十公里開外的仁進崗，由於天還沒亮，每間房子都緊緊關著，我們連休息的地方都沒有；還好雨勢漸小，我們就在一個人家的門檻上等天亮。沒多久門開了，我們向屋主請教關卡所在，他說在村子外面。所謂關卡，連個門都沒有，不過像個警衛室而已。我們抵達的時候裡面的人才剛起床。

我向他說明情況，並請他發給我通行證，照舊得到的回答是沒有立刻發放的先例。田巴一急又脫口而出：「這位可是色拉的醫生喔。」

對方一聽即問道：「就是那位擔任達賴喇嘛御醫非常著名的醫師嗎？」

我只好用西藏紳士那種油腔滑調說：「我並沒有擔任法王的御醫，不過我確實有非常緊急的任務在身，必須趕快出境才行。」我這一套倒還管用，對方立刻相信了我，比想像還容易地取得了通行證。

從村子出來往上爬了四公里路，離開河川的幹流，沿著西邊稍偏南的一條寬闊河流繼續往上爬。這附近一帶大樹非常稀少，只有一些矮樹，中間開闢了幾塊田地，好像種的是小麥。走了四公里後又來到一座城砦，這就是最大也是最後一道關卡亞東了。邊境上總共有三座城砦，亞東有兩百名守軍，碑碑塘有一百，垂天康布有兩百，總數五百；聽說有時會從這裡調派五十名兵士到碑碑塘去。

亞東的大街有兩百多米長，都是面窄進深的長屋。這裡和垂天康布一樣是軍營城市，駐軍同時經營各種買賣；碑碑塘也差不多是這個樣子。從這個軍營城市走過去，前面一道高聳的門，有兩名士兵在門前看守，我把通行證交給看守，他很快就蓋了關防讓我通行。從這裡再走個一百五十米左右，就是亞東驛站所在，這個驛站對我而言是非常危險的地方。

136．抵達第五座關卡

亞東之所以危險，主要是那裡有很多認識我的人。當然這中間沒有一個和我有任何過節，只不過藏人天性嗜財，說不定有人看到我就去向西藏官員打小報告賺點賞金。這裡也有兩個英國人，其中一個是女傳教士泰勒〔戴如意〕女士，關於她的事蹟前面章節曾經提過，爲了入藏取道中國，後來一直到那曲才被擋住❶。

從那曲到西藏內地的拉薩府騎馬約十二天行程，步行的話要二十到二十四、五日。她好不容易抵達那曲卻被摒擋在外，因爲之前還是中國轄下的藏區，接下去卻要進入達賴喇嘛轄下的地域，藏人就是不許她入境。她知難而退，但仍爲了在藏地宣揚基督福音而再度來到亞東住下。亞東位於英屬印度和西藏的交界上，這裡有西藏的政府官員，也有英印方面的官吏，同時還有中國政府所聘雇幫忙處理進出口貨物的英籍海關官員，以及藏人助手。

從大吉嶺移居此處的藏人也有四、五名，這些人多半認識我，要是被這幾個人碰見那我就完了，必須非常注意。我抱著最壞的打算慢慢向前走。那裡面有十間房子，其中最大兩間是官員和傳教士的住處；另外也有一間好像是中國官員的住宅。

傳教士住處對面住的是基巧（總管），他實際的名字叫薩答．打耳給（Sardar Dargye）。「薩答」意思是挑伕的節度者，「打耳給」則是他的本名。大吉嶺有一種「擔力瓦」也就是轎伕的工作，打耳給從前在大吉嶺控制這些挑伕，很會欺壓人，也用各種手段取得不少不義之財，是大吉嶺人盡皆知的大壞蛋，到現在都還有被他欺負過的人流著淚控訴他。

他從一個挑伕的吸血蟲變成西藏的敕任官基巧，手上握有不少權力，戴的帽子上還鑲著珊瑚珠。那種身分的人講起話來比拉薩的宰相還威風，一般人如果想去見他肯定會吃閉門羹。對面一看就是歐洲人的住處，有寢室、書房和會客室，非常豪華精緻，裡面許多僕役來來去去忙著。

那邊一定有我認識的人，由於我不想讓人看見，也就無從得知是什麼人。我前往基巧的家打聽辦手續的事，但一開始不讓我進去，後來一個人走出來，上下瞧了瞧我，問田巴道：「這個人是誰？」

田巴說：「他是色拉的醫生啊。」

還沒說完，對方就接著說：「哦，就是著名的色拉醫生嗎？誰叫色拉的醫生來這裡的？」

田巴說：「因為有要緊的事，一天都不能耽擱；我們在帕里是當天就拿到通行證，請您也盡快發證件給我們。」

他似乎聽進去了，說：「先進來再說吧。」

這位基巧有兩個老婆，一個是在大吉嶺時代就迎娶來，另一個比較漂亮的是擔任基巧後

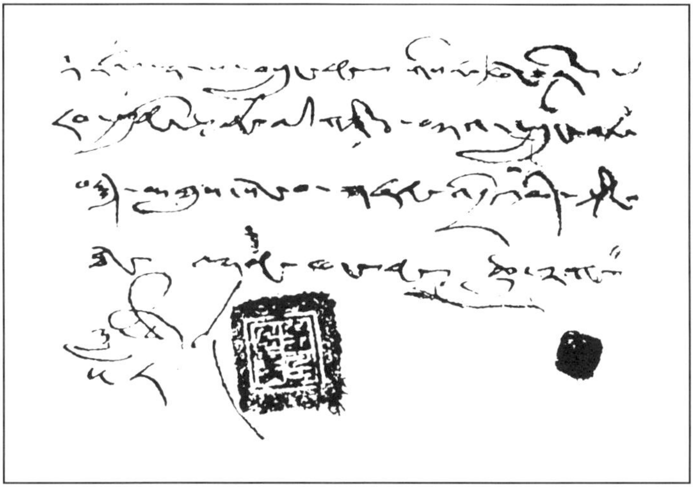

亞東關基巧所寫通關令原件，上書：「亞東的守關長同意色拉寺的慧海和他的從僕兩人前往噶倫堡，謹此證明。壬寅五月八日。書記印。」

才娶的。

我把出境原委說明了一下，並要求他發通行許可給我，他問道：「您出境有什麼事嗎？」

我拿出老套，答道：「是這樣的，我這一趟要出法王內殿的祕密任務，必須早日抵達加爾各答，可能的話我二十天後就會回到這裡來。不過如果在這裡必須耽擱一些時間的話也沒辦法，只要你能幫我寫個證明，我回拉薩好有個交代，拜託。」

基巧聽了說：「您所謂的祕密任務，我職責所在必須問個清楚。」

「是這樣子的嗎？你有與聞總理大臣祕密的權力嗎？更不要說你的職務允許你聽取達賴喇嘛的祕密嗎？如果你一定要我說我也不會隱瞞，但是我希望你能夠寫個證明，上面蓋個章，表示你願意擔負這個祕密洩漏的責任，那麼我們就把閒雜人等打發走，我單獨向你吐露法王的密令內容。」

他一聽馬上正色道：「不不，這種事我當然不問。既然身負法王交代的重要任務，一天也不要耽擱，讓我想個讓你盡快取得通行證的辦法吧。這樣好了，我親筆寫份文件，您讓下人跑一趟仁進崗，把文件交給守關就行了。仁進崗方面會發出兩份證件，拿著這兩份證件到碑碑塘，那裡的中國軍官會給您一份許可書。只要有這份許可書，就可以從這裡出境了。」說著他馬上寫了一份給仁進崗的文件。

我前面談到過這些文書往返的規定，這裡再詳細說明一下第四道關卡也就是卓木·仁進崗所發行的兩份證件。兩份證件中，中文證件是拿去第三個關卡用的證明書，直接交給碑碑塘的軍官；另外一份藏文證件則是從印度回來的時候要在亞東交給基巧，基巧再據此發出新的旅行證。由於我從西藏出境後就不再回去，所以手頭還留著這份證明書當紀念。

要從基巧手上取得書面證明是有名困難，因爲所有人都知道他嗜錢如命。不過看他的樣子實在教人厭惡，一開始向我耍威風，語氣傲慢得不得了，可是當我透露了身分，態度卻馬上丕變，那種前倨後恭的樣子令我大開眼界。我認爲不管在哪個國家，一個對下面作威作福的人，一定對上面極盡諂媚之能事，而諂媚上級的人也一定是對下面頤指氣使的人。我眼前就有這麼一個。

【注釋】

❶見本書第八十八章。

137・終於通過第五重關卡

我把第五道關卡的基巧所發給的證明書交給田巴，說：「把這份證明書拿給卓木・仁進崗的關守，他們應該會把文件發放下來，但是到碑碑塘的話他們大概會問東問西，如果是這樣，你就去找守城軍官的老婆請她幫忙說一下，我想他們不會刁難的。」

田巴聽了很吃驚，說：「怎麼可能這麼快就把證明書給了您？簡直像作夢一樣。不過如果您不跟我一起去的話，卓木那邊可能不買帳。」

我說：「你放心，這我也想到了，因此向基巧請教，並且請他在證明書上寫清楚，所以卓木的關守一定會把要交碑碑塘的文件給你。基巧說我不必大老遠又跑一趟，只要讓你一個人去，我在這邊等就成了。」

於是田巴拿著這份證明書以及帕里發給我們的通行證——上面有基巧蓋的章——往回走，由於沒有行李，他健步如飛。

田巴回來後向我描述了這趟行程，他說他先把基巧蓋章的通行證交給亞東大城門的守衛查驗，然後帶著證明書去仁進崗；到了那裡把證明書交出去，一般人即使拿錢賄賂也要耽擱個兩、三天，但由於有基巧的特別指示，而且他們也信賴我，所以馬上發給了兩份文件。

田巴再拿著這兩份文件走十公里回到碑碑塘，把其中一份交給關守，並向關守請求發給他一份以中文寫就的通行證，但因爲時間已經是下午一點半，對方拒絕立刻發證。於是田巴依照我的指示，到軍官家裡去向他太太說：「請催他們把文件發給我吧。」這位太太立刻和田巴前往關哨，要她丈夫趕快把文件發下；她丈夫說：「今天沒辦法，明天再給。」太太生氣了，表現出西藏婦女的潑辣本性，對她丈夫說：「我答應人家的事你敢反對？」她丈夫知道頂撞不起，於是馬上改變態度，把文件發給了田巴。田巴拿了文件一路趕回亞東，於下午四點多抵達。這兩份文件一爲中文，一爲藏文。

由於下著雨，而且時間也過了午後四點，照說在亞東住一晚比較好，可是想了想還是離開再說，因爲從亞東走個半天，就能進入英屬印度的國境。基巧聽說我當下要出發，就對我說：「今天雨下個不停，路不好走，而且從這裡到納塘驛站❶路途很遠，半路上沒有可供過夜的地方；不過從這裡往上走個十六公里處有一間房屋，今晚要是能走到那裡就沒問題了。這樣的話明天到納塘的路走起來會很輕鬆，否則即使明天凌晨三點就從這裡出發，恐怕走一整天也到不了納塘。您這一趟有重要任務在身，雖然苦一點，不過還是現在出發比較好。」

我說：「我覺得很疲倦，很想今天在這裡過夜休息，但這樣的話明天眞的到不了納塘嗎？」

他說：「到不了。」

我問田巴：「你走得動嗎？」

亞東城勢

田巴說：「實在走不動了。」

基巧聽了大聲對田巴訓斥道：「你主人有重要任務在身，你怎麼可以這麼無能？連走不動也說得出口？」田巴只能點頭稱是，整個人像水蛭身上被放鹽巴那樣縮著。

我想在這裡多待一天說不定就會出事，於是對基巧說：「那我們這就出發。」然後向他辭別，出了第五道關卡。

亞東城就像附圖一樣，是個雄偉的城砦。出了亞東驛向下走即是一條河流，越過四米長小橋不久，即有一間房屋，由中國士兵駐守。我把碑碑塘發的中文通行證交出去，通行證上面注明准許兩個人出境，我們於是被放行。接著我們慢慢往上走，由於下雨的關係，上坡路特別難走。不過這條路倒是修得不錯；這一帶仍舊屬於西藏境內，而不是英屬印度轄下，住在亞東的英國人等於是向藏方租借土地暫住。

冒雨登上有著茂密樹林的陡坡，走了八公里後天色暗了下來，這時田巴又開始念念有詞：「即使不住基巧家也有別的地方可以住，明明下著雨卻硬要上路，您說要住到哪裡去呢？行李又重，我快走不動了。」

我說：「那你把行李分一半給我吧。」

雖然我這樣說，他還是一屁股坐在路上，動也不動；我又哄又勸，好不容易他繼續走到八點左右，但離前面那間房屋還有八公里路，而田巴已經走不下去，沒想到前面出現一頂帳篷，裡面還升著火，帳篷附近有許多騾子在吃草。

這是來自卓木的隊商，以騾子馱負羊毛要運到噶倫堡。我請求他們讓田巴和我進去借宿，然而裡面已經有五個人，根本無容身之地。這時田巴已經完全走不動了，於是對他們說只要有坐的地方就好了，總算獲得同意入帳。

到了帳內卻睡不著，盡是坐著，想到那麼嚴格的五道關卡，竟然只花了三天時間就通行成功，不禁有些激動，而且覺得不可思議。即使一些常常進出的西藏商人，每次至少也要花七到十四天時間通過這五道關卡，沒想到我們只用了三天，而且還下著大雨呢。當初我會下定決心走這五道關卡，乃是相信這一切無非前世的羯摩（karman，業力），如果發生不可避免的災難，也是時節因緣，那麼不管繞道不丹的小路，或是取桃溪小徑，其命運都是一樣的；幸好一點也沒有耽誤地來到了這裡。還有一件自己也不敢相信的事，那就是臨場一急竟然逼出了從來沒有預想過的謀略，而且非常管用。

每一道關卡的負責人都是閱人無數，眼光非常銳利，尤其是基巧，這位二十年來在印度備嘗艱辛、見識過種種風風雨雨的打耳給，對我所言不但沒有一絲懷疑，而且還必恭必敬，當天就讓我出境，這全是我所信仰的本師釋迦牟尼世尊慈悲庇護有以致之。想到一路上諸佛菩薩暗中護持，激動得眼淚都快掉下來，所以這一夜我徹夜誦經，完全沒有闔眼。我眞正放心不下的，是拉薩的友人會不會因爲我而遭遇各種災難。

【注釋】

❶ 納塘（Nakthang / Gnathong）：現在位於錫金境內，靠近亞東縣和不丹國境。

138・告別西藏

現在我將我所走過的行程做個整理。從大吉嶺到拉薩我總共走了二四九〇哩（三九八四公里）：明治三十二（一八九九）年一月五日從大吉嶺出發，搭火車經由加爾各答前往塞溝里，然後步行於二月五日抵達加德滿都；塞溝里到加德滿都約一八四公里。三月七日從加德滿都出發，抵達波卡拉的時候是同月的十一日；十四日離開波卡拉，於四月十六日來到離西藏國境只有二十九公里的羅州查藍村。加德滿都走到這裡約四一六公里。

接著在羅州的查藍村住了一年，於明治三十三（一九〇〇）年四月六日離開，爲了入藏方便稍稍往回走到叨拉吉里山東麓的馬爾巴山村，再於六月十二日出發，越過叨拉吉里山北面海拔六千公尺的山口，進入羌塘高原。並於七月四日抵達西藏羌塘高原霍爾德修區的山谷。從查藍到馬爾巴約一一二公里，馬爾巴到霍爾德修區約二四八公里。

其間因爲在山谷中迂迴繞行，因而實際所走的路程比預計多出許多。十二月五日來到日喀則的扎什倫布寺，逗留了三天，然後在明治三十四（一九〇一）年三月二十一日，距自大吉嶺出發已經過了兩年三個月，終於抵達拉薩色拉大寺。從霍爾德修區到拉薩府因爲繞路的關係，行程總長達二〇四六公里。

第二天一早起來，因爲還有很多昨晚撿來的枯木，我們就燒水煮茶吃糌粑，然後準備出發。這一天半路上可能不太方便進食，所以我們盡可能多吃了些，吃飽了才開始爬山。雨已經停了，路況還不錯，往上爬了不到八公里路，就走出茂密的樹林，在一些小樹叢之間穿行。半路上唯一的一間房屋，主要是用來監視過往行旅，要是看到從大吉嶺來了形跡可疑的人，就會將他們拘留起來，並向亞東方面通報；如果有偷偷入境的人前來，也會將他們逮捕然後告知亞東守軍。現在這間房屋住了一個老太婆還有另外一個人，老太婆的兒子到噶倫堡做買賣不在家。我們在那裡喝了酥油茶，又吃了糌粑，然後走上陡峻的山嶺。

在小樹之間走了四公里後即進入積雪地帶。登上雪山之前，路旁有個小池，池水都結冰了。從這裡又往上走了四公里，四周積雪非常深，不過因爲來往的人很多，路徑上的積雪被踩踏得很結實，但上面還有昨夜新降的雪，所以走的時候腳還是會稍稍陷入雪中。這道陡坡叫做芥拉。

走在深雪中，可以看到底下廣袤的山谷平原上雲氣蒸騰，並且在大片森林間飄飛，非常迷人，而白雲上方的山岩間則是各色杜鵑盛放。

走過四公里長的雪坡抵達山口，這個山口是英屬印度和西藏之間的分界，只要再踏出一步，我就成爲西藏律法無法支配的人了。東北方向就是西藏，而西南邊爲英屬印度。我在那裡稍事休息，遠眺東北方聳峙雲表的連綿雪峰。

那片雪峰之後還有雪峰，而雪峰彼端就是拉薩。離開拉薩府之後，現在是眞正告別西藏的時刻了。算起來從我抵達西藏國境的查藍至今，已歷經三星霜，一路走來終於能夠平安回到文明的國度，完全是釋迦牟尼如來的加持與庇護，於是我又三禮世尊釋迦牟尼佛，並有感吟詠了兩、三首詩，然後正式向西藏告別，走向英屬印度境內。

由於在低溫的高山上待了相當長一段時間，當時因爲興奮與激動而渾然忘記了寒冷，這會兒待情緒平復，才開始覺得冷起來，還好有陽光照在身上，還不至於受不了。在積雪的山路上又走了四公里，前面出現寬約九十公分的石頭路，這種路在西藏是作夢也看不到的，平整而好走。

我離開西藏這一年下了很多大冰雹，這種冰雹可說是雪山的特產，我從前在尼泊爾時曾經遇到過，體積大得驚人。我試著從雪堆裡挖出來一看，大小像鴿子卵，想像剛降下來的時候恐怕和雞蛋一樣大。那樣大的東西像雨一般從天而降，聽起來有些難以置信，但現在看到的冰雹還有鴿卵大小，可見所言是眞。

這一帶有很多前往大吉嶺做生意的人往來，他們都是從卓木那邊過來的，到大吉嶺批貨，或是把東西拿到大吉嶺出售。聽他們說冰雹正像我所見的大小，前一陣子降了很多，道路封閉了一個半月之久，到最近才又開放。

我們又在起伏的山徑上走了二十公里路，抵達納塘驛站。納塘住有二十戶人家，另外還有一些過去的兵營，現在則成了堆放羊毛等貨物的地方。我們到的時候雨下得很大，村裡的道路泥濘不堪。我們在其中一戶人家借宿，當晚終得以好好睡了一覺。

六月十六日清晨五點我們又冒著大雨出發，沿著鬱鬱蔥蔥的林間道路往山下走了二十一公里，抵達林塘驛並住了一宿。如果天氣晴朗的話本來還可以多走些路，但雨一直下個不停，而且已經遠離西藏的領土，所以不自覺放慢了腳步，變成要在林塘過夜。隔天我們又往下走了六公里多，開始覺得燠熱難當，我把袍子脫了交給田巴，換穿薄衫；現在即使不是上坡路，還是走得全身濕透。

從那邊又朝西南方往上走，一直到宗拓壩才歇腳，這時還是下著雨。隔天是十八日，我們在雨中往下走了五公里，過一道橋，然後上行五公里。這一帶多半已被開發爲農地，很多尼泊爾人移居至此，又開墾了很多新田。這裡屬於英屬印度政府管轄，所以他們也向英印政府納稅。除了尼泊爾人，也有部分是錫金人。

我看到很多農人在雨中的田裡耕作，覺得很是賞心悅目。這裡的米產量很大，和日本米一樣非常香甜。如果是印度米就不好吃了，但喜馬拉雅山區這一帶所產的米煮熟後帶著光澤，飯香四溢，米粒大小和日本米差不多。看到雨中的農作，不禁想起日本的情景，於是作了幾首打油詩。

走著走著我們來到北通驛。這裡住了些歐洲人，不過主要是務農的居民，不但有郵局，還有天主堂，以及天主教會附屬貧民學校，是個頗爲熱鬧的地方。郵局是棟氣派的房子，我們走到郵局下方，有一個紳士站在郵局的走廊上看著底下往來行人。

他看到我好像很吃驚的樣子，突然對我說：「請到上邊來吧。」

我說：「我不想上去，我只想找個住的地方，你有房間出租嗎？」

他又說：「一切都好說，您先上來吧。」

我說：「雨一直下，找個住處比較要緊，我上去做什麼呢？」

他笑著說：「住的地方沒問題，您就上來嘛。」

我覺得很奇怪，這種講話語氣好像老朋友，等我走到上頭，他用英語對我說：「已經把我忘了嗎？」

我注意一看，原來是我在大吉嶺時學校裡的藏文老師，不是我的指導老師，算是次要的老師；他不是學問多好的人，但懂得很多事。他現在擔任郵局局長。

我沒能一眼認出他來，連忙向他道歉，然後兩個人就談起分手之後的種種。他說聽人講我在西藏，很擔心我遭遇不測。突然我注意到田巴聽我們說英語後一臉茫然，但也無可奈何，這位局長雖然是藏人，但生於大吉嶺，完全不懂拉薩方言；即使用藏語交談，也很快又轉為英語。

我英語不太靈光，講兩句就蹦出藏語來，於是變成了雙語對話。田巴覺得怪怪的，就到另一個房間向局長夫人問道：「他到底是哪裡人啊？」「他是個日本喇嘛。」

「日本在哪裡？他講英語，不是英國人嗎？」

「是啊，是跟英國一樣強大的國家，連英國都會感到驚訝的強國，現在就像上升的朝陽般受到全世界的矚目，我丈夫在報紙上看了很多報導所以知道。」

田巴聽了臉色發青，說：「這下糟了，我一定會被殺掉。」

這是局長太太後來向我追述的。田巴嚇得直發抖，臉上充滿了憂慮，我暫時也沒力氣跟他解釋。當晚我睡在非常豪華的西洋彈簧床上，這是離開拉薩後第一次像樣的睡眠。

139．因托運行李遲到在中途滯留

第二天我們在雨中抵達噶倫堡，共走了二十四公里。噶倫堡位於大吉嶺以東，中間隔著一道大峽谷，海拔比大吉嶺還低。噶倫堡的市場非常繁昌，貿易規模比大吉嶺還大。這裡雖然比較少高級貨，但平價商品非常豐富，西藏、錫金和不丹人大多在此從事交易。噶倫堡和大吉嶺一樣，住著歐洲人、西藏人、印度人、錫金人、不丹人和尼泊爾人。這裡建有基督教堂、學校和醫院，此外還有佛教寺院和不少其他宗教的小祠堂。

噶倫堡有一個藏人叫普瓊，他原來是日喀則的僧侶，還俗後來這裡做生意，日子過得相當不錯。我經由天和堂的介紹，託隊商幫我把行李連同中國軍人的俸祿一起運到卓木・仁進崗，然後再請一個中國人由卓木轉運到這裡。我想行李應當已經送達，於是去拜訪普瓊，但不知何故我的行李仍舊沒有運到，我不得不住在他家等待行李。普瓊剛看到我的時候還錯把我當作西藏人。

田巴後來趁機問普瓊：「有人說他是日本喇嘛，日本喇嘛到底是怎樣一種人呢？」

普瓊說：「我聽說以前在大吉嶺有一個日本喇嘛，後來那個人去西藏拉薩當醫生，難道是同一個人嗎？」

田巴說：「正是他，哎呀，這可糟了。」

普瓊於是來找我，說：「剛剛聽你的僕人說了些關於您的事，您以前曾經住在大吉嶺嗎？到了這裡應該沒什麼好隱瞞的，您就實話實說吧。」

我說：「本來就不需要隱瞞，他昨晚就聽北通驛郵局局長說了，結果一直很煩惱的樣子。」

田巴滿面愁容，整天都吃不下東西。普瓊問我要怎麼處置田巴，我說完全聽田巴自己的意思，我只負責付錢給他，其他還是得問他本人。他家裡有個懷孕的太太，此外也有孩子，如果他想回去，就設法讓他回去；要是他害怕不想回去，那麼留在這裡做生意也可以。如果他想留下，我會建議他寫封信把太太叫來；總之我尊重他的意見。我請普瓊幫我問一下田巴，也請田巴不要那麼擔心。結果田巴跟著普瓊回來找我，要我幫他算個卦，看回拉薩會不會有牢獄之災，或者留下來比較好。我說這不能答應，一方面田巴並不是我的僕傭，而且如果是和我完全無關的人我倒好算，但是因爲這件事和我有關，如果卜算的結果說留下來比較好，田巴也許會認爲我是爲了自己的方便才騙他留下來；要是我告訴他回去拉薩比較好，他又說不定認爲我怕他留著惹麻煩，於是拿點錢就把他打發回去。我建議田巴去找這邊的其他喇嘛請示，這件事我幫不上忙。田巴還是堅持要我幫他算，因爲他聽人說我算的很準，一路上也看我算過。我說在西藏的時候有時不得已裝模作樣一番，現在可不想再裝神弄鬼了，即使有其他人來找我卜卦，我也絕對不會答應。

田巴只好去找別的喇嘛幫他算了算，結果說是回去比較好。我也覺得他應該回拉薩才對，於是依照約定給了他三十五盧比，又送他一些舊衣服，還有回程的食糧。後來我聽說他取道桃溪小徑回去，而他跟我一起出境的事情也沒有被官方發現；我回到尼泊爾後還繼續打聽他的消息，知道他沒事才放下心來。

我又等了四、五天，可是運送我行李的中國人一直沒有出現。行李比我稍晚出發，但也不至於遲到這麼久。除非是被關哨留難，否則早該到了；行李應該不至於被扣留。我等到第七天還是沒有任何消息。

第八天從卓木來了一名商人，我向他打聽，他說有兩個中國人帶著一大票僕從，趕著二十匹馬和騾南下，因為天雨路滑，在一個險坡上三匹馬不慎失足掉進河裡溺斃，行李的下落則不清楚，他只知道行李中有很多麝香和銀幣。現在那兩個中國人改變了行程，回卓木去了。我想很可能錢不見了，來這裡也沒辦法批貨。我又問掉到河裡的是哪一個中國人的行李，他說是個頭比較高那一個。

那正是我托運行李的人，這下不妙了，我的行李將到不了這裡；等到第十天也沒有行李的蹤影。我日夜盼望，到了第十二天一早，有個消息說當晚兩個中國人將同時抵達，而且我的行李也在裡面。我終於可以順利取得我的托運行李了。從卓木到這裡，兩匹馬的運送費用是十三盧比，我付清之後在七月一日領取行李，隔天立刻從噶倫堡出發，往下走了十六公里，抵達寬闊的提剎（Tista）河畔。

河上架了一道歐式鐵橋，是長約百米、架構壯觀的吊橋，底下流水湍急。要來這裡有近路和遠路兩種，遠路的話是繞著山盤旋而上噶倫堡；很多貨物可以從西利古里車站運到噶倫堡，甚至可以一直運到更偏僻的北通驛。

關於提剎河有一種傳說：現在仍居住在喜馬拉雅山區的原始部落，據說他們的始祖就是誕生在提剎河附近。這個原始部落族名叫拉布查（Labche / Lepcha），分爲兩支，其中一支比較開化，一支則停留在原始狀態。開化一支的始祖，男的叫提昆．色隆（Tikum Serrong），爲喜馬拉雅山的土壤所化生；女的叫朵米（Domi），爲提斯塔河的水所化生。兩人結合而孕育了拉布查族。提剎河沿著大吉嶺東北方的山谷南下，最後注入印度的恆河。

比較原始的一支，其始祖誕生於大吉嶺西北方高地達蘭坦村的大石頭，這粒祖先石至今仍留在村子裡，村民都是這粒石頭的子孫；另外還有一些後裔散居錫金周邊。據說族人的性格冥頑不靈，有如岩石。

拉布查族婦女都會在下顎部以黑色植物顏料繪上三道直線刺青。在大吉嶺住有若干拉布查人，但穿著打扮已經和藏族或尼泊爾人同化，而留居山地的族人則保留固有風俗，衣服是用草莖的纖維織成，完全沒有用線縫。所謂衣服，也只是稍稍蔽體而已。他們以山林之間自然生成的植物根莖和菌類爲食，對植物的毒性、藥性都知道得很清楚，而且每一種植物都有特定的名字，這方面的知識爲一般印度人所不能及。

他們雖然也吃肉類，但主要還是植物性食物。對他們而言，最重要的植物是竹子，他們習慣將植物根莖、蔬果、穀類加上鹽或蜜裝入竹筒中加熱食用。汲水、儲水也都是用竹筒，牛、羊乳也貯存在竹筒中。他們不用鍋、灶之類，煮食用的竹筒用過即棄。他們也使用竹弓，矢尖沾上劇毒射獵。

140・與老師重逢大吉嶺

拉布查人的家庭一般是一夫一妻制，偶爾會看到一夫多妻的情況，但不允許多夫一妻。他們的個性比較怯懦，像亡國奴般不思奮起。那麼這個種族是否會逐漸趨於滅亡呢，目前倒也看不出這個跡象。他們繁衍子孫的能力不比西藏人低，也許是施行一夫一妻制的關係。他們是否古代神話傳說中源生於喜馬拉雅山區的土著仍然無法確定，不過從語系上考訂，文法和藏語相通；也許在遠古時代是藏族的一支。

拉布查人長得很好看，膚色白皙，而且顯得很有教養；我認爲他們是喜馬拉雅山區族群中最漂亮的，其他的尼泊爾人或不丹人就比不上他們。拉布查人臉色的白皙程度，看起來和日本的肺結核患者差不多，女性、男性都一樣，除了少數比較有活力的人外，多半顯得孱弱不堪。不過他們本性並不壞，雖然會幹強盜的勾當，卻不是會殘酷到殺人的野蠻民族，可以說是溫順的未開化民族。

來到大吉嶺的拉布查人是兩個分支中比較開化的那一支，而較爲原始的那一支偶爾也會離開山區，但畢竟對外面的世界懷著恐懼，最後多半還是逃回原始居地。由於他們長得比其他喜馬拉雅山民好看，所以他們的婦女有很多成爲以大吉嶺軍人爲對象的娼妓。

藏人和不丹人移居錫金的也不少，他們所使用的雖然不是純正藏語，但可以彼此互通，所以知道他們也是藏族，而且不管體格、容貌、習慣等都和拉布查人明顯有異。拉布查人雖然也信奉藏傳佛教，但並非全面性的深入信仰。如果從人類學角度對他們加以研究的話，應該會有很多有趣的發現。如果確定他們是純正土著，接著就可以追蹤研究他們是如何慢慢向外發展的。

我跨越提剎河上的鐵橋，慢慢沿著很好走的鋪石道路往上走，如果一直向上走，二十七公里外就是鳩邦迦羅，但因爲下雨而且馱行李的馬匹體力不好，這一天到不了那裡。我騎著馬還好，但兩匹馱獸就是走不快，最後只好在十公里處的小村休息，而在次日一早抵達鳩邦迦羅。

接著我們沿著鐵路、公路兩用的大道走了五公里，終於在七月三日來到大吉嶺的拉薩別莊，這裡住著我當初學習藏語的教師薩拉特居士。我進入他家大門，薩拉特師和他的夫人、小孩都在，我出聲打了招呼，小孩跑了出來，我還記得他們，但他們顯然已經忘記我是誰，問道：「您是誰？」薩拉特夫人隨後也走了出來，問道：「請問您有事嗎？」

我笑著說：「你們都不記得我了嗎？」即使如此他們仍然認不出我來，這時薩拉特師出來一看，驚訝道：「哎呀這是誰啊？」他沒想到我能順利返回，因而喜出望外。他叫我趕快把行李卸下，並吩咐僕役來取走。我給馬伕工資和三匹馬的運費，讓他們回去。

去年及今年春天我託人帶給薩拉特師的信件他都收到了，因此知道我順利抵達拉薩；另外他從別人那裡也得知我幫人看病，好像還成了法王御醫，所以放心不少，唯一擔心的是這樣一來我要怎麼離開那裡：入藏不容易，離藏更難。他認爲我已經走到那一步，差不多該離開西藏了。

當時他本想寫封回信讓查龍巴帶回去，但查龍巴沒說一聲就走了。薩拉特師說從我寫的信看來，也沒有繼續學藏文的必要，他本想告訴我希望我早日設法出境。他說南條文雄博士❶也很擔心我的處境，每次寫信給他都不忘打聽我的消息。於是他當即寫了封信給南條博士，告訴他我離藏的事。

次日我突然發起高燒，而且非同小可，腳尖、手指頭開始痲痹，之後失去感覺，而且我知道痲痹將漸漸波及心臟。手腳都不能動，但不是風濕症，感覺有種體熱將開始進擊，如果連心臟也痲痹了，就是俗話所說的腳氣衝心，很可能性命難保。

薩拉特師非常擔憂，一直待在我身旁看護，醫生也來過了，他並不清楚病因，但判斷是提剎熱，也就是提剎瘧疾，大概是在提剎河一帶被感染的。我想我會死掉，來到這裡才死，死訊可以傳出去，也算是死得其所了。我唯一在意的，是要把帶出來的經卷圖書等贈送給日本的大學，或故鄉的國人能夠方便閱讀得到的圖書館，因此必須草擬一份遺書。

我想以英語口述，請薩拉特師幫我筆錄遺言，但是整個人痛苦得連說話的力氣都沒有。薩拉特師說，你就不要說了，我知道你的意思，少花點氣力對身體比較好；醫生也要我不要勞神，應該讓精神平靜下來。當晚倒不覺得特別難過，但手腳痲痺的狀態並未好轉。我設法凝神觀想，讓心識盡可能遠離病源，這時在旁人看來一定以爲我已經精神錯亂。

病情持續了整整三天，由於醫生非常賣力地幫我診療，三天後我的手腳終於開始恢復了知覺。身體狀況逐漸平復，到了七月八日手腳已經稍稍可以移動。這時我很想打個電報回故鄉，但從大吉嶺到日本每三個字就要三十七盧比，而我一路上花費到最後身上只剩下兩盧比。我想可以先向薩拉特師借支，不過由於身體還不能自由行動，即使想打電報也是枉然。

但我已經勉強可以動筆，於是寫了封信想告訴故鄉的肥下德十郎我已經回到大吉嶺；我完全忘了我寫些什麼，只記得向他報告抵達大吉嶺的事。我慢慢恢復了健康，但整整一個月的時間什麼事都不能做，而且整個人瘦了一大圈。從我初抵拉薩並在那裡待了十個月之後，身體變胖許多，體格也變得很強壯，連西藏人都認不出來；現在又恢復原來的身材了。

幸好有佛陀的護持，經過一個多月時間，我已經可以書寫，也可以閱讀。期間有許多人來看望我，談了許多話，有的很嚴肅，有的很好笑，有的很八卦，由於都和西藏之行無關，這裡也就不特加交代了。

【注釋】

❶南條文雄（1849-1927）：於一八八五年首先在東京帝國大學講授梵語，被尊爲日本現代印度學的開拓者。

141・冤獄事件

我暫時必須留在大吉嶺休養，如果馬上南下印度的話，印度平地氣溫很高，以我現在的狀況根本無法承受那種熱；況且我在寒冷的西藏待了很長一段時間，現在去印度一定會讓剛有起色的病情惡化。醫生也勸我至少在大吉嶺住三個月左右，所以我繼續留了下來。

時序進入十月，總算有商人從拉薩來，之前帕里到大吉嶺之間的交通處於斷絕的狀態。當我出境而行李最後也抵達噶倫堡之後，這條路上就沒有人出入往來了，主要是因為氣溫高升後，很容易罹患傳染病的關係。卓木・仁進崗那一帶的人因為比較習慣南方的燠熱，所以不太會感染。藏人都斷定我出境後必然罹患熱病，因為那時已經不太有人走那一條路線；我自己也很清楚這種狀況。

向來喜馬拉雅山區的夏季不太適合旅行。如果僅限於北部的雪山地帶的話還好，但是到了南部低地的山谷，就會感染瘧疾；即使不患瘧疾，也會有其他傳染病肆虐。我明知如此但又不得不走這一趟，所以到大吉嶺才會受到病魔的折騰。從西藏方面到十月左右才又有商隊開始南下來到大吉嶺，我聽他們說，色拉的醫生因為日本人身分曝光所以逃出了拉薩，在他離開後不到一個月期間，拉薩府就發生了一件大冤獄事件。

事件牽連甚廣，接待色拉醫生的前財政大臣、同住大臣官邸的老尼僧以及大臣最信賴的管家三人都被捕下獄；新財政大臣因爲沒有直接關係所以沒事。另外色拉大學被封，查龍巴夫婦和商隊長泉追也入了獄，每天都被刑求。其他和色拉醫生常相往來的人也都在接受調查，什麼時候會繫獄並不知道，因此整個拉薩府風聲鶴唳，只要和色拉醫生沾上丁點關係的人都恐慌不已，爲了全力隱瞞事實所以賄賂盛行。我聽了想，藏人常編造一些驚心動魄的故事到大吉嶺來嚇人，他們聽說色拉醫生回到了大吉嶺，就添油加醋串連成那樣一個大冤獄事件，實際可信度很低。我一出來這種消息接踵而至，雖然眞實性不高，我還是有些擔心。

這個傳聞很快就傳到大吉嶺地方長官耳中，他把我叫去，問我色拉寺的僧侶數目、制度，以及有沒有法律明文規定發生這種大事必須封閉寺院等等，最後問我相不相信這個傳聞。我說：「我不認爲這是眞的，雖然也很難斷言它絕對是假，但多半是藏人編造的故事。」不只藏人，中國人也一樣，明明只有俄羅斯支配下的蒙古人來到拉薩，在大吉嶺卻到處有人吹噓說看到俄羅斯人在拉薩市街走來走去。

大吉嶺的地方長官渴望得到西藏的情報，從西藏出來的人講的話，不管牛皮吹得多大，他都認眞地記錄下來；在鳩邦迦羅甚至特別設有蒐集西藏資訊的官員，任何人從西藏過來都要接受訊問，如果狀況較爲特殊，立刻帶到長官面前來詳加說明。

這位長官雖然不算精通藏語，但他的小孩倒都識得藏語；每次有人從藏地出來，他就會請一個藏人幫他居中翻譯成英語。如果一個地方長官稍稍懂得藏語和藏文，就有資格參加考試，若是及格，就能從英印政府領得一千盧比的獎金。

所以大吉嶺一帶的地方長官沒有不努力研讀西藏語文的；噶倫堡的官員也一樣。從這裡可以窺知英印政府重視西藏事物而不敢稍有怠忽的程度；而他們以高薪雇人沿路擔任監視，也很令人驚訝他們注意的綿密程度。

照說一般藏人不會知道我進出西藏的內情，但他們講得好像是眞的，等兩個禮拜後，又有藏人來到此地，沒想到他們也流傳著同樣的說法。後來有一個我在拉薩認識的商人來到大吉嶺，我前往他住宿的地方問他這些話的眞假，他說：「沒有他們說的那樣嚴重，但也並非完全無事。前財政大臣曾被叫去問話，但沒有被關起來，很快就讓他回家了；不過一般人都認爲他已經在牢裡。雖然大家這麼說，我離開拉薩的時候，我想他應該還在家裡，但現在或許被關進牢裡了也說不定。可以確定被捕的是色拉寺的教師和保證人，另外還有查龍巴夫婦和商隊長泉追，他們每天都被柳木棒毆打三百下。我們有些人想送東西進去給他們，但怕人家說閒話最後還是放棄了。」

我問他：「即使知道我是日本人，也不必對他們這樣吧？」

他說：「西藏政府知道日本是一個有能力打敗中國的強國，同時又信奉同樣的宗教，所以頗有好感，但政府認爲您是英國的密探。」

「有人主張我是英國人嗎？」

「亞東的基巧守關長向拉薩報告，說那位進入拉薩的日本喇嘛其實不是眞正的日本人，他是一位旅居英國的高級官員的兄弟；爲了達成那位高官的期望，於是自稱是信奉佛教的日本人而前往拉薩；在拉薩期間和大吉嶺方面也常常有函件往返。他說聽人講攜帶函件的信差不是查龍巴就是泉追，也有人說有些商人其實是日本人。這位英國的密探出很多錢讓人把密函傳送到大吉嶺，也從大吉嶺傳回上級的指令。後來這件事不知道是誰告的密，事發後這位密探從拉薩潛逃。不過這個人身懷絕技，絕非凡人；歐洲人裡確實有這種不可思議的神通者。基巧又說，英國密探並未經過我的關哨，而小路嚴重毀損，也不可能從那邊出境。所以很可能是來到高山上，然後從空中飛了出去。基巧向法王上奏，說從英國密探逃出拉薩並未經過亞東關卡即抵達大吉嶺這件事觀來，可見他的神通不假。總之法王政府收到這份奏章之後，那些被捕的人被折磨得更加厲害。到底您從亞東到大吉嶺是走來的還是飛過來的呢？」

142・營救受難者的計畫

竟然有人問我是不是飛過來的。我說：「我又不是鳥，怎麼會飛？」

他說：「可是大家都認爲你可以。你連死掉的人都可以救活，在天空飛算什麼呢？在西藏，大家都相信基巧向達賴喇嘛上奏所說的事。」

我說：「我是不是飛過來的有個東西可以證明，你只要到我住的地方看看就知道了。」

「什麼東西？」

「就是憑著那位基巧的命令而取得的出境通行證啊。那是准許我和我的隨從兩人出境的證件，你看了就明瞭啦。」

「有這種事嗎？你別騙我。」

「我能騙你到幾時？廢話少說，我們過去看看吧。」

那時節大吉嶺有很多人也傳說：「雖然那個人說他是走過來的，但不太可能，那麼多行李他怎麼帶得動？我們只要拿少少一點行李就困難重重，更不要說他那麼多行李，竟然順順當當一路帶出來，而他本人也毫髮無傷地抵達大吉嶺，這除非是魔法否則無法解釋。」西藏人之所以相信這件事，都是因爲基巧爲了脫罪而編了個故事給達賴喇嘛的緣故。

後來這位地方長官到我的住處，看到准許我回拉薩的通行證因而相信我的話，但此時他又起了個念頭，認為那是我施法迷惑了基巧讓他昏了頭才會發給我的。我真是拿他沒辦法，藏人就是這樣，跟他們講眞話他們不信，偏偏要相信一些不可思議的說法。如果能夠對人誠實，也聽信誠實的說法，則既不害人，也不損己，到最後所有事情都能夠圓滿成就，但藏人總愛把眞話弄擰，編造的故事滿天飛，眞是傷腦筋。不過與我有關的人一一被捕下獄，我不能不設法加以營救。

前財政大臣及其家人是否入獄無法確定，但既然我的身分以及祕密進出西藏的事情已經被揭發，他與我有那麼密切的關係，隨時可能奇禍罹身，而且可能性極大。前財政大臣是個耿直的人，平日樹敵頗眾，現在被抓到把柄，說不定那些人來個私仇公報，那他就危險了。

還有為了我而盡心盡力的查龍巴，以及色拉大學的老師和保證人等，聽到他們遭受縲紲之苦，我無論如何也不能高枕而眠。我既不是神也不是佛，無法飛到拉薩去解救他們，只有日夜思索，看有什麼辦法可想。最後我大致得出兩個選擇：去北京向中國政府請願，請他們命令西藏政府放了這些人，或者前往尼泊爾，請尼泊爾政府出面為這些人說項。

如果我到中國請求清政府出面解決這個問題，必須先得到日本外務省的諒解與協助，由他們透過外交途徑與清政府協商，這對於一個普通的僧侶而言並不容易。何況考量一下當今西藏的實況，他們已經不太相信中國政府，因為西藏風傳中國皇帝納了一個英國貴婦人為妃子，並且與英國關係越來越親密；這個傳言連西藏政府裡都有人深信不疑。

西藏不只不再信任中國，而且清政府積弱不振，對西藏也談不上什麼絕對的影響力，尤其與外國有關的事務，如果中國對西藏有什麼指示，西藏肯定不分青紅皂白反對到底，因為中國對諸外國友好的外交方針特別為西藏方面所厭惡。所以透過清朝政府來解決這件事並非明智之舉，不但無法有效幫助西藏人，說不定還會害了他們。

考慮尼泊爾乃是因為這陣子西藏對尼國相當恐懼，除了尼泊爾人本來就驍勇善戰外，他們的軍隊最近又接受英國式訓練，如果發生戰爭，他們的戰力會變得很強，所以西藏政府知道要盡可能對尼泊爾友善。這種時候透過尼泊爾的幫助應該是最理想的辦法，何況尼國政府對日本有明顯的善意，還送留學生到日本學習。我想唯一的選擇還是前往尼泊爾請求協助。

但要做這件事需要不少錢，而我手頭一文不名，還有如山的債務尚未償還。幸好故鄉的肥下、伊藤、渡邊諸位親友非常盡力，找了五、六個人湊了三百日圓寄來給我；我決心以這筆錢前往尼泊爾尋求營救的方法。不過由於薩拉特博士委託我幫他編纂一部藏語字典，使得我暫時無法離開大吉嶺。

薩拉特師已經寫就一部《藏英辭典》，目前很需要有一本收錄完整的藏語字典，而他認為我是最適合的撰述人選，希望由我來完成。當時我只寫了二十頁左右，編字典和幫報紙、雜誌寫文章不一樣，沒辦法隨想隨寫，必須參考很多書籍，也要請教很多人，內容才能完整可信，因此進行了三個多月，完成的東西卻很有限；我想這是三年乃至五年的大工程。更教我無法專心的是拉薩的冤獄事件，我還是要盡我所有的能力去營救他們，同時也該是返回故里的時候了，編字典可以慢慢來。我向薩拉特師詳細解釋求得他的諒解後，於十一月下旬出發前往加爾各答。

143・大谷、井上、藤井三師的勸阻

我前往加爾各答的摩訶菩提學會，在那裡逗留了兩、三天；學會裡既無日本人，也沒有可以交談的人，只有幾個緬甸和錫蘭的和尚，我並不很想和他們深談。我有一個同窗好友大宮孝潤久居加爾各答學習梵文，我就跑去找他。我沒有其他衣物，還是穿著藏袍去他那裡。大宮君向當地一家商店租了間精緻的二樓，他又是個講究的人，一進去就讓人覺得很舒服。

我直接進到樓下的會客室，由於相當一段時間沒有說日語，竟然說得很不流暢，說著說著藏語就跑了出來。我本來英語不行，但使用的機會還多些，所以說英語甚至比日語還來得容易。

由於日語說得疙疙瘩瘩，傻傻站在那裡看著大宮君，大宮君也盯著我猛瞧，然後以藏語問我：「您是從哪裡來的？」

我同樣覺得莫名其妙，問他：「您是大宮君嗎？」

他又問：「您是日本人嗎？」然後請我坐下，仍舊是愣愣地看著我，而我也是很不解的一張臉看著他，但我確定他就是大宮君。

他問：「您是哪位？」

我說：「我是河口啊。」

「哎呀失敬失敬！」

場面眞的很滑稽詭異。由於我完全變了個樣，他以爲我是個中國人或西藏人；可以想像我改變了多少。大宮先生屬於天台宗，是一位灑落的人。

十二月十四日傍晚，我剛要離開的時候，井上圓了博士正好來到大宮先生的住處，我們就在彼處巧遇。我曾在哲學館受教於井上博士，和他有師生關係，見到他非常高興。於是我就帶他前往大吉嶺，並在抵達次日凌晨三點一起爬上虎丘遠眺世界第一高峰。那時是觀覽喜馬拉雅山最理想的季節，但多半早上九點或十點左右就會雲霧漸攏，所以我們起了個大早。井上先生看著埃佛勒斯峰發出「只看唯我獨尊山」的歎詞，我們同時也吟詠了許多詩歌。二十三日我們回到加爾各答，當晚又啓程前往菩提迦耶朝聖。

這一趟我並不是只著眼於菩提迦耶的朝聖，我還想前往德里市。這時日本的奧中將正在德里參加印度皇帝的加冕大典，我想請奧中將介紹我認識尼泊爾國王，然後再請尼國國王將我的請願書轉呈達賴喇嘛。不過我與奧中將無一面之緣，承蒙大宮孝潤君介紹，我先從孟買三井物產的負責人間島與喜氏那裡取得一紙介紹信，然後再拿著介紹信去面見奧中將。

我們先聯袂到菩提迦耶，接著朝謁瓦拉那西的佛跡，然後與井上先生辭別，我去德里，先生去孟買。當晚我們從加爾各答搭上火車，次日中午過後抵達班基浦爾；我們必須在這裡下車，等五個小時換搭前往迦耶（Gaya）的班車。井上先生去打電報，我則在候車室看管行李，這時有一個講英語的印度人走過來，問我：「您是西藏人嗎？」

我答道：「不，我不是。」

「那麼是尼泊爾人囉？」

「也不是。」

「可是您不是從西藏來的嗎？」

「我是從西藏來的。」

「從西藏來怎麼可能不是西藏人呢？」

「從西藏來的不見得一定是西藏人啊。」

這時從廁所慌慌張張跑出一個人來，一直跑到我身旁，然後說：「我聽到您說話的聲音，果然是您！」興奮地跟我握手的，是最近逝於法國馬賽的文學研究者藤井宣正師。

「沒想到在這種地方見面；能夠活著回來眞是太好了。您現在在這裡等什麼呢？」

「我正要去菩提迦耶啊。」

「您一個人嗎？」

「不，井上圓了先生也來了。」

「那眞是不可思議的奇遇了。您出發前我祈求您平安回來，現在果然如願了，您這一趟眞是了不起啊。」他非常高興地說著，井上先生打完電報回來看到他也是很意外，大家熱烈地寒暄，並且討論接下來的行程。

迦耶沒有旅舍，但可以住在驛站接待所（Dak bungalow），不過井上先生說那邊住的人太多了，恐怕沒有床位，沒想到藤井先生說：「哪裡是這樣，大谷光瑞先生❶現在就住在迦耶的驛站接待所，我們先打個電報給他，然後連夜趕過去也沒關係。」

「那眞是太巧了。」

於是立刻發個電報到迦耶，再上車朝迦耶進發。抵達迦耶的時候，大谷先生派了兩個人來接我們；我們坐上馬車前往位於迦耶市區的驛站接待所。

已經半夜十一點了，但大谷上人和他隨行的弟子仍與我們圍坐歡談。談到後來，大谷上人問我：「接下來你要去哪裡呢？」

井上先生代我答道：「說起來很傷腦筋，他還得去尼泊爾一趟，而且問題還挺複雜的。」

藤井先生聽了立刻跳起來說：「現在去尼泊爾太沒道理了，對您自己很不好。我不知道您有什麼要緊事，但您千萬不要去。」

井上先生代我陳述了理由，他說：「不能不去尼泊爾有兩個理由，一是過去所買的書籍都寄放在尼泊爾，必須去取回來；最重要的事，則是要設法營救拉薩的友人。這是一樁大冤獄，不只河口師聽到了這個消息，我在大吉嶺的時候聽到這件事也覺得非常冤枉。現在他要去尼泊爾安排營救的辦法，不過能否成功還說不定。救人固然要緊，不過我認爲河口師應該早日回到日本，然後把對世人而言仍是未知之謎的西藏詳情介紹出來，這是比什麼都重要的事，不知各位意下如何？」

藤井師說道：「我贊成您的看法，但是河口君，您還是堅持要去嗎？」

「我當然要去。」

「眞是太令人驚訝了。井上先生，您怎麼不阻止他呢？」

井上先生說：「怎麼沒有，他不聽嘛。」

「即使他不接受您也不應該就此罷手啊。河口君，您非去不可固然有您的理由，但您必須看得更遠，您已經不是過去的河口慧海了；您知道您馬上就要成爲世界的河口慧海嗎？您還把自己當作普通學者才會想走這一趟，但若是途中罹患瘧疾，或被猛獸、強盜殺害該怎麼辦？爲了那種小事情而奮不顧身，不如早點辦好回國手續吧。」他的勸誡態度非常強硬。

井上先生問大谷先生意見，上人說道：「河口先生自有他的考慮我也理解，但以現在的情況看來，應該以自身爲重早日回到日本才對。我也贊成他們兩人的意見，你這樣一意孤行眞的不太好。當然如果你沒有這樣一股勇猛的精神，也不可能完成西藏的探險行動，但想到你現在的身分，不如聽從他們兩位的意見回國吧。」他的態度非常懇切。

我對大家說：「各位所言甚是，但如果我這樣做，等於失去了做爲一個日本人的義氣，尤其我是一個佛教的修行者，即使沒有任何因緣的人遇到困難都必須義無反顧伸出援手，何況這些罹難者不僅與我有一段因緣，而且我還受到他們非比尋常的深恩眷顧；是因爲他們我才能化不可能爲可能，順利離開西藏來到這裡。現在他們爲了我而受苦，如果我明知此事卻只考慮自身的禍福，放棄營救行動回到日本去，我眞的做不到。我現在待在這個溫暖的地方，而我的恩人們如今在拉薩正受著大苦難，白天嚴刑拷打，晚上則睡在冰凍徹骨的牢房。那是太陽照射不到的地牢，每天只能吃幾口糌粑，我不知道他們是如何度過每一天的。想到這些，我即使在睡夢中也會掉淚，只覺得肝腸寸斷。我不能放下他們不管！」我斷然回答了他們。

【注釋】

❶參見本書第十五張注釋。

144・到軍營拜訪奧中將

由於我並沒有把他們的忠告聽進去，藤井先生說道：「我眞的不懂您在說什麼，不過是婦人之仁罷了，是所謂知小仁而不知大仁的人才會說的話。我想您還不太懂我的意思，我再把話說得詳細些好了。在西藏發生的事故，不知道有多少人將遭受死刑，我們暫且假定十個或二十個人好了，這十幾二十個人被處以死刑，財產遭到沒收，您想想看，對世界而言會造成多少損失呢？只會讓他們更加厲行鎖國政策而已，並沒有其他害處。可是如果您此行去尼泊爾途中不幸遇難的話，等於好不容易去難以一窺堂奧的西藏走了這麼一趟，卻又將介紹西藏給全世界的空前絕後大事業帶進墳墓裡去了不是嗎？這樣做有什麼好處？早日回到日本，把一路上所見所聞介紹到世界各國，又將間接造福全球多少學者呢？所以您現在必須以全世界的利益爲重，放棄對西藏少數人的義務。如果您分不清輕重緩急，像個小孩或女人般，爲區區人情而想不開，實在太莫名其妙了。」他說完大谷上人和井上先生也表示同意。

我說：「您的說法我完全理解，但歉難遵命。也許這樣一來對世界是件好事，但我一點也不覺得，反而是佛法修行上的不圓滿；僅僅爲了自保，卻說成是對世界的義務或學者的福音等等，不過是自欺欺人。我有不能不做的事，如果丟下它而回去日本，我的內心何嘗會得到安寧？縱使善盡對世界的義務，但自己連自身該盡的義務都做不到，則一切都變得沒有價值。我把眼前對恩人該盡的義務丟在一邊，回去日本將神祕的西藏介紹出來，假定一時利益了學者或社會，但誰能預料未來天下後世將如何看待日本人？全世界的人都說日本的某某明知恩人爲他而入獄受苦，卻撒手不管回國，只急於追求自身的功名，不在乎別人的苦難，日本人太絕情絕義了。以現在的情況，與其爭取世界性的名譽，不如善盡搭救恩人的義務，即使爲此而喪失性命，得不到世界性的聲名，我也會覺得非常滿足。請各位不要再對我施加壓力了。」容或說成這個樣子，但藤井先生等人還是不厭其煩地對我勸了又勸。

一直講到深夜三點左右，我已經撐不下去都快睡著了，於是對他們說：「我從昨晚就沒睡好，現在很睏，今晚就說到這裡，大家睡覺去吧。」

藤井先生說：「除非您答應不去，否則我們大家都不睡。」

「您這是妨害別人的自由，我不能答應！」

「那您答應就是了。」

「讓我考慮到明天早上再說吧。」

「不行，再睏也要做個決定！」

「對不起，今晚就放過我吧。」

他們無論如何不放過我，我只好對他們說：「這樣好了，我馬上要去找奧中將幫忙，如果奧中將同意將我寫給達賴喇嘛的請願書交給尼泊爾國王轉達，那我就不去尼泊爾拿回我的書籍，聽從各位的建議馬上回國。」

即使如此藤井先生還是不肯罷休，不過大谷、井上兩氏則認為日本軍人態度親切而講義氣，這種事情即使以個人身分也都會義不容辭地伸出援手云云，講完之後大家就睡了。隔天早上七點多起來，大家吃了早飯，準備去朝謁菩提迦耶。和他們一起吃飯的時候，他們還是不放過勸誡我的機會，不過這是我已經決定了的事情，不會再動搖，還好馬車來了，我們就聯袂前往菩提迦耶，以一整天的時間朝禮聖蹟。夜裡井上博士和我一起別過大谷先生一行，前往瓦拉那西。

在瓦拉那西有一位俄羅斯來的麥欽森博士，他在大吉嶺曾經和我談了許多佛法相關的事，也略通藏語，兩個人變得很熟；我們到他的住處打攪了一晚。麥欽森博士在這裡研究梵文，不過大吉嶺那邊很多人都說他是俄國的情報員；但他個人非常熱中於佛教的研究，我很佩服他，總是盡可能對他詳加說明，他非常高興。在瓦拉那西他熱誠地接待了我們。翌日我和井上博士一起去佛陀成道後第一次說法的鹿野苑參謁，歸途我們和奧爾科特氏❶一起去聽著名的英國女性演說家貝贊特女士❷的演講；演講結束後我們和貝贊特女士也做了交談。

井上先生當晚逕赴孟買，我則在隔天從瓦拉那西搭車前往德里；抵達德里時已是深夜兩點。外地到德里來的人非常多，很難找到住的地方，即使有也貴得離譜，一個晚上最便宜也要六十盧比，而貴的一晚要一百五十盧比。我身上根本沒什麼錢，所以沒辦法住旅館。

也不管它時間是半夜，我決定到奧中將的住處去，但得雇輛馬車，一問要價二十盧比；實在太貴了，我跟車伕商量能否便宜點，結果他根本不理我。我去找一名巡警幫忙，他幫我叫了個挑伕，挑伕說要五盧比，巡警和他大聲吵了半天，結果降爲三盧比成交。

到奧中將住的地方只要三公里多一點，由於我身穿藏袍，即使我用英語跟挑伕說我要去日本將軍的住處，他卻自作聰明一直帶我到方向完全不一樣的錫金國王行館，因爲英屬錫金人都是穿藏袍的緣故。從車站到那邊有八公里遠，我們一直走到天亮七點才到，到那裡一看，卻張著錫金王的大帳幕。

我知道搞錯了，但我不會說印度話，於是向懂得英語的人說：「我要去日本人住的地方，請幫忙跟我的挑伕說清楚。」

話雖然說清楚了，但挑伕卻累得說他走不動；我答應多給他點報酬，他勉強又挑起來；距離只有五、六公里，但挑伕走得非常慢，我自己飯也沒吃茶也沒喝，肚子餓得難受，一直到十一點左右才抵達中將所住的帳篷前。那邊成爲臨時軍營，門口有英屬印度的兵士站崗，要見奧中將並不容易。我跟著裡面的人去見一個姓伊藤的上尉，到了他的辦公室，他說：「您就是河口先生嗎?實在很抱歉，我們接到間島君的信知道您的來意後，立刻給您回了封信，不過大概還來不及送達您手上。我們已經做了決議，讓您特別跑這一趟眞的很不好意思，請您稍等，我們必須給您一個正式的答覆。」說著就走了出去。

【注釋】

❶奧爾科特氏：指Henry S. Olcott，一八三〇～一九〇七年，美國作家、律師、哲學家，爲融合佛教、婆羅門教和基督教神祕主義的神智學會創始人之一，並自任會長，定居印度；他協助在瓦拉那西成立中央印度學院，又在斯里蘭卡從事佛教教育事業。

❷貝贊特女士：指Annie Besant，一八四七～一九三三年，英國社會改革家，受蕭伯納影響而成爲英國社會主義思想主流費邊主義（Fabianism）者，後改信宗教神祕主義，晚年擔任國際神智學會主席，大部分時間居住在印度，從事教育和慈善事業，並參加印度的獨立運動；一九一六年創立印度自治同盟。

145・日本軍營的應對

不久伊藤上尉領著由比少校進來，由比少校也是以伊藤上尉講過的話當作開場白，然後說道：「我們實在不方便幫您處理這件事，因此沒辦法把您介紹給尼泊爾國王成全您的願望，理由是這樣的，第一，我們只是爲了祝賀印度皇帝的加冕遠道而來的客人，並不是外交官身分，實在沒辦法在外交事務上置喙，而且我們也沒有那樣的地位。您的狀況確實很令人同情，中將閣下很想發揮他個人的俠義心爲您做點什麼，但這畢竟是國際問題，事情就變得很複雜，這是我們無法幫忙的第二個理由。

「其次事情有輕重之分，您也知道現在日本與英國同盟，關係非常友好密切，如果透過尼泊爾國王與西藏聯繫、交涉，一定會引起英屬印度政府的不悅，這種事絕對不能發生。這是不能幫您這個忙的第三個理由。還有，就算不忌諱英印政府的觀感，但做這件事值得嗎？維持與英國之間的同盟關係是今天我國最重要的問題，而營救西藏冤獄中的受害者對我國而言一點都不重要。

「從國家的利益爲考量，事情必須分緩急輕重，這是我們應當遵守的方針，所以您所託之事礙難照辦。我們就是將這個意思寫了封公函寄給間島先生託他轉給您。另外您做爲一個日本人卻穿著西藏袍子，怎麼看都像個密探，這樣一定會引起英印政府有關當局的注意，所以我也不想和您說太久。

「就技術上而言我們也不宜直接和尼泊爾政府接觸，必須經由英印政府處理才比較妥當。英印方面雖然沒有明講，但他們認爲他們的保護國或印度附近的國家都是他們的勢力範圍，如果與尼泊爾毫無正式關係的日本官吏直接找尼國政府交涉，恐怕會遭到英印政府的懷疑而造成誤會。種種方面考慮的結果，完全沒有答應您請求的可能。」

我聽了對他說道：「我的意思並不是這樣，我只希望奧中將以個人身分，而不是政府代表的身分幫我轉達這個訊息。」

少校以否決的語氣說道：「對您而言這或許是非常難過的事，因而您採取這樣的行動也是情有可原，不過奧中將已經表示不接受您的請求，而我們也決議贊成他的意見，所以不管再怎麼說都無法同意。外頭有印度士兵駐守，您待太久的話會引起他們的懷疑，所以很抱歉必須請您馬上離開。」

看他們的樣子是無論如何不會答應了，而且即使個人願意考慮，但爲了國家的利益也必須拒絕，於是我說：「既然如此我就回去了，不過我昨天趕了好長一段路來這裡，至今滴水未進，由於我過午不食，現在已經十一點半了，如果再不吃點東西我根本餓得走不動，能拿點吃的給我嗎？」我竟向他乞食。

他說：「這種地方沒別的東西，紅茶和麵包可以嗎？」於是進房拿了兩塊麵包和一杯茶給我。

我吃了後肚子還是餓得發慌，而且不吃還好，越吃肚子反而越餓，逕自咕嚕咕嚕叫，但再要多拿也很難，於是對他說：「我恐怕走不太動，能不能幫我叫輛馬車？車資我會付。」

「您眞的很會強人所難。」兩個人都很困擾的樣子，和他們商量了半天，他們終於說：「至少這件事不會有什麼嫌疑吧。」於是幫我叫了輛馬車。大概是同情我的緣故，也沒有向我要車費。

到車站已經過了下午一點，但必須等到晚上十點才有車班，其間必須在車站茫然等待。肚子很餓，目的又沒有達成，但我不想像個凡夫般接受這個事實。不過也不能就這樣直接去尼泊爾，必須先辦好去尼泊爾的手續，於是我又大老遠回到加爾各答，四處奔走的結果，花了不少錢總算柳暗花明，終於取得尼泊爾的入境許可。

146・謁見尼泊爾國王

我聽說有一位住在加爾各答的孟加拉老先生是加德滿都一所學校的校長，他頗得尼泊爾國王的信賴，於是前去拜訪他，對他說：「我很想去尼泊爾朝聖，能否請您幫我寫封介紹信給尼泊爾國王，請他發給我通行證。」他一聽就爽快地答應，立刻寫了介紹信給我。

照規定，西藏人、不丹人和錫金人要入境尼泊爾不需要尼泊爾國王所發的通行證，只要到畢爾剛濟向當地的司令官申請即可，但其他外國人不一樣，必須有國王的通行證，所以我才去找這位老人幫忙。我拿著介紹信，於一月十日從加爾各答出發，並於次日傍晚抵達印度、尼泊爾國界上的勒克索（Raxaul）車站。

下午六點我雇了個挑伕，很快就走出印度國境，渡過位於尼泊爾境內的錫曼河，往上走一段路後遇到一座巡邏派出所，裡面的巡警不許我通行。我問他爲什麼，他說：「最近國王要從德里回來，因此沿途管制得非常嚴密，你很難再往前走。等我詳細調查後再放你走，請在這裡稍等。」尼泊爾人在這種時候語氣很低調，大概只要給點賄賂就會放行，我也有這個打算，但我是外國人，無論做什麼都沒有幫助。無可奈何我只好將從加爾各答取得的那封給國王的介紹信拿給他看，請他讓我過去；他看了後就領我去見他的長官。

我問他的長官接下來該怎麼辦，他說要我盡快把介紹信送往畢爾剛濟的關哨，請那邊處理比較好。於是我把我的個人資料詳細塡寫好，和介紹信一起送去畢爾剛濟，照說很快會有命令下來，但左等右等就是等不到，一直到晚上十一點，我冷得受不了，只好燒茶來喝，這時國王身邊的警衛來了，要我立刻跟他去畢爾剛濟。雖然很不想動，還是起身跟他走了。

派出所和畢爾剛濟之間只有兩公里路，我們十一點半就到了；我借住在醫院對面的一間小屋。隔天爲了領通行證前往司令官住的地方，從一大早開始等，直到下午五點左右才見到他。我向他大略說明入境的目的，他告訴我，十四日那天國王回加德滿都途中會經過這裡。

尼泊爾有兩位國王，其中掌有實權的一位算是總理，眞正的國王則沒有任何權力，只從總理那裡領取俸祿，不涉及任何政務。尼泊爾人一般只知道這位有實權、相當於總理的國王，唯有官吏才知道還有一個眞正的國王存在。現在馬上要歸國的就是這位有實權的國王，直接面見他向他申請通行證就行了。我請這位司令官替我引見，獲得他同意後我就離開了。

十四日傍晚總理在隆重的歡迎儀式中回到境內，除了大砲十二、三響之外，沿途還撒了許多鮮花。整個行列有不少大象，上面乘坐著許多公主和王子；尼泊爾是施行一夫多妻的國家，所以國王的小孩爲數甚多。司令官要我第二天早上十點鐘過去，等到傍晚五點總理在庭院散步的時候安排我跟他見面。

聽說對第一次面見的人而言，不能直接進入他的行館；還好可以在庭院見到他。我帶了日本的美術品爲見面禮，他接過後說，這是很貴重的禮物，要我告訴他價碼，他好給我錢；

我說這是送給他的禮物，不需要他付我錢。他於是邀請我跟他進去。

總理看到我像看到十年前認識的老朋友那樣，領著我走到他的行館會客室。他就座後，旁邊一個很像底下大臣模樣的人也坐了下來；後來我才知道這位才是眞正的國王。不過從外表、氣勢看來，還是那位總理比較像個國王，而眞正的國王反而像他的臣下。

總理問我：「我聽說你去了西藏，你去那個神祕國度有什麼目的呢？」

我答道：「我去是爲了佛法修行。」

他又說：「聽說你和那裡的許多貴族高僧都有密切交往，那麼你告訴我，如今西藏政府裡誰的權力最大？」

我說：「我是個僧侶，專注於佛法修行，政府方面的事並不清楚。」

總理聽了立刻接口道：「你不用隱瞞，我國和西藏之間關係非常密切，你對我明講沒什麼關係，我也只是做爲參考罷了。我很早就知道你很熟悉西藏的內情，也知道你從西藏出來的事。」

我對他說：「我當然知道貴國和西藏是邦交國，但我怕我所知道的事情並不正確，告訴您的反而是錯誤的訊息。」

「沒關係，你說就是了，正不正確我不在乎。」

聽他這樣講，我於是告訴他：「現今西藏最高權力者是達賴喇嘛，諸位大臣中權力最大的是首席大臣倫青霞札。」

總理又問：「如今中國駐藏大臣對西藏政府還有影響力嗎？」

「如今影響力日衰，什麼事也不能做。」

「爲什麼影響力會下降？」

「一是北京政府的日漸無能，一是當今法王非常銳敏果斷、長於政略的關係。」

「你認識俄國的藏尼堪布德爾智嗎？」

「我不認識，我在拉薩的時候他並不在那裡。」

「你有沒有聽過什麼關於他的話？」

「聽過。」

「他和西藏政府裡什麼人關係最親密？我聽說他和達賴喇嘛非常親密，法王對他言聽計從嗎？所有的高官大臣都信任他嗎？」

「只有倫青霞札和法王信任他，其他人都對他很反感。」

這時總理旁邊那位很像臣下的國王以尼泊爾話對總理說：「這個日本和尚所說的和您得到的祕密報告一樣不一樣？」總理對他說兩者若合符節，然後又轉頭對我說：「西藏和俄羅斯締結祕密條約，你想條約最後會被履行嗎？」

「如果單就締約、換文的動作來看，密約是簽訂了，但將密約內容公布並加以履行的話，不是達賴喇嘛被毒殺，就是會引起人民內亂。」

「為什麼會這樣呢？」

「因為這件事只是兩、三人的意思，不是多數政府官員以及人民的希望。」重要的對話就談到這裡為止。

總理很好奇地問我：「你從哪一條路入藏的呢？」

我考慮要不要回答他，因為很可能連累一些尼泊爾人，所以我想還是等以後有其他機會再說，就答道：「這是一件非常錯綜複雜的事，我很難以英語表達，反正您有很多懂藏語的官員，等回到首都後，我再透過翻譯官向您詳細稟告。」

總理聽了說：「這樣也好。」

他又問我日本國勢日盛的主要理由，我告訴他：「這是讓人民受充分的教育，並發揮天賦愛國心的結果。不過我離鄉已久，這幾年的變化我完全不清楚。」

我們的交談到此告一段落，不過今天時間已晚，他要我隔天下午兩點再來領取通行證。

我感謝他然後告辭離去。

147・衛士的腕力

第二天我如約前往，但門口警衛非常兇，不讓我進去，好像如果我硬要進去的話就要揍我；一直到下午五點才讓我進去。當我見到總理，他對我說：「今天我很忙，明天你到朗朋獵宮來吧，到時我會把通行證交給你。」我不能說不。

回到住處，挑伕對我說：「我覺得這很奇怪，我想你拿不到通行證，總理已經不打算讓你前往尼泊爾內地了。明天你肯定到不了朗朋，半路上一定會被士兵擋下來的。」

「這可麻煩了。」我又連夜走四公里去找侍從長問個仔細，他說：「絕對不會發生這種事的。」他跟我仔細做了說明，我才回去。隔天十七日，我雇了一輛一人座的耶卡馬車，和挑伕一起前往四天路程的頻毗提山麓。朗朋獵宮位於喜馬拉雅山麓海子森林的入口，雖叫做獵宮，其實那裡並沒有永久性建築。

平常游獵的時候會搭蓋臨時性起居處，這一次因爲同時要慶祝印度皇帝的加冕典禮，所以場面特別盛大，感覺上好像尼泊爾首都所有的帳篷都拿來架在這裡似的滿山滿谷，總有五、六百頂吧。其中國王和王妃所在的帳篷特別華麗，大臣的帳篷也不輸國王，紅、黃、白、藍各色點綴在濃密森林中，看起來非常壯觀。

軍隊有兩千名，看他們的操演完全是英國式的，服裝也是取法英國，都是特別挑選擔任國王的近衛隊，每一位兵士的體格都很壯碩。我想進去領取我的通行證，但衛兵就是不讓我通過。我在外頭等了四個鐘頭，終於看到總理扛著獵槍，正要爬上大象出去打獵。

我向前對他說：「請早點發給我通行證。」

他說：「啊，不好意思，明天一定給你。」說著大象站立了起來，我正想追問明天幾點，大象已經朝森林的方向走遠。我莫可奈何，只好前往一哩之隔、位於前往尼泊爾官道上的席姆拉小村，當晚就住在那裡。

挑伕又對我說：「他們一定不會發給你的，今天他這樣說只是哄哄你罷了。」

我很不耐煩地對他說：「你們的國王專門騙人的嗎？王者無戲言，你不要以小人之心度君子之腹，明天一定可以領到。」

第二天早上剛吃過早飯，我立刻前往獵宮，從沒有守衛的地方進入圍欄，但眼前都是帳篷，不知道總理會客的地方是哪一頂，必須慢慢找。我四處尋尋覓覓，裡面的軍官過來質問我：「你到處看來看去的到底在找什麼？」

「我在找總理的會客處。」

他說：「現在不是會客時間，你先到柵欄外面去。」叫了一名兵士把我送到圍欄外。

我想一旦走到外面就不可能見到總理了，於是還沒走出圍欄我就停下腳步不動，那個兵士問我：「爲什麼不出去？」硬是要把我推出去。

我不理他，毫無反應，這時來了個警衛，大聲命令道：「出去！」我還是動也不動，對他們說：「是你們總理要我今天過來找他的，我不出去。」就坐了下來，警衛一把抓住我的衣領將我拉起來，另一隻手在我背上打了一拳。

他就像在冥府的路上抓小孩的惡鬼那樣把我拖到圍欄外頭，外面那些士兵和看熱鬧的人都笑了，還有人講風涼話。即使身爲一個出家人，在這種時候還是感到一陣不愉快。然而會覺得不愉快無非是我缺乏忍辱之心，於是坐在草叢中，檢討自己之所以會有不愉快的念頭，乃是修行上的不著力。

想了又想，最令我慨嘆的仍舊是自己忍辱心的不足，而不是兵士的無禮，如果連這樣的待遇都會覺得難過的話，那麼我那些在獄中受虐的西藏恩人們又該如何，一念及此，不禁熱淚盈眶。

我坐在那裡想到十一點左右，總理的侍從長走了過來，我心中一喜，趕忙過去對他說：「我依總理的吩咐前來見他，卻被士兵拖了出來，您能爲我引見一下嗎？」

他先向我道歉，然後把士兵叫過來說：「立刻引導這位先生到總理的會客處去。」

我到了會客處外，又等了兩個鐘頭，下午一點總理終於出現在會客室。

我被叫進會客室，總理問我：「你現在最想要的是什麼？」

我說：「通行證。」

「通行證本來就要給你，我問的不是這個。你身上帶的旅費夠嗎？」

「是，目前沒有問題。」

「你身上有多少錢？」

「三百盧比左右。」

「這太少了，我再給你兩百盧比，總共有五百盧比的話就很夠用了。」

「不，這些已經夠用了，我不要您的錢。」我再三推辭，但他還是叫左右去拿錢出來。

我正色對他說：「我來到貴國不是爲了錢，我是另有重要的目的才來的。」

「那又是什麼事呢？」

我沒有立刻告訴他要上書達賴喇嘛的事，因爲怕連累其他無辜的人，於是答道：「我最想得到的是貴國所有的一部梵文《大藏經》。如果您能將這部珍貴的至寶賜贈給我，我就送您一部日本的《大藏經》。」

總理說：「那你就把經典的目錄寫下來，我二十五天後才會回到首都，在這之前把目錄交到代理國王手上，我會讓他依照目錄買齊。」接著他就命左右把通行證交給了我。

我拿著通行證，在一名巡警伴同下回到席姆拉村。看到挑伕一臉憂慮對我說：「馬車伕逃走了。」

「爲什麼？」

「因爲另外有人要雇他他就逃跑了，而且把車錢也拿走了。」

我不知道他們是不是串通好的，不過挑伕不像會做壞事的樣子。那位巡警聽到非常生氣，舉起拳頭就要揍我的挑伕，我立刻制止他。我們三人從席姆拉出發，慢慢向北走，挑伕說：「現在已經下午三點了，再走十六公里前面就是森林，沒有住的地方，而森林裡有老虎等猛獸出沒，我們明天再走比較好。」我想早一天抵達加德滿都，而且挑伕多半是隨口說說，應該不會有被猛獸襲擊的顧慮，於是繼續前進。

148・走向加德滿都

十六公里的森林通道中，每隔四公里就有一座大池子，水質清澈。池子之間接了鐵管，可以供應往來行旅飲水。這是尼泊爾王妃薨逝時特別爲了她的功德而修的，因爲過去這座森林一滴水也沒有，王妃留下遺言，希望每隔四公里挖一座池子，並以鐵管接水。其結構非常嚴整，可以想像花了不少經費，沿路在岩石上刻字說明造池供水的緣起，有的是藏文，其他還有尼泊爾文、印度文、英文和帕西語等共五種。傍晚抵達比恰戈里村，這裡我以前曾住過一夜，還聽到虎嘯；不禁想起上次所寫的詩。次晨起得很早，雖沒有遇到老虎，卻看到明月高掛天空，詩興大發。

我們渡河而行，遇到一個警戒關哨，必須檢驗通行證。關哨有五、六名士兵駐守，配備了五、六挺槍枝，聽說他們被授權如果發現形跡可疑的人即立刻加以射殺。沿途我又做了許多首詩。這一天走的路程眞的很長，經過司帕爾達，直到巴依謝才停下來休息。次日又前進了十二公里，即抵達頻毗提驛站。牛車、馬車等都可以一直走到這個驛站，但從這裡開始山路變得非常陡峭，無論馬匹或車輛都無法通行。四年前攀登這段山路時，空著手還是走得很辛苦，現在帶著行李卻走得很輕鬆。慢慢往上走了六公里路，前方有軍隊駐守。這裡叫齊斯帕尼，也叫齊斯戈里。到這裡爲止通行證共查驗了三次，現在則要把通行證交出去。

這裡也設有海關，爲輸出入品課稅，所有人都要接受行李檢查、課稅，甚至必須停留一整天，由於國王方面事先通知我的到來，所以連行李都沒有檢查，僅僅三十分鐘就完成通關手續。一直跟著我的巡警只保護我到這裡，由另一名衛士接手。從齊斯戈里山口往北方遠望，前面是比大吉嶺更加壯觀的喜馬拉雅山群，白雪皚皚，巍然聳峙。這六年來我很少離開積雪的山峰，但來到這裡一看，仍舊產生很多新的感觸，吟詠了若干首詩歌。

我突然想到釋尊六年雪山修行就是在這一帶，我也曾有六年時間不離雪山，然而不要說成佛，連菩薩都不是，眞是慚愧至極，心中又湧出兩行詩句：

雪山六歲身如何
曉星在上匆匆過

「曉星」典出釋尊於菩提樹下見曉星而悟道故事。我們又走下一段大斜坡，四公里多經過克利卡涅村，渡鐵橋，又前進八公里多在瑪爾庫村過夜。第二天二十一日凌晨三點把裝備、行李整理好，繼續往山中走去。我想今天如果走快點也許可以抵達首府加德滿都，所以起得特別早，不意走到山上一塊平坦的野原，草地上結了厚厚一層霜。

抬頭一看，銀色的玉兔在雲間若隱若現，彷彿在地上散播了一整片白花。我們每一步都發出沙沙的響聲，四野寒氣逼人。衛士和挑伕邊走邊發抖，走到上方，看到喜馬拉雅山著名的山杜鵑四處綻放，不知名的小鳥在嶔埼山岩間鳴囀，大家心情都變得很愉快。往上攀爬四公里後再向下走了四公里，看到遠方有一大片廣袤的平坦地帶，再過去仍舊是連綿雪山。

我們現在正走過月峰，從山上下來即抵達標高近兩千公尺的平野，走過平野再前進十二、三公里，前面就是尼泊爾加德滿都府。通過雜沓的市中心，到達當時代理總理〔同時也就是代理國王〕職務的總司令（Commander-in-chief）府邸。陪我一路走來的衛士把我交給總司令的下屬，結果又叫來兩個警衛跟隨我。他們說總司令今天很忙，要我明天再來。

我於是想先去拜訪自己的朋友覺金剛，剛走出門覺金剛師的兒子帶了僕役和一匹馬來迎接我。我騎上馬朝迦葉波佛陀舍利塔而去，到傍晚順利抵達。舍利塔的住持即是覺金剛師，他正在門口等我。我們上到第三層，熱烈地寒暄，然後享用他煮的美味酥油茶。覺金剛師屬於寧瑪派，但依尼泊爾風俗娶了兩個妻子；尼泊爾有很多人擁有三名乃至五名妻子，而西藏的情形正好相反。覺金剛師有十三個小孩。

當晚我就住在這個尊貴的勝地，特別供了酥油燈，並爲我離鄉期間辭世的父親、多方照顧我的故人以及有緣無緣一切眾生的菩提成就而誦經回向。能夠在這樣一個尊貴無比的靈場弔祭故人，特別是恩人和友人，特別感到激動，禁不住流下悲欣交集的淚水。次日一早醒來，放眼窗外，旭日在雪山之間升起，並照在大塔的金輪上，景象非常迷人。

當天下午一時，我和覺金剛師一起騎著馬前往總司令畢姆．桑謝爾府邸，等沒多久總司令就從府邸內搭設的營帳辦公處回到房間來。我們在樓上的會客室見面，他的容貌溫厚篤實，但內在有一股凜然不可親的威儀，英語非常流利。

樓上會客室很寬敞，排列了十四、五張歐風座椅，上座的方位上擺設有上覆白布的尼泊爾樣式長方形厚坐墊；四面牆壁則掛了許多歐洲裝飾畫。可以說所有的裝潢都是歐洲風格和尼泊爾風格的折衷，以小見大，可以窺知這個國家目前的國策方向。

149·會見代理國王

主客席坐定後，總司令問我：「你這次來到我國，有什麼樣的觀感呢？」

「我只覺得歡喜無比。」

「爲什麼？」

「好像回到了自己故鄉那樣的感覺，因爲不只貴國的山水、植物之屬與我的國家非常相近，而且貴國國民和我同胞的長相也非常類似，所以我一下就忘記山路的艱苦，感到滿心喜悅。」

總司令微笑道：「那是因爲我們都是同一個種族的關係，長得酷似也沒什麼可怪的，但如果連山水、植物也很類似，那就奇了，眞的是這樣嗎？」

「相似的豈止山水景色而已，松、杉、檜、山毛櫸、柏、柳、櫻、桃、梨、橙、杜鵑、蜜柑等也都一樣，米、麥、豆、小米、稗、黍、蕎麥、玉蜀黍等也無一不同。其他類似的草木、花鳥還非常多，讓我彷彿回到故國。另外貴國國民不只充滿勇氣，對外國人也非常親切。」

總司令聽了非常高興，慢慢將話頭一轉，問道：「有什麼證據證明西藏政府和俄國政府締結了條約呢？」

「締約的證據我並未看見，從藏尼堪布的所作所爲，以及達賴喇嘛接受主教法衣一事看來，也許大家還不太能確定，但是自從西藏派遣使者赴俄回來後，西藏政府的態度變得很強硬，好像和誰都能夠一戰似的，因此可以判斷雙方確實締結了密約。」

「那應該毫無疑問了，但西藏爲什麼要與俄國締約呢？」

「我是個僧侶，對政治上的事情沒什麼研究，依我的淺見，西藏認爲如今中國已經不可恃，並爲防衛勁敵英屬印度而大傷腦筋的時候，藏尼堪布及時出現，勸誘西藏依靠俄國。」

「爲什麼西藏以英印爲敵？」

「我想西藏方面認爲英國是異教、不同人種之國，如果接近他們的話，恐怕西藏的佛教將會滅亡，因此不敢和英印政府交往。」

總司令聽了大笑道：「俄國人不也是和英國一樣是異教徒、不同人種嗎？」

「沒錯。」

「那麼爲何一個是敵人而另一個是朋友呢？」

我告訴他，西藏政府聽信藏尼堪布的說法，以爲俄國斯是眞正的佛教國，俄皇則是菩薩、大士的化身。總司令聽了說：「你認爲這份密約將來對西藏有沒有好處？」

「短期內也許有一點好處，但長期而言將使西藏陷入危險之中。」

「西藏政府爲什麼不接近同種、同教而且強盛的貴國呢？」

「西藏政府中絕大多數官員連日本這個名字都沒有聽過，遑論有什麼認識或建立邦交了。」

總司令聽了嘆道：「西藏政府對當今世局的陌生程度令我驚訝。」

這時我也改變話題，說：「這一次我來到貴國有兩個目的，其中一個是爲我個人的原因，因爲我聽說現在西藏正發生一樁冤獄事件，我想透過您的幫助，看能否說服西藏政府終止對犯人的迫害。整件事情是這樣的，當我離開拉薩不到一個月時間，我的日本人身分被發覺了，於是讓我通關出境的亞東稅關長爲了避免被懲處，就像西藏政府告發說我是英國密探，致使西藏政府疑念加深，把與我交往的一些無辜的人下獄，並加以嚴刑拷打。

「當我聽到這件事後，我不能當作與我無關掉頭不理而跑回國去。我本來想拜託中國政府幫這個忙，但路途太遙遠在時間上來不及，因此我想到貴國與西藏關係密切，如果能夠透過貴國將我的上書轉到達賴喇嘛手中，也許可以救出獄中的無辜者，還他們自由之身，因此才特地又來到這裡。懇請您能理解這件事。另外一個目的，是總理在賓德拉邦（尼泊爾語「海子森林」）的朗朋指示我，關於請一部梵文佛典的事，要找您幫這個忙。」

總司令徐徐說道：「西藏的冤獄事件，我已經接到駐拉薩公使的報告。同種族、同宗教國家的日本國民來到自己國家，卻要懲罰西藏的國民，這種事聽了令人氣憤，也教人替那些受害者感到難過。幸好你抱持一顆善良的心，不願坐視，這是很難得的。就我個人而言，我絕對願意將你的上書轉呈達賴喇嘛，不過這件事的決定權還是在總理那邊，我想你只要誠心向他請求，他也會答應的，我會從旁幫你說話。」他的態度傾向於支持我，語氣很誠懇。

關於梵文佛典，他說：「請梵文佛典的事總理吩咐過了，我當然會盡力照辦。唯一的困難是，手寫本只有一部，必須另行抄寫。抄寫需要相當時間，不知道你預備在這裡停留多久時間？」

我說：「預計一個月時間。」

「這樣恐怕來不及，不過至少可以完成一部分的抄寫工作。另外圖書館裡如果有重複的典籍，我會設法讓你得到多出來的一部，不過要蒐羅齊全看樣子很不容易。」

我說：「這件事完全聽憑您處置，我兩年之內還會再度來到貴國，把日本佛教《大藏經》一部獻給貴國國王，我那時再取回梵文經典不遲。這次我離開前能蒐集到多少就算多少吧。」

總司令聽了把文化部門的高級官員叫來，對他詳細下了命令；高級官員又把指示轉達給圖書館館長。由於想說的事情告一段落，於是向總司令告退，他很客氣地一直送我到外面走廊，我請他留步，臨別時他說：「能夠和一個值得尊敬的日本人認識，我非常高興。」

當天傍晚我和覺金剛師並轡回去。

我本來打算在居留期間做些調查，寫一部尼泊爾國誌當作送給日本的禮物，但想了想還是作罷。因爲已經有人傳言，說我表面上是個僧侶，其實是日本的官員，也就是特遣密探，所以才會深入西藏和尼泊爾。在這種氛圍下，本意是寫個東西將尼泊爾介紹給日本，說不定到頭來會大禍臨頭，最後還是放棄這個想法，反正以後也可以做這件事，而且已經有不少英國人做過這件事，足供參考了。如此一來我無所事事，每天放歌度日。

150・懷獄中友人

每年都有很多西藏人來迦葉波佛陀舍利塔朝聖，平常一年大概有兩、三千人之譜，但是今年特別多，因爲正在進行舍利塔上金的大工事，許多人都想來參觀這件工程，同時捐獻供養。我常向他們打聽藏中種種消息，有人告訴我財政大臣也入獄了，但也有人說：「沒這回事，只是被審問過而已；我來的時候他還在家呢。」眾說紛紜，莫衷一是。

唯一確定的就是有好幾個人被捕下獄，但關於前財政大臣的遭遇，告訴我消息的人我一概不知道他們可不可靠，所以無法輕易相信。朝聖者裡有一位叫吉索・洛給的高僧，他曾經是拉薩府丹吉林寺第穆呼圖克圖手下的會計主任，在第穆仁波切攝政期間是個位高權重的人，不過他性格平和而練達，當時並不會貪贓枉法。因此當第穆仁波切失勢下獄死在牢中後，只有他安然無恙，仍舊回到他所屬寺院。他這次向西藏當局請求獲得同意到尼泊爾朝聖，並爲第穆仁波切祈福。藏人一直都有前往尼泊爾、印度朝聖的習慣，到夏季暫時回到拉薩，然後又出來繼續巡禮；他這次從拉薩直接來到加德滿都，中間只花了一個半月時間。

我遇到他後，向他詢問了很多西藏發生的事情，他告訴我：「我出發之前，到處流傳有關前財政大臣被捕的消息，其實完全沒這回事。也聽人說我離開後他就下獄了，但拉薩人講話很誇張，他們說的很少是眞的。我想你所擔心的事應該沒有發生吧。」我聽了稍感安慰，但教我悲不自勝的，是聽到吉索．洛給提到有一天他有事去拉薩的法院，正好遇到查龍巴被提審。

由於庭上還在審問其他嫌犯，所以查龍巴先在一個角落等著。洛給喇嘛不知道他是誰，隨口問他出了什麼事，查龍巴立即淚流滿面說道：「我既不是小偷，也沒有跟人家吵架，只是有事去看一個來路不明的醫生，後來才知道他是日本人，於是我就被當作這個日本人的手下，指控我和他共謀從事不利於西藏的行爲，每天嚴刑逼供，我事先根本不知道，我能說什麼？我只知道他是一個很好的醫生才認識他的，其他一概不知，可是他們每天把許多我作夢也沒想到的事情推到我頭上，說是我做的，不管怎麼辯解都沒用。我想這都是前世的罪業吧，也只能這麼想了。」

我又問洛給喇嘛其他同案被捕的人情況如何，他說：「其他人我沒見到，詳細情形不得而知，但看查龍巴蒼白瘦弱的樣子，就可以推知其他人也好不到哪裡去。這是必然的，每隔一天就要被毒打一頓吶。」

我聽了他的話心痛如絞，因爲吉索．洛給絕對不是一個隨便說話的人；那些我最不願意聽到的實情終於確定是眞的了。當晚不知不覺做了一首「懷西藏獄中友人」的長歌，但仍無法釋懷，只希望早日再見到尼國國王，請他幫助我將我的請願書轉呈達賴喇嘛；能夠達成這個願望，總會有其他辦法可想的。國王在二月七日回到了加德滿都，那時我在尼泊爾首府已經引起相當的矚目，大家都說，這個喇嘛以前就來過尼泊爾，製作了一份地圖，後來又到西藏測繪了另一份地圖，現在再次回到這裡來。

二月九日午後兩點我得以拜見尼國兩位國王中掌握實權那位，也就是名叫昌卓・杉舍（Chandra Shamsher）的總理。我和覺金剛師一起前往他的官邸，這是他擔任總司令時期住的地方，房子並不大；現在另外爲他蓋一棟豪華的新居，但尚未完成。即使如此還是很大，占地長寬各三百多米。大門一側有警衛看守，進入大門後即是磨刀石般的寬闊石階一路深入約兩百多米，石板路左方設有兵營和小操場，右方則有賽馬場。石板路的盡頭就是內殿的會客室，我們被領入會客室中。會客室的正面有三張椅子，以及尼泊爾製長方形白色厚坐墊；在歐洲風格黑檀木茶几上擺設了尼泊爾製馭獅女神像。兩側牆面的柱子上則掛了同國所製作的獅首浮雕。

入口分爲兩個，兩個入口中間的牆壁上有一座大掛鐘，掛鐘兩旁各有一具表情分外勇猛的鹿首壁飾。從我們所坐位置透過落地玻璃窗往南面望過去，月峰、龍樹山等雪峰聳峙如在眼前。

151・國王的詰問

宮殿會客室中有很多高級軍官，其中也有一個外交部秘書長，但國王不在裡面。外交部秘書長首先問我：「您來這裡已經二十天了，都在做些什麼呢？」

我說：「打坐和作詩。」

秘書長把話鋒一轉，「您在日本有什麼樣的爵位、擔任何種官職呢？」

「我什麼都不是。」

「您不用隱瞞，您是高級官員，大概有什麼樣的爵位我們可以推想，所以不要費心隱瞞了，還是開誠布公告訴我們吧。」

「我只是個佛教僧侶，沒有任何爵位、官職、勳等。」

「那麼您又爲了什麼花費大量金錢前往西藏又來到尼泊爾呢？」

「我到西藏以及貴國完全沒有什麼官方任務，唯一的目的就是爲了佛教的研究，才甘冒一切困難來到西藏和尼泊爾。」

「您是打從哪一條路徑進入西藏的呢？」

「我取道瑪納薩羅瓦湖附近。」

秘書長聽了用很奇怪的語氣問道：「您是經由哪些地方前往瑪納薩羅瓦湖呢？」一副貓

捉老鼠的樣子。

我泰然答道：「關於路徑的問題在告訴國王之前我不能先行透露。」

「爲什麼？」

「我怕累及無辜，所以在這裡不方便說。」

看來尼國政府對我先前在尼泊爾國內的行蹤也有一定的掌握。結束這段對話後，外交部秘書長走出了會客室；後來我才知道他是前往國王跟前報告。其他軍官於是就西藏和日本軍人的習慣、士氣、軍紀等問了我許多問題。談話最後，他們以尼泊爾話耳語道：「這個人雖自稱僧侶，但他絕對是日本的高級官員。」

不久尼國國王在百餘名侍衛前呼後擁下走出內殿，前往大門側旁的別殿；我也走出會客室，跟著國王的行列一直往下走，直到正門的大臣候見室，看到許多地方官員正恭謹執禮。在行禮的隊伍中有一個人看到我大吃一驚，我看到他也是嚇了一跳。他就是叨拉吉里山麓土窟澤地方的知事哈爾卡曼・司巴，我曾借宿過他家。當時我就像個乞食和尚，現在卻進出國王的內殿，難怪他會驚詫不置。國王看過他們獻上的馬匹之良莠後，即在一張長椅上就座。

我稍稍向前，國王於是問我道：「你對我有什麼要求嗎？」

「我最切盼的要求，就是想請殿下爲我轉達寫給達賴喇嘛的請願書；其次就是前些日子也向您報告過的，我想恭請一部梵文佛典。我的要求就是這樣。」

國王說道：「先不談這個，我聽說你四年前曾經到過我國，這是眞的嗎？」

「四年前我確實來過。」

國王語氣一變，質問我：「爲什麼在畢爾剛濟見面的時候不告訴我這些事呢？依照正常的程序不是應該先讓我知道這件事嗎？」

我說：「當時我也很想向您坦白，但仍不免滿懷憂心和恐懼。」

「你擔心什麼，又害怕什麼呢？」

「有一個理由讓我不敢妄言，我確實在四年前經由貴國前往西藏，可是將這件事講出來的話，我怕貴國許多關哨的官員以及其他與我稍稍有所接觸的人，都可能會觸怒殿下，受到法律上的制裁，因此不得不加以隱瞞。如果我無所顧忌地放言，讓貴國的官員與國民受到跟西藏友人一樣的不幸待遇，我不知道我將會如何哀痛。我但願關於我在貴國旅行的事，不會波及貴國無辜的臣民。如果您能接納我的建議，我將向您實話實說。」

由於我態度懇切，國王殿下也感覺到我的眞心，於是說道：「好，我絕對不會因爲你在尼泊爾旅行的事懲罰我的臣民，你放心。」

國王的話一經出口，事情就那麼說定了，我聽了打從心裡欣喜難抑，溢於言表，說：「殿下的命令確實教我不勝歡喜，謹此感謝您的寬宏大量。」國王聽了也很高興。我想世上沒有比眞心接納更大的喜悅了。

此時國王又問我：「到底是誰派遣你來我國和西藏的，是貴國的外交部長還是大將軍呢？你將眞正的祕密告訴我吧。」這樣的問題無疑將我當作日本的密探，而如此一來關於我身分的說法已經不只是謠言，連國王都抱持這種疑惑還公然詢問我；如果是西藏也就罷了，連尼泊爾這樣一個積極學習世界先進文明的國家尚且如此，可見不管一個國家的文明進步到什麼程度，永遠不會消失的就是對他國的猜疑心。

每個國家都猜忌對方，俄國怎麼怎麼了，英國又怎麼怎麼了，永無終止之日，眞是令人慨嘆不已，何況把我這個與國際政治毫無瓜葛的出家人說成政府密探，這種離譜的看法，讓我一時說不出話來，國王於是問道：「這個祕密你還是不方便說嗎？」

「我沒有任何祕密，我說的就是肺腑之言。我從日本前來這裡，完全出自我個人的意願。」

國王聽了大笑道：「這種長途旅行需要很大一筆經費，更不要說你還送我和總司令很多禮物，請問這些錢是從哪裡來的？六年的長旅不可能只用一點點錢就達成，而大筆經費肯定不是一個貧僧所能負擔。另外從你的學識以及對世界情勢的認知看來，也絕非一個方外的修道人所能具備的。今天你在我面前不需要再隱瞞了，如果需要，我可以明天在內殿摒擋其餘的人，只和你一對一交談，但實話實說對你是最有利的。如果你明天還是吞吞吐吐，我將完全不接受你的任何請求，也不再保證你的安全。」

我說：「我是一個遵守佛陀訓誡的僧侶，絕對不說妄語，如果殿下不相信我的眞話，我仍舊信守我的眞實並以此安慰自己，此外我已經沒有任何方法證明我所言不虛。我想總有一天殿下將會明白我今天所說的一切沒有一絲欺瞞。」

國王對我說道：「只要你說的是實話，沒有人會懷疑你的。這樣吧，你後天上午十點半再過來這裡，我想好好聽你講眞話，你今天晚上回去愼重考慮一下吧。」會見到此結束。

我和覺金剛師一起走出門外，騎上馬回家。如果向國王謊稱我是日本高官，一定會受到優渥的待遇，而不講謊話實話實說很可能我所有的期待都將落空。無法取得佛典我尚能忍受，所無法放下的是西藏石牢中友人的命運。難道已經沒有其他營救他們的辦法可想了嗎？

152．再度到宮殿請願

在回寓居處的路上，從馬背遙望天際，看到世界有名的高里商卡❶雪山群巍然聳峙雲表，展現千古不滅之姿，不禁感慨萬千。如今人間界的煩惱之雲正遮蔽我誠實的心，不過不管我未來將如何失敗與不幸，堅持誠實的決心一定不會改變。心意一定，整個人輕快起來。

這些日子我忙著爲購買梵文的出版物而奔走，總共蒐集了三部經典，另外還有其他參考書籍，可說相當完整了。住在加爾各答的日本人也匯了一百盧比來讓我購買銀雕佛像，我總共用了一一五盧比買到三尊銀雕佛像以及一座佛龕；後來我才知道匯錢的本意其實是要充當我的旅費。

我在加爾各答的時候，中國的康有爲先生以及不少英國人、印度人，以及旅居非洲當時正來到加爾各答的日本人等，也贈送我相當一筆錢。我用那筆錢買了許多參考書籍，而致贈尼泊爾國王的禮物也花了我不少錢，不過最後還剩下三百盧比，我就是以這筆錢當作赴尼泊爾的旅費。我並未開口向任何人要錢，這全是各位大德親切慈悲的喜捨金。

這筆錢在尼泊爾用掉不少，主要是購買書籍和參考資料。各位知道我一向不會把錢用在食物和衣著上，這方面只要滿足最低需要即可，我既不喝酒、抽菸，也不吃肉，另外借住別人家裡時，他們會一併提供我吃的東西，所以這方面的花費少之又少。不過用到後來，身上只剩下十盧比，我想：「這下可麻煩了，即使不買國王幫我蒐集的梵文經典，但行李變多了，只有這點錢是回不到加爾各答的。」於是請在加爾各答的同學大宮孝潤先寄一百盧比給我。大宮君當時身上沒有那許多錢，聽說是臨時向別人調借的。幸好有這筆錢，我後來才能順利回到加爾各答。

隔日也就是十日那天，和覺金剛師談了許多話，後來他勸我說：「我固然相信你是日本的純粹僧侶，但遇到如今這種狀況，要是你不說是日本高官，恐怕對你很不好。梵文經典能否購得還是其次，最重要的是營救你在西藏獄中的朋友，如果因爲你的堅持而無法對他們伸出援手，不是太不值得了嗎？爲了一時方便你還是暫且放下身段吧。」

我說：「這件事讓我非常痛心，也想了許多，但畢竟這個時候我沒辦法講假話。如果誠實無僞事情卻不能成的話，我只有改道中國另外想辦法。」

覺金剛師說：「在你辦理那些種種煩瑣手續的當口，說不定在西藏的受害者已經被處死了。這樣做很花時間的，而且雖然說你現在堅持不作假，可是你這一路下來，講的謊話還會少嗎？比方你去西藏的時候，不是騙人家說你是中國人？有時爲了某些目的不得不說謊，你現在就當作是爲了救人的方便，明天見到國王時就說點假話吧。」

我說：「對我而言，一旦下定決心就不會改變。處於亂世的時候，爲了不加害別人、也不讓自己遭罹災難，也許需要運用權謀術數，現今既非亂世，而尼泊爾又是個講道理的文明國度，貪圖一時方便而作假是不可以的。要進入銅牆鐵壁般的西藏，沒有權謀術數的話眞的無法可想，向人表明我是日本人的身分，誰還會讓我入境？所以當時有不得不的苦衷，但現在無此必要。如果尼泊爾國王不相信我的話，我只好另求其他誠實的途徑。叫我在和平的時代使用亂世手法，我眞的無法考慮。」覺金剛師自己也是正直的人，能夠了解我的意思，不過還是止不住爲我擔心。

十一日上午十點半我如約抵達國王內殿的會客室，裡面有四、五名高級將領和一個秘書在等我。秘書先以英語問了我和父母的姓名以及地址，並登記下來。這位秘書又問了我許多問題，無非圍繞我是否日本的密探發問。這時突然有一個英語也很流暢的高官來到我面前，說：「好像您製作了西藏和我國的地圖，能否拜見一下呢？您是否帶著呢，還是放在什麼地方？」

我說：「我是個佛教僧侶，佛法的修行者，我沒有空去製作什麼地圖。」

他又說：「不不，這不是事實，我知道您製作了地圖。」

「你要那麼認爲那是你的事，眼睛有病的人看天空都是花，心中害怕的人會把繩子當蛇，調查人員總是把別人當作小偷強盜，所以我不在乎你把我看成什麼。」

「聽您這麼說似乎很有道理，但並不是只有我一個人這樣認爲，大家都這麼說。」

「大家愛怎麼說就怎麼說嘛。」他說一句我就頂他一句，這時國王出來了，我們一起作禮迎接；國王一直往內殿走去。

這時秘書不見了蹤影，應該是進去向國王報告剛才對話的內容。不久傳令官出來宣我和覺金剛師到內殿去。我們往上走了四層樓，來到一間非常精美華麗的房間。正中央最上位坐了一個人，國王兼總理坐在他旁邊，兩、三個高級將領坐在稍靠外的地方，其餘侍從官站在最外側。總理指示我靠近點坐，我以西藏方式在總理跟前盤腿而坐，抬頭一看正中央坐的那人，竟然是在畢爾剛濟被我誤認為低階大臣的眞正國王，把我嚇了一跳。

【注釋】

❶高里商卡（Gauri Shankar）：海拔七一四六公尺，位於加德滿都東北方一百公里與西藏交界處。

153・總算達到目的

坐定之後總理說話了，他問我：「前天提到的那件事，你說你最想祕密告訴我的事情到底是什麼？」

我說：「我沒有任何祕密可以奉告，我最大的願望，一是經由您的協助，把我的請願書轉交達賴喇嘛，二是請您幫忙蒐羅梵文佛典。」

他好像有什麼落空的樣子，但馬上隨機反應道：「爲什麼事要上書達賴喇嘛？請你完整說明一下上書的主要內容。」

我先告訴他們在拉薩的恩人入獄的傳言，接著說：「上書的主要內容，說明我是佛教國日本的僧侶，前往西藏的目的完全是爲了佛道修行；我聽說西藏政府將與我有交往的人一一下獄，開預審法庭要治這些無辜的人以重罪。他們並不是知道我是日本人然後才與我交往，他們對我眞正的身分從頭到尾都不清楚。

「這些無辜的人並沒有被懲罰的理由，如果一定要治罪的話，絕不應該歸罪於他們，而應該全部由我承擔，因爲要不是我私闖西藏，西藏臣民也不會因爲我而被連累。我懇請西藏政府不要處罰自己的臣民，大可對我施加相當的處分。如果法王殿下因此傳喚我的話，我將再度前往西藏；若是不允許我重訪西藏，則請求法王在懲罰那幾個臣民之前，派遣最有學識的博士（格西）數名到日本去，徹底了解一下日本的國情，並確認我到底是政府官員或是單純的佛教僧侶，並逐一調查我平生的爲人處事。

「經過嚴密而精確的了解與調查後，法王殿下就會知道有沒有必要治他們的罪了。要是有傳喚我的必要，可以向人在尼泊爾的我下令；要是有派遣博士前往調查的必要，我一定提供往返旅費並全程協助。我請求達賴喇嘛在這兩個建議中選擇其中之一，以上就是我上書的主要內容。」

兩位國王非常安靜地聽我說明，待我講完，我看他們已經不太懷疑我是日本密探了。擔任總理的國王說道：「那麼就請你用藏文和尼泊爾文各寫一份你的請願書，藏文那一份由我送到西藏去，尼泊爾文那一份則由我留存。」

聽他這麼說，我眞是興奮極了，內心流下感激的淚；我向殿下的厚意致謝。這時殿下又問我：「你居留西藏期間，完全沒有對任何人透露你的日本人身分嗎？」

我說：「不，我臨走前曾經向一個人透露這件事，也許您也聽過這個人，就是我在拉薩期間非常照顧我的前財政大臣。」

這時殿下雖然對我的密探身分不再那麼疑心重重，但對我這次在加德滿都停留的二十天時間都在做些什麼不甚了解，因此好像還有些許懷疑。這也是很可理解的，因爲所有人都自由心證地認爲我是日本派來的情報員，當這種想像幾乎快變爲事實的時候，要讓疑心冰釋並不容易。不過我的說明的確消除了殿下對我的疑慮。

殿下問道：「你來到我國已經過了二十多天，這麼長一段時間你都在做些什麼呢？」

我說：「喜馬拉雅山壯麗的風光讓我深深感動，每次有靈感我就寫幾首詩。」說著我就從懷中取出我所買的書籍以及希望擁有的梵文經典目錄，說：「這個目錄中從民間可以購得的我希望盡快買齊，另外必須抄寫的經典明年十一、二月左右才能完成，請到那時再交給我就可以了。」然後把目錄交到殿下手上。

殿下仔細看了目錄，然後拿給傳令官，交代他：「這份目錄上民間有的，十五天內盡可能找齊。」接著以英語對我說：「部分梵文佛經會從民間蒐羅，十五天內交到你手上；也許會慢個幾天，但基本上就是這樣的時間。」

殿下講起英語非常熟練，我完全不到那個程度，於是變成殿下說尼泊爾語，我講藏語，而由覺金剛師居中翻譯，我們又談了許多事情，突然殿下說道：「接下來我要談一些很機密的話，我們都使用英語吧。不過談話的內容完全是機密，所以既不要寫在日誌上，也絕對不要透露出去，可以這樣約定嗎？」

「是的，我會遵照您的吩咐。」

列席的其他人沒有一個懂得英語，殿下自始就有心這樣處理。後來我用英語和殿下繼續談了兩個多鐘頭，不過爲了遵守我跟他訂下的約定，我既未將談話內容寫在日記上，也不能在這裡發表出來。

午後三點過後，我和覺金剛師騎馬回家，走的路雖然和前天一模一樣，但因爲來尼泊爾的目的達成了，內心充滿喜悅，看到巍巍的高里商卡最高峰好像沐浴在祥和的妙光中。我的願望能夠圓滿成就，正是被接引在佛陀世尊的妙光裡有以致之，衷心充滿感恩想，又吟詠了幾首詩歌以資紀念。

我在馬背上低吟，覺金剛師對我說：「今天的事我本來擔心得要命，沒想到一切都很順利。從你來了以後聽你前後所說的話，只能說這都是佛陀的引導。當然你一向信心堅固，不改其道，所以才會獲得如今的功德，但也可以說是諸佛菩薩的庇佑。」

154・龍樹菩薩坐禪的巖窟

我很快就將藏文的請願書寫好了，接著要翻譯成尼泊爾文；最理想的翻譯人選就是覺金剛師，於是我就請他幫這個忙。覺金剛師很快就把尼文版翻譯完成，二月十五日他一個人把兩份請願書拿去給國王。晚間他回來的時候，說：「今天過得很愉快。」

我問他原因，他說：「當我把您的請願書呈上去的時候，國王問我藏文請願書是誰寫的；我當然如實告訴他是您寫的。國王說這麼長的文章竟然能寫得這麼好，我說我的翻譯比起您的藏文原版差多了。即使如此也能夠充分了解您藏文請願書寫得好不好。」他說國王一直讀到請願書的結尾：

西藏的達賴喇嘛是觀世音菩薩化身，乃一切智者。日本的僧人慧海能夠拜見這位一切智者，並親聆教誨，這不僅是佛陀世尊所樂見，也得到法王內殿鎮守四方的佛法外護諸神支持。在貴國厲行鎖國政策二十餘年間，只有我得以深入藏地，顯然也獲得衛護貴國國境諸神的允許。尤其法王以遍知一切的智者之身，對於慧海入境一事並不計較，還將密法教授予我，這也是我們久遠以來的因緣吧。

現在世界上信奉大乘佛教的國度，說是只有我們日本和西藏兩國也不為過。當然其他也有信仰大乘佛教的國家，但都是一片萎靡不振，幾乎已失去了佛法真面目。

這正是當今世界兩個大乘佛教國相知相交、攜手將真實佛教光輝普傳全球的恰當時機；際此時節因緣，我才能夠進入難入之國西藏，得值難遇之達賴喇嘛，獲授法王難得密法。請法王殿下深謀遠慮，期能理解並接受我的祈願。

「看完之後，尼泊爾國王把請願書放下，然後擊掌並三次大聲說道：『愉快、愉快，眞的愉快極了！』他接著又說：『他的筆鋒眞的很銳利，就好像一顆子彈貫穿西藏法王的胸部那樣。這樣一來法王肯定不能懲罰他的臣民了，自己是一切智者，見到一個日本僧人卻到很晚才知道他是日本人，最後又要懲罰其他與日本僧人交往的臣民，這當然說不過去。這等於在要害上輕輕一擊，這個僧侶眞不簡單吶。我覺得很過癮，這件事就交給我來處理吧。』接著他要我轉知您這個決定。」

我在尼泊爾獲得一位最大、最有影響力的知己，完全出乎意料，我不能不感謝佛陀的妙助。之後一直到三月十日爲止，我除了等尼泊爾國家圖書館館長幫我把書籍買齊外，沒有其他的事，但要是到處走走看看，怕又會被人懷疑，於是特地去找總司令，獲得他的允許我才登上龍樹（Nagarjuna）山。龍樹山的背景不必詳細介紹，簡單講這是龍樹菩薩❶修行的地方，也是釋迦牟尼因位說法之處；說法的山頂上建有一座小塔，從那裡往下走十二公里，即可抵達龍樹菩薩坐禪的巖窟，他就是在這個巖窟中觀照大乘佛法的妙理。又古來傳說龍樹菩薩入龍宮而得《大般若經》，其龍宮之洞穴正在巖窟稍東的山上，即尸棄佛陀舍利塔側面同一條線上，平日以岩石封住，每十二年開放一次。

龍樹乃是在此巖窟中禪坐觀想，然後將如來所說法理敷衍爲《大般若經》的甚深義海，後人大概是將他的禪坐觀想比擬爲入龍宮吧，或者另有宗教上不可知的眞理，可以讓他禪坐時得神通力往他方世界取回《大般若經》，這不是我所能斷言；不過可以確定的是，在藏文的《龍樹菩薩傳》中特別提到，大乘乃釋迦牟尼所說法。

從龍樹山回來後，夜裡我寫了《登龍樹菩薩山賦》，一方面歌頌大乘妙法，一方面在雪山憶悼亡父、緬懷仍在故里等我的慈母。一直到三月十日，除了閑居賦詩我沒有其他事好做。如果從事地理的勘查等馬上會受到懷疑，我想沒有必要爲了調查國情而惹麻煩，所以盡做自己喜歡的事。

【注釋】

❶參見本書第十二章注釋。

【第九部】

大團圓：回歸故里

三月十二日尼國國王傳喚我過去，並把所蒐集的梵文佛典交到我手上。我也把從日本帶來的高級紅白文樣絲綢獻贈國王以示慶祝，但國王認爲不宜一再受禮而堅辭，我向他解釋這個禮物在日本表示有值得慶賀的事，請他一定要收下。國王今天特別透過英語譯官，以尼泊爾語對我說：「這次所蒐集到的典籍並不多，總共只有四十一部，我就把這些當作你送禮給我的回贈，你就拿去吧。」我再次鄭重感謝他，行禮如儀後向他告辭。

書籍分量頗重，我請了兩個挑伕好不容易才搬回覺金剛師宅，接著趕緊打包行李，打算在十四日離開加德滿都，不過稍有延遲。一般情況行李要先運到齊斯帕尼驛站，在那裡接受查驗、課稅並繳交稅金。我知道那會很囉唆，而且常常會有東西丟失，於是特別請求在出發前先行查驗。有關官員也認爲有此必要，於是安排在三月十五日進行查驗。所以我是在三月十六日出發，隨行的有三名挑伕，我則騎著覺金剛師送的馬。

馬匹在半日行程後循原路回去，此後我們每天從天亮趕路到天黑，於二十一日晚間抵達勒克索停車場。把行李托運，然後搭火車於次日夜裡終於回到加爾各答大宮孝潤君的寓所，此時的我已經再度一文不名。大宮君很爲我擔心，他說：「像您這樣有多少就花多少，眞的很傷腦筋呢。」「有些東西不能不買，結果錢一下就用光了。」他還是勸誡了我一番。

然後我必須把在尼泊爾買的銀雕佛像交給旅居加爾各答的日本人，這是他們拿錢讓我買的；於是我選定一個日子爲三尊佛像開光，並向他們講述佛法做爲供養。我不管在加爾各答或孟買，都認爲向當地的日本同胞說法是我的職責，因此一有機會就不放過。那天舉行過佛像供養後，他們對我說：「我們原先並不期望您會眞的爲我們購買這麼珍貴的佛像，眞的太令人感動了。」於是又供養了我許多錢，總數約一百四、五十盧比；另外又有其他人給了我不少喜捨金。

當時旅居加爾各答的一些日本紳士希望找個名目給我一筆錢，但我不接受有特定名目的供養，讓他們很傷腦筋。有時他們遇到我，就說：「我們很想供養您一筆錢慶賀您從西藏歸來，但如此一來您就不願意接受，而我們也覺得這樣做好像有恩於您，簡直不知如何是好。您能不能把拿我們的喜捨金這件事忘掉呢？」

我說：「原來如此，好，那麼各位也把供養我這件事忘掉吧。」

對方聽了大笑，說：「我眞是敗給您了，禪宗僧侶遇到您恐怕也莫可奈何哩。」所謂彼忘、我忘的喜捨金，所以數額也不宜明講。我拿著這筆錢又去買參考書，大宮君知道了當然又講了我一頓，說我是個花錢如流水的男人。搞到後來，我想去孟買的時候又沒錢了，但還有一本《藏英字典》非買不可，於是硬著頭皮向大宮君借了五十盧比；行李送孟買的運費則請間島先生先幫我付了。我到達孟買已經是四月上旬。

三井物產的間島先生爲了慰勞我，也想聽我說說西藏見聞，於是安排到正金銀行分行經理松倉吉士府上作客，與旅居該地的日本商紳談了一個晚上的西藏；另外也應亞細亞學會會員之邀，通過英譯向他們發表了一場演講。在間島先生發起下，爲我募集了四百五十三盧比的贈款，我把其中的一百五十盧比還給加爾各答的大宮君，其餘充當回國的川資。由於日本郵船公司的分公司經理和船長的優待與照顧，我一路上都非常順利。

在孟買購齊該買的東西後，我在四月二十四日搭上從孟買出發的「孟買號」郵輪啓程返國。當初辭鄉的時候，我以和泉國出身的人搭乘「和泉丸」南下，如今則從孟買搭乘「孟買號」北返。在海上期間我也照例爲船員、乘客說法，其餘時間則閱讀各種書籍，心情非常輕鬆愉快。以前常有人說，只要船上有一個和尚，大海就會洶湧狂暴，也有人眞的爲此而擔心，不過一路上海面平靜異常。

船漸漸接近日本，我一時感慨甚深，覺得這樣子回到日本實在慚愧萬分。因爲當初我出發的時候，所立下的大願是在西藏充分完成佛法的修行，至少也要成爲一個大菩薩再回到日本，然而現在的我仍是以前那個凡夫，不僅愧對江東父老，也不知如何面對故鄉的山河大地。所以當船駛離香港，離日本越來越近時，我的心越發陷入傷痛中，所幸寫了一首詩而稍稍感到安慰。

雖然回到了日本，就把自己當作還是在喜馬拉雅山中修行吧，日本社會上也許有比喜馬拉雅山中惡魔還嚇人的凶神惡煞，而其陷阱說不定比雪山的斷崖還可怕，我決心在此修羅❶的通道中繼續我的佛法修行一往無前。這首詩是這樣寫的：

普照日出之國曜曜朝陽
無異喜馬拉雅煌煌光芒

佛性之光遍滿宇宙虛空，因此世界任何角落都可以是修行道場，只要將日本當作我修行的道場，也就沒有什麼好害怕的了。抱著這種想法，我在五月十九日經過門司港，於二十日抵達神戶。從汽船上眺望碼頭，那些在我出發時含淚送別的親人、好友和信眾，現在還是壓抑著喜悅和感傷，無言但眞情滿溢地在那裡等著我。由於太激動了，面對面時有一刻彼此都說不出話來。

【注釋】

❶修羅：即梵文阿修羅（asura）的略稱，爲一種血氣旺盛而好鬥的鬼神。

附錄一

關於河口慧海

吳繼文

河口慧海慶應二年（一八六六）生於泉州堺（今堺市），本名定治郎。於錦西小學六年級時退學，從事家族桶樽製造業，同時上夜校就讀。十五歲讀釋迦傳，感動發心，從此禁酒、禁肉食、戒淫。二十五歲（一八九〇年）得度，法號慧海仁廣，並任東京本所五百羅漢寺住持；二十六歲起過午不食。

他天生具有反體制傾向，青年時代曾為反對徵兵令的改訂而向天皇請願，一八九四年因主張黃檗宗的改革而一度被取消僧籍，加入京都同志社、到小學執教皆未滿一年即離去；唯曾在井上圓了所創哲學館（東洋大學前身）苦讀三年。他一生持戒謹嚴，與娶妻、喝酒的一般日本僧侶成明顯對比。他更在還曆之年（一九二六）宣布還俗，以反抗組織性的佛教，並提倡以釋迦牟尼為中心的純粹佛教、在家佛教。

他自二十歲起即自學英文、梵文和巴利文，並對世界局勢、各種新知充滿好奇心；二十八歲決定前往西藏求法，三十二歲（一八九七／明治三十年）成行。第一次西藏之旅返國時已是三十八歲（一九〇三／明治三十六年）。返國兩個月後，以《西藏旅行記》為題在《東京時事新報》和《大阪每日新聞》連載，獲得一般民眾熱烈迴響，風靡一時，但佛教界和學術界反應頗爲冷淡，甚至有許多人公開指摘河口慧海的西藏之行乃是虛構。但本書英譯本《西藏三年記》（*Three Years in Tibet*）一九〇九年在印度出版後，獲得非常正面的高度評價，尤其深獲民族學家、歐洲探險家和西藏學者的肯定。本書在近代史和比較文化研究上，也留下了大量又獨特的素材，包括他的偏見，以及令人印象深刻的細膩和誠實無僞。

河口慧海在結束第一次西藏之旅返國後次年，即一九〇四（明治三十七）年秋，再度自神戶首途，前往印度；次年至尼泊爾待了將近九個月後又回返印度。之後在印度長期逗留，直到一九一三年底才又驛馬星動，經由錫金翻越隆冬的喜馬拉雅山，重返久違的西藏。雖然這次旅程比第一次短甚，但主要滯留拉薩（約五個月）和日喀則（約九個月），而且是公開以日本人身分進出，不像第一次那樣必須僞裝成中國人。此行也有《第二次西藏旅行記》記錄出版。兩次旅行完全是徒步於海拔四、五千公尺的無人地帶，艱苦備嘗，最後卻還能帶回大量佛經、佛像、佛具，以及貨幣、飾品、數千種高山植物標本，確乎不可思議。其中梵文古寫本如今藏於東京大學，藏文資料保存在東洋文庫，唐卡和手工藝品等則放在東北大學；另有少數佛像、佛具則寄贈東京上野國立博物館。第二次旅行歸國後，他致力於藏文和佛經的教授、研究、翻譯和出版，編纂《藏和辭典》，並宣揚在家佛教。他逝於二次大戰結束前夕，一九四五年二月，享年八十；當時手頭正在編纂《藏語辭典》。

附錄二

河口慧海旅行概要

日期	行程	備注
一八九七年		
六月二十六日	神戶	搭「和泉丸」出發
七月十二日	新加坡	
七月二十五日	加爾各答	
八月四日	大吉嶺	學習西藏語文，滯留一年餘
一八九九年		
一月五日	加爾各答	
一月二十日	菩提迦耶	
一月二十六日	畢爾剛濟	第一次入境尼泊爾
二月一日	加德滿都	滯留一月餘，研究入藏路徑
五月中旬	查藍	修學藏傳佛教經論，滯留近一年

一九〇〇年

六月十二日	馬爾巴	爲人誦經祈福近一個月
七月四日	多耳波州某山口	進入西藏境內
八月六日	瑪旁雍錯	轉剛仁波齊山朝聖
十一月二十二日	拉孜	
十一月二十四日	薩迦	
十二月四日	那塘寺	
十二月五日	日喀則	

一九〇一年

一月十三日	摩尼哈康寺附近村落	爲人誦經祈福兩個月
三月十五日	白地、羊卓雍錯	
三月二十一日	拉薩	滯留一年兩個多月，至一九〇二年五月二十九日離去
七月二十日	覲見十三世達賴喇嘛	

一九〇二年

五月三十一日	恰桑渡口	

六月一日　白地
六月五日　江孜
六月十一日　帕里
六月十三日　碑碑塘
六月十四日　卓木・仁進崗、亞東
六月十五日　納塘　離開西藏國境，進入錫金
六月十九日　噶倫堡　進入印度境內，在此等待行李十餘天
七月三日　大吉嶺　染患瘧疾，在此修養四個多月
十一月下旬　加爾各答

一九〇三年

一月二十一日　加德滿都　見尼泊爾國王請求協助營救西藏友人，滯留約兩屹個月
四月二十二日　孟買　搭上「孟買輪」返國
五月二十日　神戶　返抵國門

一九〇五至一九一三年　加德滿都、加爾各答、瓦拉那西：再度渡

		印，並遵守與尼國國王之約，三訪加德滿都，獻上《大藏經》一部，同時蒐羅佛教典籍；又前往加爾各答、瓦拉那西等地修學梵文，並曾與班禪喇嘛、達賴喇嘛及泰戈爾會面。
一九一四年		
一月十二日	錫金	由錫金二度入藏
一月二十一日	日喀則	滯留六個多月
八月七日	拉薩	
一九一五年		
一月一日	拉薩	與其他三名在藏日人多田等觀（1890-1967，曾在色拉寺修學近十年）、矢島保治郎（1882-1963，退休軍人，冒險家，曾任藏軍教官）、青木文教（1886-1956，曾在拉薩修學西藏文史三年餘）舉行新年會；十九日離開拉薩

二月一日	日喀則	在那塘寺印經，滯留三個半月
五月四日	大吉嶺	
八月七日	加爾各答	首途返國
九月四日	神戶	返國

附錄三

河口慧海著作一覽表（據河口正《河口慧海》一書）

《日本的元氣》，一八八九年

《大祕密國·西藏探險》（口述·林久壽男編），又間精華堂，一九〇三年

《河口慧海將來西藏品圖錄》，東京美術學校校友會編，畫報社，一九〇四年

《西藏旅行記》上、下，博文館，一九〇四年

《生死自在》，博文館，一九〇四年

《西藏三年記》（*Three Years in Tibet*），神智學會（The Theosophist Office），馬德拉斯（Madras），一九〇九年

《美術資料／西藏·尼泊爾·印度》，美術工藝會，一九一七年

《佛教和讚》，佛教宣揚會，一九二一年

《西藏傳印度佛教歷史》上，貝葉書院，一九二一年

《佛教所見長生不老法》（長生不老研究錄），一九二二年

《佛教日課》，佛教宣揚會，一九二二年
《梵藏傳譯法華經》上、中、下，世界文庫，一九二四年
《印度歌劇夏昆塔拉公主》上、下，世界文庫，一九二四年
《漢藏對譯勝鬘經》，世界文庫，一九二四年
《在家佛教》，世界文庫，一九二六年
《菩薩道》，世界文庫，一九二六年
《漢藏對照國譯維摩經》，世界文庫，一九二八年
《那塘版西藏大藏經甘珠目錄》，日本藏梵學會，一九二八年
《釋迦一代記》，金星社，一九二九年（古今書院，一九三六年）
《喜馬拉雅山之光》，日本藏梵學會，一九三一年
《世界的祕密國西藏》（世界現狀大觀第二十卷），新潮社，一九三一年
《梵藏和英合璧淨土三部經》（共著），大東出版社，一九三一年
《藏文和譯大日經》，西藏經典出版所，一九三四年
《正眞佛教》，古今書院，一九三六年
《西藏文典》，大東出版社，一九三六年
《西藏語讀本第一》，大日本藏梵學會，一九三七年

《西藏文化與我國之關係》，啓明會，一九三九年
《西藏旅行記》（改版），山喜房佛書林，一九四一年
《第二回西藏旅行記》，河口慧海之會（金星社），一九六六年

附錄四

河口慧海西藏之行示意圖

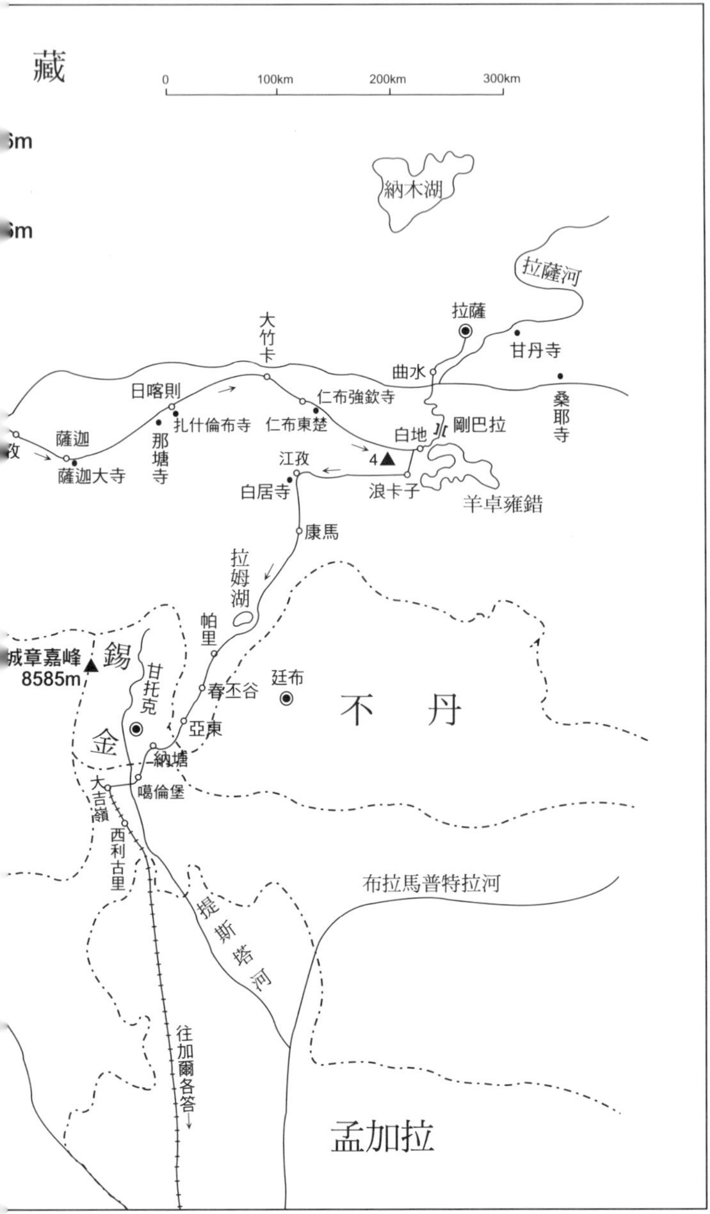

獅泉河
西
阿里（羌塘）
象泉河
大金
托欽
紐克則
公珠湖
姜葉馬
1
2
3
納木那尼峰
7728m
普蘭
馬甲藏布
馬泉河
羌曲
折規藏布
扎東
白巖窟
薩嘎
庫拉
杰多
雅魯藏布
查爾卡
查藍
三達
馬爾巴
魚尾峰
6993m
土窟澤
希夏邦馬峰
8012m
聶拉木
叨拉吉里峰
8167m
波卡拉
歌利恆河
加德滿都
畢爾剛濟
齊斯帕尼
尼
勒克索
瓦拉那西
←往德里孟買
巴特那
恆
迦耶
菩提迦耶
印度
往加爾各答→

附錄五

一九〇四年的拉薩略圖

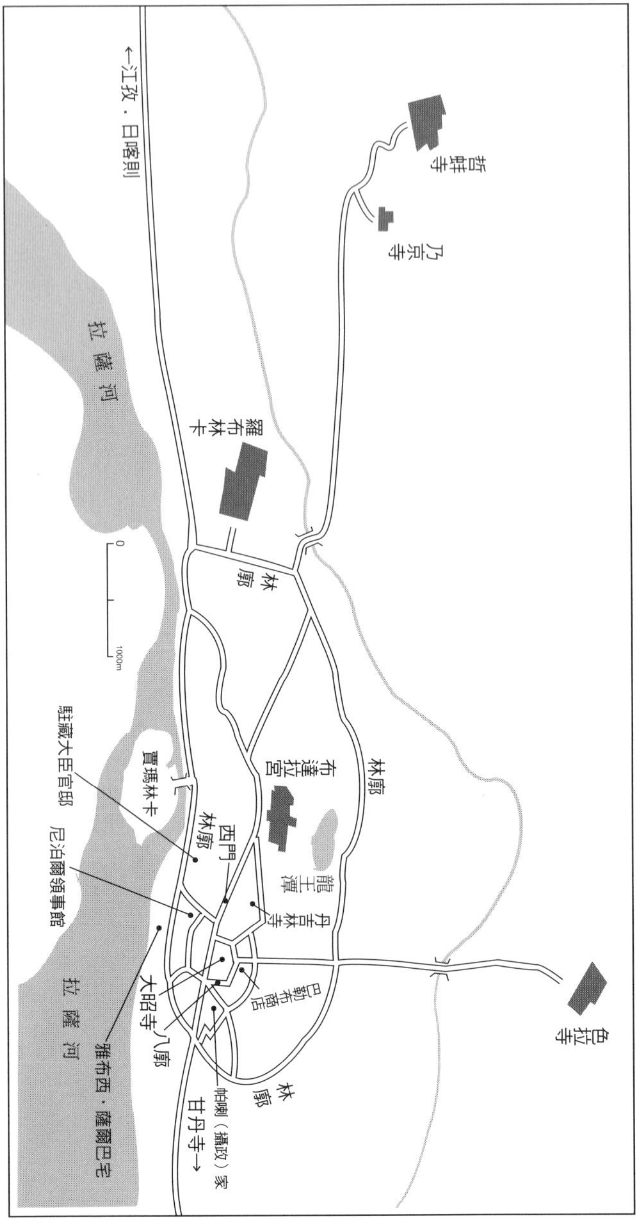

國家圖書館出版品預行編目資料

西藏旅行記／河口慧海（Kawaguchi Eikai）；
吳繼文譯．--
-- 初版．-- 臺北市 馬可孛羅文化出版－：
城邦文化發行，2003〔民92〕
-冊； 公分．--（探險與旅行經典文庫；19）
含索引
譯自：チブツト旅行記（下冊）
ISBN 986-7890-42-6（上冊：精裝）. --
ISBN 986-7890-43-4（下冊：精裝）

1.西藏一描述與遊記 2.西藏一社會生活與風俗

676.66 92007128

「探險與旅行經典文庫」 019

西藏旅行記（下冊）

チブット旅行記

作者 河口慧海（Kawaguchi Eikai）
譯者 吳繼文
策畫／選書／導讀 詹宏志
執行主編 廖佳華
封面設計 王小美

發行人 凃玉雲
出版 馬可孛羅文化
台北市信義路二段213號11樓
電話：(02)2356-0933 傳真：(02)2341-9291
E-mail: marcopub@cite.com.tw
發行 城邦文化事業股份有限公司
台北市愛國東路100號1樓
電話：(02)2396-5698 傳真：(02)2357-0954
E-mail: service@cite.com.tw
郵政帳號 1896600-4 城邦文化事業股份有限公司
香港發行所 城邦（香港）出版集團有限公司
E-mail: citehk@hknet.com
馬新發行所 城邦（馬、新）出版集團
ll , Jalan 30D/146, Desa Tasik, Sungai Besi
57000 Kuala Lumpur, Malaysia
電話：(603)9056-3833 傳真：(603)9056-2833
E-mail: citekl@cite.com.tw
排版印刷 中原造像股份有限公司
初版 2003年9月10日
定價 480元

ISBN: 986-7890-43-4 Printed in Taiwan